高等职业教育公共课类精品教材

大学生
创业成长课

主编　钱　蓝　钱莹瑜　王　悦

中国轻工业出版社

图书在版编目（CIP）数据

大学生创业成长课 / 钱蓝，钱莹瑜，王悦主编．—北京：中国轻工业出版社，2025.7

高等职业教育公共课类精品教材

ISBN 978-7-5184-3561-6

Ⅰ．①大… Ⅱ．①钱… ②钱… ③王… Ⅲ．①创业－高等职业教育－教材 Ⅳ．①G717.38

中国版本图书馆CIP数据核字（2021）第124298号

责任编辑：张文佳　　　责任终审：李建华

设计制作：锋尚设计　　责任校对：宋绿叶　　责任监印：张　可

出版发行：中国轻工业出版社（北京鲁谷东街5号，邮编：100040）

印　　刷：三河市国英印务有限公司

经　　销：各地新华书店

版　　次：2025年7月第1版第7次印刷

开　　本：787×1092　1/16　印张：13.25

字　　数：350千字

书　　号：ISBN 978-7-5184-3561-6　定价：48.00元

邮购电话：010-85119873

发行电话：010-85119832　010-85119912

网　　址：http://www.chlip.com.cn

Email：club@chlip.com.cn

251218J2C107ZBW

前言

随着中国经济发展进入新常态，我国经济社会发展已经进入全面深化改革的新阶段，创新创业是这一阶段的主旋律和时代强音。在党的十八届五中全会提出的五大发展理念中，“创新发展”居于首要地位。习近平总书记多次强调，要把创新摆在国家发展全局的核心位置，让创新贯穿党和国家一切工作，让创新在全社会蔚然成风。2015年5月，国务院办公厅印发《关于深化高等学校创新创业教育改革的实施意见》，明确提出了“健全创新创业教育课程体系”的改革任务。从2016年起所有高校都要设置创新创业教育课程，对全体学生开发开设创新创业教育必修课和选修课，纳入学分管理。对有创业意愿的学生，开设创业指导及实训类课程。

创新创业教育离不开课程与教学活动的实施，离不开以一定教学内容作为载体，《大学生创业成长课》教材是在新技术风起云涌的时代背景下，响应了国家加快转变经济发展方式、建设创新型国家和人力资源强国的战略，从规划、编写等环节根据大学生学情、就业创业现状、社会创新创业需求，结合大学生知识技能培养逻辑，将创新创业知识和技能在教材中融会贯通，培养学生的创业意识，开拓学生的创业视野，增强学生的创业技能，让学生能够持续成长。

教材采用项目制编写方法，创造性地用创业过程串联起知识点，帮助学生认识创业，引发学生思考。全书共分九个项目，以创业过程为主线系统地梳理了创新创业概念与精神、创业团队组建、识别创业机会与风险、了解创业市场、选择商业模式、识别和整合资源、创业实施准备、新企业的成立、新创企业经营的科学管理，以及网上创业启动与创业可持续发展要素等内容。全书避免空洞理论教学，采用丰富的创业案例并提出分析思考，每一项目都安排了课后实训，实战性很强，让学生学习与思考同时进行，并结合项目内容设计创业计划书分步任务，课程结束的同时即已形成一份完整的创业计划书。

本教材由苏州工业园区职业技术学院钱蓝、钱莹瑜、王悦共同编写，编写教材人员均具备多年创业教育教学经验。钱蓝负责项目一、项目二、项目九内容编写，钱莹瑜负责项目四、项目五、项目六内容编写，王悦负责项目三、项目七、项目八内容编写。在编写过程中，编者参阅了大量的资料，在此向各位参与者表示感谢，由于编者水平有限，书中难免存在疏漏之处，希望广大读者批评指正。

编者

目 录

项目一 创业初探

学习目标

1. 理解创业者与企业家的含义
2. 了解创业的定义及内涵
3. 了解创业的一般过程

引导案例

创业时代的来临

创业活动正在世界范围内蓬勃兴起，以独特的姿态变革着这个时代。突出的表现为：创业活动异常活跃，新企业大量涌现，它们通常具有强大的市场竞争力，比历史上的任何时期更容易成长为大型企业，这也迫使大公司不得不更多地寻求创新。

从20世纪80年代开始，一系列新的时代特征为引爆这场创业革命提供了有利的契机。第一，各国纷纷放松管制，降低各种税率，大力推行各种鼓励创业的措施；第二，进入知识经济时代，以信息技术为代表的大量新技术的出现创造了众多的商业机会，并使得规模经济所要求的最小规模大大降低，这种技术上的特点为许多新企业的诞生提供了良好的机遇；第三，随着收入的提高，人们的需求变得更为个性化和多样化，因而创造出大量的商机，需要规模较小的企业去满足；第四，资本市场变得相当发达，大量的新兴的金融创新，特别是风险投资获得了空前的发展，为新兴企业克服资金障碍提供了新的可能，在这些变化的“合力”推动下，创业的浪潮席卷国民经济的各个领域，创业变革浪潮作为一种体现时代精神的新特点、新迹象，是各种变化着的社会经济力量综合作用的产物，因此可以用来标识或注解这个新时代的特征。管理学家彼得·德鲁克将之概括为“创业型经济”。

近年来，一批为创业者实现梦想提供便利的“众创空间”似雨后春笋般在我国各地涌现，据统计，截至2014年年底，全国共有各类科技企业的孵化器1700家，孵化面积6800万平方米，借助互联网和新工具，创客们实现了产品自设计、自制造，成为创新2.0时代的造物者，创客们站在彼此的肩膀上，越站越高，人类工业文明、商业文明，当然还有人类自身，正在发生巨变。

分析与讨论：

各国是如何促进创业活动在全世界兴起的？创业时代具有哪些特征？未来的发展趋势是什么？

任务一　认识创新创业

一个暴风雨的日子，有一个穷人到富人家讨饭。“滚开！”仆人说，“不要来打搅我们。”穷人说：“只要让我进去，在你们的火炉上烤干衣服就行了。”仆人以为这不需要花费什么，就让他进去了。这个可怜人请厨娘给他一个小锅，以便他“煮点石头汤喝”。“石头汤？”厨娘说，“我想看看你怎样能用石头做成汤。”于是她就答应了。穷人于是到路上拣了块石头洗净后放在锅里煮。“可是，你总得放点盐吧。”厨娘说，她给他一些盐，后来又给了豌豆、薄荷、香菜。最后，又把能够收拾到的碎肉末都放在汤里。这个可怜人后来把石头捞出来扔回路上，美美地喝了一锅肉汤。

——《伊索寓言》

案例启发

如果这穷人对仆人说：“行行好吧！请给我一锅肉汤。”会得到什么结果呢？结果是十分明显的，这就是创新思维的力量！因此，伊索在故事结尾处总结道：“坚持下去，方法正确，你就能成功。”

一、认识创新

1. 创新是什么

20世纪30年代，奥地利经济学家熊彼特从经济学角度首先提出和使用了“Innovation（创新）”的概念，他认为“创新”是指新技术、新发明在生产中的首次应用。

创新是指人类在认识、适应和改造自然的实践过程中获得新知识、新方法、新原理、新技术、新产品的过程与结果，如在自然界中，我们发现埋在地下的石油和铝土矿（铝的原材料）的用途并赋予它经济价值时，这种“新”产品的发现就是创新。在经济中，收割机发明者麦克科密克创造了分期付款制度，提高了农民的“购买力”，使得农民能够以未来的收入购买收割机，于是一夜之间，农民就有了购买农机具的能力，这种分期付款制度“新方法”的创造就是创新；将卡车车身从轮子上卸下来，放置于货运轮船上的点子（即集装箱的发明），并没有多少新的技术含量在里面，但它使在港口停泊的时间尽可能地缩短，使远洋货船的效率提高了4倍，这种新的物流运输模式的发明就是创新。

过去，大家一般习惯性认为创新是指技术创新，认为“创新”是科技术语，现在我们越来越把“创新”当作一种经济或社会的术语，如分期付款制改变了经济，任何领域只要引进分期付款制，它就能将经济从供应驱动型转变为需求驱动型，如“报纸发行”“保险业”等这种社会创新改变了人类的生活方式，推动了社会进步。

2. 创新的意义

创新就是发现新思维、新理论、新方法、新技术或新产品。创新是持续发展的基石，缺乏创新能力将失去知识经济带来的机遇。知识创新和技术创新能力是决定国家之间、企业之间、人才之间竞争的重要因素。创新能力的高低是衡量人才素质的一个重要指标，关系到民族、企业和个人的前途和命运。

（1）创新在人类发展历史中起着不可估量的作用。纵观人类发展历程，实际就是科技创新不断进行的过程。当代科学技术突飞猛进，新的发明、新的技术、新的材料、新的工艺层出不穷。社会在科技的带动下飞速发展，而创新又使这个速度不断加速。毫无疑问，科技创新已经成为当代的主旋律。创新已经成为国家的需要、社会的需要和时代的主题。

（2）创新为人们发明创造新机械、新产品提供了有效的理论和方法。创新能充分发挥设计者的创造力，利用人类已有的相关科学技术成果进行创新构思，设计出具有新颖性、创造性及实用性的机械产品。创新能改进生产或生活中现有机械或产品的技术性能、可靠性、经济性、适用性等。创新能使科技者创造设计出新机械、新产品以满足新的生产或生活的需要。开展创新研究不仅有重要的理论学术价值，而且更具有较大的经济效益和社会效益。

二、认识创业

“创业”，在《现代汉语词典（第7版）》里定义为开创事业。“创”，篆文从刀，仓声，是形声字。“业”，篆文像古代乐器架子横木上的大板，上面刻有锯齿，以便悬挂钟、鼓等乐器，后引申为所从事的学业、事业、职业、行业、就业、产业、工作等。由此可见，创业是创字当头，业为基础。这就意味着任何一项事业都是一个由无到有、由小到大、由简到繁、由旧到新的创造过程。

1. 什么是创业

创业是一种创新性活动，它的本质是独立地开创并经营一种事业，使该事业得以稳健发展、快速成长的思维和行为的活动。走上创业之路是人生的一个大转折，它是成就自己事业的过程，是自我价值和能力的体现。创业，要直接面向社会，直接对顾客负责，个人的收入直接与经营利润连在一起。其实，创业的过程就是解决一个接一个矛盾的过程。正如一位作者指出：“创业最大的好处，就是可以当自己的主人。”

2. 创业的定义

创业被学者们从不同的方面进行定义：

创业是新颖的、创新的、灵活的、有活力的、有创造性的，以及能承担风险的过程，许多学者说，发现并把握机遇是创业的一个重要部分。

创业是包括创造价值、创建并经营一家新的营利型企业的过程，通过个人或一个群体投资组建公司，提供新产品或服务，以及有意识地创造价值的过程。

创业是创造不同的价值的过程，这种价值的创造需要投入必要的时间和付出一定的努力，承担相应的金融、心理和社会风险，并能在金钱和个人成就感方面得到回报。

国际管理科学学会的教授协会对创业也有自己广义上的定义：对新企业、小型企业和家庭企业的创建和经营。

狭义的创业特指个人或团队自主创办企业，我们将其定义为：创业个人或创业团队通过寻找和把握各种商业机会，用已有的知识、技能和社会资本，调动并配置相关资源，创建新企业，为消费者提供产品或服务，具有创新或创造性的、以增加财富为目的的活动过程。

因此，创业的内涵可总结为以下几点：

（1）创业的主体是个人或小规模群体。

（2）创业的关键是商业机会的发掘与把握。

（3）创业者的身份是资源（知识、能力、社会资本等）所有者和资源（资金、技术、人员、机会等）配置者。

（4）创业需要创立新的社会经济单元。

（5）创业的价值实现有赖于将所有提供的产品和服务在市场上转化为商品。

（6）创业是一个创造性的过程，具有创新性。

（7）创业具有明确的目的性：增加财富，包括个人和社会的物质与精神财富。

三、创新与创业的关系

被誉为现代管理学之父的彼得·德鲁克在其所著《创新与创业精神》一书中写道：“创业是一种行为，而不是个人的性格特征。只有那些能够创造出一些新的、与众不同的事情并能创造价值的活动才是创业。”德鲁克十分强调创新在创业中的重要作用，认为创业也是一种创新的过程，创新与创业是密不可分的概念。

创新与创业的关系如下：

创业的本质是创新和变革，在于把握机会，创造性地整合资源、创新和超前行动。创新是创业的基础，是创业的生命之源，为创业提供了不竭的动力，任何成功的创业都是基于某种创新，而基业的发展壮大也要依靠不断地创新。

创业是在创新的基础上将创新的思想或成果转化为现实生产力的社会活动，创业是具有创业精神的个体与有价值的商业机会的结合。

可以说，创新是企业发展的根本动力。不会创新，不能创新，也就没有创业。对于将要创业者而言，具有创新意识，具备创新素质，深入地理解创新在创业整个过程中的作用是非常必要的，同时也要学会利用创新使自己的企业发展壮大。

四、创业的过程

创业是创建一个新企业的过程，作为一个创业者，要创建一个新的企业或者发展一个新的经营方向，通常要经历四个阶段：发现和评估市场机会、准备和撰写创业计划、确定并获取创业所需要的各种资源、管理新创事业。这四个阶段有着明确的次序，但各个阶段相互之间并不是完全隔绝的，并不是一定要在前一阶段全部完成之后才进入下一个阶段。

1. 发现和评估市场机会

发现和评估市场机会是创业过程的起点，也是创业过程中具有关键意义的一个阶段。许多很好的商业机会并不是突然出现的，而是对于“一个有准备的头脑”的一种回报，或是当一个识别市场机会的机制建立起来之后才会出现。例如，一个创业者可以在每一个公众活动场合都询问与会者，是否在使用某种产品的时候发现有什么不够令人满意之处；另一个创业者则可能时时关注着孩子们正在玩什么玩具，他们是否对玩具感到满意。

虽然大多情况下并不存在正式的识别市场机会的机制，但通过某些来源往往可以有意外的收获，这些来源包括消费者、营销人员、专业协会成员或技术人员等。无论市场机会的设想来源于何处，都需要经过认真细致的评估，对于市场机会的评估或许是整个创业过程的关键步骤。

创业者初创企业的动力往往是发现了一个新的市场需求或者发现市场需求能力大于市场的供给能力，或者认为新产品能够开启新的市场需求。但是，这样的市场机会并非只有创业者认识到了，其他的竞争者也许同样准备加入这个行列。因此，并不是每个市场机会都需要付出行动去满足它，而是要评估这个机会所能带来的回报和风险，评估这个市场机会所创造的服务周期或产品生命周期，它能否支持企业长期获利，或者能够在适当的时候及时退出。

对于一位目光敏锐的创业者来说，市场机会每时每刻都在出现。但是，并不是所有的市场机会都是通向成功与财富的康庄大道，相反，一个看似前景远大的市场机会背后，往往隐藏着危险的陷阱。毫无经验的创业者，如果仅凭激情行事，匆忙做出决定，就很容易误入歧途，掉进失败的泥沼中无法自拔。因此，在发现市场机会后，对市场机会进行客观的评估，以理性的方式来决定下一步的行动，是一名优秀的创业者所必须具备的能力。一般来说，市场机会评估有如下步骤。

（1）对市场的了解与把握。企业要生存，要在市场中占据一定的地位，要保持一定的市场优势，就必须把握市场的消费形态、市场特征等。特别是在产品研究方面，不管新旧产品，及时了解消费者和市场的反应，需要经常进行与产品有关的各种调查研究来为产品技术与销售服务注入新的元素。

对市场的了解与把握分为六个层次：

①市场定位。

②市场结构。

③市场规模。

④市场渗透力。

⑤市场占有率。

⑥产品的成本结构。

（2）对竞争者的了解与分析。许多创业者都会犯这样的错误，认为自己的创意或者技术是独一无二的，因此就不存在竞争，进而忽略了竞争分析的重要性。事实上，除了极少数的垄断性行业之外，世界上不存在没有竞争的生意。竞争者暂时没有出现，不代表以后也不会出现。对来自竞争者的威胁做出客观、准确的评估是非常重要的一件事。

谁是你的竞争对手？那些已经出现在市场上，正在开展业务的竞争者当然是你的竞争对手；另外，也要考虑到那些潜在的竞争对手，即在未来有可能与你竞争的人。只有掌握相关资源、与目标市场有一定的联系的企业才是最重要的潜在竞争对手，要分析在相关领域中，有哪些企业有可能把触角伸展到自己的领域中来。

对竞争对手的了解及应对策略分为六个层次：

①能够找出谁是竞争对手。

②描述竞争对手的状况。

③分析竞争对手的状况。

④掌握竞争对手的方向。

⑤洞悉竞争对手的战略意图。

⑥引导竞争对手的行动和战略。

2. 准备和撰写创业计划

如何写创业计划书呢？要视看计划书的对象的不同而有所不同，是要写给投资者看，还是要拿去银行贷款，目的不同，计划书的重点也会有所不同。就像盖房子之前要画一个蓝图，知道第一步要做什么，第二步要做什么，或是同步要做些什么，别人也才知道想要做什么。而且大环境和创业的条件都会变动，事业经营也不只二三年，有这份计划书在手上，当环境条件变动时，就可以逐项修改，不断地更新。撰写创业计划书的内容包括：

（1）概念（concept）。概念指的就是在计划书里，要写得让别人可以很快地知道要销售什么产品。

（2）顾客（customers）。有了明确的目标产品以后，接下来要明确顾客。顾客的范围在哪里要很明确，例如认为所有的女性都是顾客，那50岁以上的女性呢？5岁以下的也是客户吗？适合的年龄层一定要界定清楚。

（3）竞争者（competitors）。目标产品有没有人卖过？如果有人卖过是在哪里？有没有其他的产品可以取代？跟这些竞争者的关系是直接的还是间接的？

（4）能力（capabilities）。要卖的东西自己会不会做、懂不懂？例如开餐馆，如果师傅不做了找不到人，自己会不会炒菜？如果没有这个能力，至少合伙人要会做，再不然也要有鉴赏的能力，不然最好不要做。

（5）资本（capital）。资本可以是现金也可以是资产，是可以换成现金的东西。那么，资本在哪里？有多少？自有的部分有多少？可以借贷的有多少？要很清楚。

（6）经营（continuation）。当事业做得不错时，将来的计划是什么？

任何时候只要掌握这6个C，就可以随时检查，随时更正，不怕遗漏。

创业计划是说服自己，更是说服投资者的重要文件。不仅如此，创业计划书也将使创业者深入地分析目标市场的各种影响因素，并能够得到基本客观的认识和评价，使创业者在创业之前，能够对整个创业过程进行有效的把握，对市场机会的变化有所预警，从而降低进入新领域所面临的各种风险，提高创业成功的可能性。

3. 确定并获取创业所需的各种资源

创业企业需要对创业资源区别对待，对于创业十分关键的资源要严格地控制使用，使其发挥最大价值。而且对于创业企业来说，掌握尽可能多的资源有益无害。当然还有一个问题，那就是如何在适当的时机获得适当的所需资源。创业者应有效地组织交易，以最低的成本和最少的控制来获取所需的资源。

4. 管理新创事业

从企业发展的生命周期来说，新创企业需要经过初创期、早期成长期、快速成长期和成熟期。在不同的阶段，企业的工作重心有所不同。因此创业者需要根据企业成长时期的不同来采取不同的管理方式和方法，以有效地控制企业成长，保持企业的健康发展。例如，在初创时期和早期成长期，创业者直接影响着创业企业的命运，在这一时期，集权的管理方式灵活而富有效率，而到快速成长期和成熟期，分权的管理方式才能使企业获得稳步的发展。

任务二 学习创业精神

一个真正的创业者，创业过程中不但要充满激情，还需要付出坚定、坚持不懈的努力，创业者必须富有创业精神。创业精神是指在创业者的主观世界中，那些具有开创性的思想、观念、个性、意志、作风和品质等。

一、创业精神的内涵

创业精神的定义是某个人或者某个群体通过有组织的努力，以创新的和独特的方式追求机会、创造价值和谋求增长，是着重于一种创新活动的行为过程，就是创业者通过创新的手段，将资源更有效地利用，为市场创造出新的价值。

创业精神包括三个内涵：

第一个是对商业机会的敏锐追求。创业精神是追求环境的趋势和变化，而且往往是尚未被人们注意的趋势和变化。

第二个是用于创新。创业精神包含了变革、革新、转换和引入新方法——即新产品、新服务或者是做生意的新方式。

第三个是追求卓越增长。创业者追求卓越增长，他们不满足于停留在小规模或现有的规模上，创业者希望他的企业能够尽可能地增长，员工能够拼命工作。因为他们在不断寻找新趋势和机会，不断地创新，不断地推出新产品和新的经营方式。

创业精神一般可区分为个体的创业精神及组织的创业精神。个体的创业精神，是指以个人力量，在个人愿景引导下，从事创新活动，进而创造一个新企业的过程；而组织的创业精神则指在已存在的一个组织内部，以群体力量追求共同愿景，从事组织创新活动，进而创造出组织的新面貌。

二、创业精神的特征

1. 高度的综合性

创业精神是由多种精神特质综合作用而成的。诸如创新精神、拼搏精神、进取精神、合作精神等都是形成创业精神的特质精神。

2. 三维整体性

无论是创业精神的产生、形成和内化，还是创业精神的外显、展现和外化，都是由哲学层次的创业思想和创业观念，心理学层次的创业个性和创业意志，行为学层次的创业作风和创业品质三个层面所构成的整体，缺少其中任何一个层面，都无法构成创业精神。

3. 超越历史的先进性

创业精神的最终体现就是开创前无古人的事业，创业精神本身必然具有超越历史的先进性，想前人之不敢想、做前人之不敢做。

4. 鲜明的时代特征

不同时代的人们面对着不同的物质生活和精神生活条件，创业精神的物质基础和精神营养各不相同，创业精神的具体内涵也就不同。创业精神对创业实践有重要意义，它是创业理想产生的原动力，是创业成功的重要保证。

三、创业精神的五大要素

激情、积极性、适应性、领导力和雄心壮志是创业精神的五大要素。

1. 激情

没有人能比维珍集团（Virgin Group）创始人理查德·布兰森（Richard Branson）更理解“激情”一词的含义。布兰森的激情，从他对创建公司的强烈欲望中可窥一斑。始建于1970年的维珍集团，旗下拥有超过200家公司，业务范围涵盖音乐、出版、移动电话，甚至太空旅行。布兰森曾打过一个比方：“生意就好像公共汽车，总会有下一班车过来。”

2. 积极性

亚马逊创始人杰夫·贝索斯（Jeff Bezos）非常清楚积极思考的能量。他以“每个挑战都是一次机会”为座右铭。事实上，贝索斯把一家很小的互联网创业公司发展成全球有知名度的书店。

亚马逊于1995年7月正式启动，两个月内就轻松实现每周2万美元的销售额。20世纪90年代末，互联网公司纷纷倒闭，亚马逊股价也从100美元降至6美元。雪上加霜的是，一些评论家预测，美国最大的书店巴诺（Barnes & Nobles）启动在线业务，这将彻底击垮亚马逊。紧要关头贝索斯挺身而出，向外界表达了乐观和信心，针对批评言论，他还一一列举公司的积极因素，包括已经完成的和准备实施的。

贝索斯带领亚马逊不断壮大，出售从图书到衣服、玩具等各种商品。今天，亚马逊年度营收已超过百亿美元，这很大程度上要得益于贝索斯的积极思考。

3. 适应性

具备适应能力是企业家应具备的重要特质之一。每个成功的企业主，都乐于改进、提升或按照客户意愿定制服务，以持续满足客户所需。

Google创办人谢尔盖·布林（Sergey Brin）和拉里·佩奇（Larry Page）更进一步，他们不仅对变化及时反应，还引领发展方向。凭借众多新创意，谷歌不断引领互联网发展，将人们的所见所闻提升到一个前所未有的新境界，你可以想想Google Earth技术带来的变化。拥有这种先锋精神，也无怪乎谷歌能跻身强大的网络公司行列。

4. 领导力

好的领导人一定具有很强的个人魅力和感召力，有道德感，有在组织里树立诚信原则的意愿；他也可能是个热心人，具有团队协作精神。在已近迟暮之年的玫琳凯·艾施女士（MaryKay Ash）身上我们可以发现所有这些元素。她创建了玫琳凯（MaryKay Cosmetics）品牌，帮助超过50万名女性开创了自己的事业。

很早以前，身为单亲母亲的艾施为一个家用产品公司做销售。虽然25年间她的销售业绩一直名列前茅，但是由于性别歧视，艾施无法在晋升和加薪时获得和男同事一样的待遇。艾施终于受够了这种待遇，1963年她用5000美元创办了玫琳凯公司。

艾施以具有强大驱动力和富于灵感的领导风格闻名，她创办公司的态度是“你能做到!”她甚至会用凯迪拉克轿车奖给顶尖的销售者。由于其强大的领导力技巧，艾施被认为是近年来具有影响力的25位商业领袖之一，而玫琳凯也被评为美国较适合工作的企业之一。

5. 雄心壮志

20岁时，戴比·菲尔兹（Debbi Fields）几乎一无所有。作为一个年轻的家庭主妇，她毫无商业经验，但她拥有绝佳的巧克力甜饼配方，并梦想全世界的人都能分享到。

1977年，菲尔兹开设了自己第一家店（Mrs.Field’s），尽管很多人认为她仅靠卖甜饼无法将业务维持下去。菲尔兹的果断决定和雄心壮志却使得小小甜饼店变成了一家大公司，600多个销售点遍布美国和其他10个国家。

补充阅读

创业者需要的二十种精神

1. 具有创业激情，满腔热情地投身到创业事业中去。
2. 具有强烈的创业意识，将创业目标作为人生的奋斗目标。
3. 具有健康的情感，情感是人对客观事物的一种态度。
4. 具有坚强的意志，有迎难而上、追求成功、达到目的的意志。

5. 具有创新精神，永远不满足于现状。
6. 具有自信、自强、自主、自立的创业精神，对自己的事业充满信心。
7. 具有亲和力，能调动员工的积极性，让员工诚服你。
8. 具有高瞻远瞩的战略目光，对创业的过程心中有数。
9. 具有艰苦创业、顽强拼搏的精神。
10. 具有实事求是的作风，敢想敢做，求真务实。
11. 具有做事雷厉风行、永不言败的工作作风。
12. 具有团结拼搏、顾全大局、无私奉献的精神。
13. 具有良好的心理素质，能承受工作和精神的压力。
14. 具有创业的知识，包括创业的专业知识、管理知识、财务知识和综合性知识等。
15. 具有竞争意识，敢于竞争、善于竞争，用竞争争取生存的权利。
16. 具有敏锐的市场嗅觉，从普通的市场信息中挖掘出对自己有用的信息。
17. 具有创业经验，可以是亲身体会也可以是从别人创业经验中得到的体会。
18. 具有健康的体魄，旺盛的精神，有股使不完的劲。
19. 具有良好的人际关系和沟通表达能力。
20. 具有无私奉献的精神，不要斤斤计较。

任务三　探索大学生创业与职业生涯发展

案例

南京林业大学大学生大三开始创业　“摇钱树”叶子开发成保健茶

青钱柳又名“摇钱树”，用其芽叶制成的茶具有调节血糖、血脂、血压等功效。南京林业大学的学生自创品牌，仅用了不到1年的时间，就把青钱柳茶“卖”进了北京、上海等多个大城市。

与青钱柳“一见钟情”

“之所以选择青钱柳进行创业，不仅是因为它具有很高的药用价值，更主要的是因为我对它‘一见钟情’。”青钱柳团队负责人、南京林业大学研一学生、南京青林生物科技有限公司副总经理李垚介绍，他学的是林学专业，大二去黄山参加树木学实习，在秀美的山溪边，他第一次见到了叶如碧玉、果似铜钱的青钱柳。“老师向我们介绍了青钱柳又叫‘甜茶’‘神茶’，老百姓千百年来都采用它的叶子做茶，我立即对它就有了好感。”

回到学校后，李垚就找到了学校森林培育学科专门从事青钱柳资源开发利用的方升佐教授，详细了解了青钱柳产业化现状，并于2011年下半年开始参加导师关于青钱柳的多项科研课题。随后，他组建了南京青林生物科技有限公司，自创“林之缘”品牌，开发青钱柳保健茶。

翻山越岭寻找适合开发的种源

为了收集适合制茶的最佳种源，青林团队先后奔赴湖北、湖南、江西、广西、安徽五省寻觅野生青钱柳。

“还记得江西那次调研，秋季的井冈山原始森林人迹罕至，地表被一人多高的密竹覆盖着，在寻找途中，我们只能沿着密竹林中的窄缝缓缓前进，渴了就到旁边的溪谷里喝水。”李垚说，常常是从望远镜中看到一些大树，长得像青钱柳，走近却要翻几条沟，有时走到跟前才发现，根本不是青钱柳而是南酸枣，因为两者长得太像了。花了大半年时间，他们才找到了第一个适合研发制茶的井冈山青钱柳种源。

选用近10种天然植物材料调试配方

为了让青钱柳真正走向千家万户，团队成员在研发上下了大功夫。他们选用了青桑叶、金银花等近10种天然植物材料，调试了60余种配方，邀请近百位中青年消费者参与感官评价，最终确定了降糖、清爽、酸甜三个系列的青钱柳植物饮料。

“科研要以市场为导向，通过技术创新实现资源高效利用。”李垚说，团队成员还从冬虫夏草、铁皮石斛超微粉中获取灵感，发现此类产品具有增强药效、促进吸收、方便调配的特点，计划将青钱柳制成无菌、安全、适合老年人服用的粉末制剂，同时开发出适合青年人口味的泡腾片。

2012年，李垚与南京溧峰集团制茶有限公司签订青钱柳茶合作生产协议，在井冈山建立青钱柳叶用林基地500亩。目前，“林之缘”牌青钱柳茶已销往北京、上海、江西、云南等地，销售额达到10万元，公司开发的青钱柳植物饮料还在与娃哈哈、农夫山泉等企业洽谈合作事宜。

资料来源：http://roll.sohu.com/20130324/n370060535.shtml

一、大学生就业现状

2020年教育部发布了《教育部办公厅关于严格核查2020届高校毕业生就业数据的通知》（以下简称《通知》）。《通知》指出，当前，就业统计面临新形势，尤其是随着我国新产业、新业态、新模式快速发展，新就业形态不断涌现。

2019年，全国共有各级各类学校53.01万所，比2018年增加1.13万所，增长2.17%；各级各类学历教育在校生2.82亿人，比2018年增加660.62万人，增长2.40%；专任教师1732.03万人，比2018年增加59.18万人，增长3.54%。

从毕业生人数来看，2018年全国高校毕业生首次突破了800万人，2019届高校毕业生834万人，比2018年还多14万，再创近10年毕业生人数新高，就业创业工作面临复杂严峻的形势。从教育部召开的新闻发布会获悉，2020届高校毕业生874万人，同比增加40万人，毕业生人数再创历史新高。

其中普通本专科招生914.90万人，比2018年增加123.91万人，增长15.67%；在校生3031.53万人，比2018年增加200.49万人，增长7.08%；毕业生758.53万人，比2018年增加5.22万人，增长0.69%。

大学毕业生是国家宝贵的人才资源，然而当代大学生的就业却成了一个社会难题。近些年来，大学毕业生数量不断增加，然而社会提供的岗位有限，这对于没有任何工作经验的大学生而言，就业压力很大。

二、大学生创业的前景

不管你认为大学生是否适合创业，不可否认的是，你身边已经有一些大学生在积极从事创业活动，而且有的人也取得了阶段性成功。不管你是不是大学生，成功创业都可以为社会创造财富和就业机会，可以促进科技成果的直接转化，促进经济发展，在此过程中实现自身发展，进而实现人生价值。目前，整个社会都在鼓励创新创业，有创业精神的人会得到更多的鼓励和肯定，这自然也激励了一部分敢闯敢试的大学生投入到创业大潮中去。

既然一部分大学生开始关心和关注创业，甚至已经投入到创业实践工作中，现在国家也出台了很多政策鼓励大学生创业者，那么我们要讨论的问题就是大学生创业的成功率高吗？哪些大学生创业成功率会更高，国家鼓励大学生从事的是哪些类型的创业？

很多人认为30～40岁的创业者更有优势，因为此年龄阶段的创业者有良好的人脉积累，有优秀的产业生产经验，有一定的物质基础，有良好的见识和成熟的心态，创业成功率肯定比大学生更高。从宏观上讲，这样的看法是对的，但是具体到个案和某些细分领域，我们认为答案也未必如此。

首先，当前的国家政策为有创业梦想的大学生选择自主化创业提供了有利的空间，比如允许创业活动纳入实践学分、允许休学创业、提供免费创业孵化器和指导、提供无息贷款和政府资金扶持等，这些政策使大学生创业风险大大降低。对于一些商科专业的同学来说，在大学期间进行创业活动，不但有助于他们更好地理解商业，将课本所学知识转化为实践需要的技能，还能通过创业弥补教科书上没有涉及的商业现实经历，即使创业失败，也会获得一笔极大的商业经验财富。

其次，移动互联网的快速普及极为深刻地改变了现代人的生活方式，“90后”大学生作为智能手机的第一代重度用户，比其他年龄段人群能更深刻地理解移动时代的生活、消费和工作方式。在这个全新的领域，年轻的创业者更有可能比年龄大的创业者准确把握社会需求，创造出新的商业模式和工作机会。

最后，需要说明一点，很多人把鼓励大学生创业误解为鼓励在校大学生创业，目前国家政策的主导方向是鼓励毕业5年内大学生创业，还有取得前沿科技创新成果的硕士、博士研究生创业，当然也不反对有才华的在校大学生去创业。优秀的大学生很可能已经通过各种实践积累了高水平的科研创新成果或商业活动经验，其中出类拔萃的人才选择创业作为自我价值实现的渠道是应该得到肯定和支持的。

我们认为，创业不分年龄，而跟个人的时代机遇和主观能动性有关，关键在于创业者本人是否为创业做好了心理和能力方面的准备。

三、大学生创业应具有的潜质

大学生当然可以创业，机会随时都会有，创业没有早晚之分，关键是你是否做好了创业准备。

一般而言，创业相比就业，对人的能力要求更高。要想成功创业，创业者要承担更大的风险，对于大部分人而言，冒险并不是一个安全的选择。很多创业成功的人回顾自己的创业经历，往往会坦言，自己并非主动选择了创业，而是被生活被迫，一步步走上创业道路的。

那么谈到大学生创业，很自然地也要思考：到底哪些人更适合创业呢?

我们建议创业者做一下逆向思考，什么样的人适合创业我们不一定容易识别，但什么样的人不适合创业也许更容易被发现。

如果一个人有以下六种倾向，往往不适合创业：①倾向于执行命令；②倾向于帮助他人实现梦想；③不喜欢艰苦的工作；④与生活中的每个人都相处融洽；⑤认为世上万物都刚刚好；⑥觉得自己很非主流（并且很享受）。

创新工场李开复曾分享过一个观点，他认为好的创业者需要具备十项能力：

①强烈的欲望；②超乎想象的忍耐力；③开阔的眼界；④善于把握趋势又通人情事理；⑤敏锐的商业嗅觉；⑥拓展人脉；⑦谋略；⑧胆量；⑨与他人分享的愿望；⑩自我反省的能力。

如果按照这些条件去比对，我们会发现绝大部分创业者都不合格，甚至严重不合格，即使是一些成功的创业者也不会完全具备这样的素质。

本书认为优秀创业者最重要的三个特质是：

（1）能发现潜在商机。好的创业者不仅能够看到机会，还要有能力在别人对市场前景模糊不清时就提前看清市场模式。

（2）能团结志同道合的人。好的创业者需要有一定的人格魅力，才能吸引优秀的人才加盟创业团队，使事业做大。

（3）能在风险压力下坚持到底。创业过程中充满各种不确定性，也就是风险。但好的创业者总是能够通过快速学习、执行和调整面对的风险，化解问题，从而使自己的企业生存下来。创业者每天都要在风险压力下和各种不确定性做斗争，有的人喜欢这种不确定性，而有的人不喜欢。显然更喜欢生活中有不确定性可能的创业者更容易成功。

补充阅读

对大学生创业者的友情忠告

创业历程，从来不是三言两语或是几张图片就可以记载的，这是一条漫长的道路，这期间，我们经历了太多太多，充满惊喜和坎坷，收获着，成长着。

创业就是一个不断遇到困难然后解决困难的过程，这其中比资金遭受损失带来更大挫折感的是自信心受到的打击，不在性格上历练出那种能屈能伸的韧性，创业的路就很难走下去。作为在校的大学生，我们缺乏的正是勇气和韧劲，因此，创业让我们有更好的锻炼机会，让我们比同龄人更快更早地体悟社会，适应社会，融入社会，也注定了我们有更多与众不同的经历，更强的核心竞争力，更精彩的人生。

创业不仅要考虑社会和市场的需求，还要考虑以何种方式回馈社会。只要不忘回馈社会，社会就会给你更广阔的发展空间。在创业这条路上，我们还学会了感恩和珍惜。感谢一路上支持和帮助我们的每一位老师、同学、朋友、陌生人，是他们给了我们无私的关爱和支援，让我们走得更顺、更远、更久；还要感谢拒绝和嘲笑我们的人，是他们让我们能反思自己的不足，改变我们的观念，调整我们的举措，从而走向正确的道路。因此，我们多次举行公益活动，回报学校、回报社会。

想创业，就要在学校多参加社团和社会活动，历练组织和社交能力。创业是一个与社会及人息息相关的系统工程，要提高创业的成功概率，创业者的组织能力和社会交往能力是关键因素之一。大学时积极参加社团活动，这对培养凝聚团队能力，与人交际沟通能力，以及不同情况下处理事情的思考能力能起到积极作用，也容易养成不愿贪图安逸，总想实现自我价值的思维习惯。

如今，不少大学都开设了创业指导课来教授创业管理、创业心理等内容，帮助大学生打好创业知识的基础。大学图书馆也提供创业指导方面的书籍，大学生可通过阅读增加对创业市场的认识。此外，大学社团活动也为大学生锻炼综合能力提供了大量的实践机会。通过这种途径获得创业知识，无疑是最经济、最方便的。

此外，创业从来不是一个人的事，它是一群志同道合者同舟共济的成果，有人做绿叶，有人做红花，但都绽放着各自的美丽。

四、大学生职业生涯规划的原则及步骤

1. 制订个人职业计划的原则

（1）实事求是。准确的自我认识和自我评价是制订个人职业计划的前提。对自己要有四方面清醒的认识：

①价值取向、自我确定的整个人生之路和生活方式；

②本人知识、技能水平及工作适应性；

③个人特质，主要是素质、性格、爱好、兴趣和专长等；

④自己事业中最渴望的是什么？最有价值的追求是什么？准确的自我认识和评估显然是制订个人职业计划的基础。

（2）切实可行。一方面，个人的职业目标或职业需求，一定要同自己的能力、个人特质及工作适应性相符合，这样，职业计划实现方有可能。另一方面，个人职业目标和获取职业成功之路，要考虑到周围客观环境和条件的允许。

（3）个人目标与组织目标一致。雇员是要借助在企业中工作而实现自身职业需求的，其职业计划在为组织目标而奋斗的过程中得以实现。离开组织目标，便没有个人的职业进步，甚至难以在组织中立足。所以，以个人职业计划制订伊始，就必须与组织目标相协调，保持一致。为此，雇员在制订计划之时，应积极主动与组织沟通，获得组织的指导与帮助。

（4）修正个人职业规划。雇员的职业生涯经历进入组织、职业早期、职业中期和职业后期等不同阶段。雇员应当根据不同阶段的职业任务和个人职业特征，制定不同时期或阶段的个人职业目标、需求及其实现途径。计划一经制订，并非一劳永逸，尚需依据客观实际情况及其变化，不断予以调整、修改和完善，使之可行，且行之有效。

2. 制定职业生涯规划的步骤

（1）环境评估。环境评估主要是评估各种环境因素对个人职业发展的影响，主要评估指标包括：社会与政治环境、经济环境、职业环境和组织环境。在分析环境影响时，应注意环境的特点、发展变化趋势、环境对个人提出的新要求以及环境对自己有利和不利的因素等。

在制定个人的职业生涯规划时，要分析环境条件的特点、环境的发展变化情况、自己与环境的关系、自己在这个环境中的地位、环境对自己提出的要求以及环境对自己有利的条件与不利的条件等。只有对这些环境因素充分了解，才能做到在复杂的环境中避害趋利，使你的职业生涯规划具有实际意义。

（2）自我评估。自我评估的目的，是认识自己、了解自己。因为只有认识了自己，才能对自己的职业做出正确的选择，才能选定适合自己发展的职业生涯路线，才能对自己的职业生涯目标做出最佳抉择。自我评估包括自己的兴趣、特长、性格、学识、技能、智商、情商、思维方式、思维方法、道德水准以及社会中的自我等。

①自我分析。

第一，我是谁？

思考你所扮演的各种角色与你的特征，能力如何，个性是什么样的。尽量多地写出各种答案，你将会清楚你承担的责任、角色和性格。想想哪些是暂时的，哪些是永久的，哪些是

应该保留的，哪些是必须抛弃或改正的。可以找一些社会学方面的书籍来看，社会学专业的术语——“角色扮演”的论述对自我分析是很有帮助的。当然也可以到专业机构接受心理测试，帮助自己进行分析。

第二，我在哪里？

首先用几分钟思考你的一生，从摇篮到坟墓，画一个图，画出过去也画出未来，仔细考虑，它将成为什么样？然后在上面标上“*”表示你所在的位置。

第三，我将是什么样子？

在职业生涯中，我将完成什么事？有哪些成就？仔细思考，然后写在纸上。回到眼前，思考你的职业梦想。想一想你想在工作中得到的特定东西是什么。

②自我诊断。

诊断目前存在的问题，主要包括三个方面：

第一，诊断问题发生的领域，是家庭问题、自我问题，还是工作问题；或是其中两者或三者的共同作用。

第二，诊断问题的难度。是否学习新技能？是否需要全神贯注？是否需要个人改变态度与价值观？

第三，诊断自己与组织的相互配合情况。自己是否做出贡献，是否学会在组织内部适合自己的职业领域中发挥专长，和其他组织人员的团结协作怎样，组织对自己的职业生涯设计和自己制定的职业生涯规划是否冲突等。

（3）选择职业。职业选择正确与否，直接关系到人生事业的成功与失败。据统计，在选错职业的人当中，有80%的人在事业上是失败者。由此可见，职业选择对人生事业发展是何等重要。选择正确的职业至少应考虑以下几点：

①性格与职业的匹配。

②兴趣与职业的匹配。

③特长与职业的匹配。

④内外环境与职业相适应。

（4）选择职业发展模式。在职业确定后，向哪一模式发展，此时要做出选择。即，是向行政管理模式发展，还是向专业技术模式发展；是先走技术模式，再转向行政管理模式……由于发展模式不同，对职业发展的要求也不相同。因此，在职业生涯规划中，须做出抉择，以便使自己的学习、工作以及各种行动措施沿着你的职业生涯路线或预定的方向前进。通常职业生涯路线简单的模式如下：

①技术型。

典型特征：性格内向，喜欢独立思考，做事谨慎细致。职业选择时，主要注意力是工作的实际技术。即使提升，也不愿到全面管理的位置，而只愿在技术职能区提升。

成功标准：在本技术区达到最高管理位置，保持自己的技术优势。

主要职业领域：如财务分析、计划、工程设计等。

典型职业通路：如财务分析的一般路径，财务分析员—主管会计—财务部经理—公司财务副总裁。在承担主管会计2年后，如果本企业发展不佳，到大中型企业发展。

培训和准备：2年内取得注册会计师资格，在业余时间进修管理学知识。需要提高处理信息的能力，保持积极的心态。

②管理型。

典型特征：考虑问题比较理智，善于从宏观角度考虑问题。能在信息不全的情况下，分析解决问题，善于影响、监督、率领、操纵、控制组织成员，善于使用权力。

成功标准：管理越来越多的下级，承担的责任越来越大，独立性越来越大。

主要职业领域：企业组织或部门的主要负责人。

典型职业通路：工人—生产组组长—生产线经理—部门经理。

培训和准备：认真学习技术，成为技术能手，取得技师、高级技师或工程师、高级工程师，进修学习管理学知识。

（5）确立目标。职业生涯目标的确定包括人生目标、长期目标、中期目标与短期目标的确定，它们分别与人生规划、长期规划、中期规划和短期规划相对应。一般地，我们首先要根据个人的专业、性格、气质和价值观以及社会的发展趋势确定自己的人生目标和长期目标，然后把人生目标和长期目标进行分化，根据个人的经历和所处的组织环境制定相应的中期目标和短期目标。

①制定个人长远职业目标。

◆ 长远目标期限不可太长，也不可过短，一般以掌握在10年左右为宜。

◆ 确定长远目标，建立自己的事业和职业需要，必须能够配合工作环境的需求才行，能从市场角度探求人生的人，必可得到清晰的目标。

◆ 眼光放远，不要囿于现实和近期，就是说，放眼未来，预测可能的职业进步。

◆ 寻找自己最渴望追求的东西，用心去思考和发现自己的长远职业目标。看清自己的欲望是个人谋略的重要工具。雇员的长远目标，一靠雇员思考、反思而得来，是雇员以自己的价值观、信念、能力、特性与其理想或志向进行分析；二靠雇员创建得来。雇员异乎寻常的创意，使之超脱现实思想限制，拓展更广阔的眼界，利于长远目标的确定。

②制定短期职业目标。

◆ 已经选定长期目标，现在需要足够的理智和准确度，把长期目标换成一个个具体的短期目标。短期目标是一种特殊工具，将长期目标具体化、现实化、可操作化，它是结果和行动之间的桥梁。长期目标和短期目标有机联系，构成一个金字塔型目标网，塔尖是长远目标，底部是无数个短期具体目标。

◆ 短期目标必须清楚、明确、现实、可行。如果你对短期内期望完成的事业有清晰而完整的概念，那么你差不多已完成目标的制定了。

◆ 每一短期目标设输出目标和能力目标。所谓输出目标，即为达到长远目标而设定的具体实施目标，是能以标准衡量是否完成的目标。能力目标，则是为达到输出目标所需要的相应能力，是对于“为了达成我的输出目标，我必须擅长什么?”问题的解答。

（6）制订行动计划与措施。在确定了职业生涯目标后，行动便成了关键的环节。没有达成目标的行动，目标就难以实现，也就谈不上事业的成功。这里所指的行动，是指落实目标的具体措施，主要包括工作、训练、教育、轮岗等方面的措施。例如，为达成目标，在工作方面，你计划采取什么措施，提高你的工作效率？在业务素质方面，你计划学习哪些知识，掌握哪些技能，提高你的业务能力？在潜能开发方面，采取什么措施开发你的潜能等，都要有具体的计划与明确的措施。

（7）评估与回馈。影响职业生涯规划的因素诸多。有的变化因素是可以预测的，而有的变化因素难以预测。由于社会环境的巨大变化和一些不确定因素的存在会使我们与原来制定的职业生涯目标与规划有所偏差，这时需要对职业生涯目标与规划进行评估和做出适当的调整，以更好地符合自身发展和社会发展的需要。职业生涯规划的评估与反馈过程是个人对自己的不断认识过程，也是对社会的不断认识过程，是使职业生涯规划更加有效的有力手段。

项目二 创业团队组建

学习目标

1. 了解创业者应该具备的基本素质
2. 了解创业者的动机对其创业活动的影响，识别创业活动的理性因素
3. 认识创业团队对创业成功的重要性
4. 学习组建创业团队的思维方式

引导案例

微软创业合作伙伴选择

考察一下成功的创业企业，我们不难发现在成功的故事后面都有一个创业团队的黄金组合。微软的成功就在于创业之初，有一队堪称楷模的创业合作伙伴。虽然今天人们提起微软，想到的多是比尔·盖茨。不可否认，他是一名卓越的创业者，但是这一切成就的得来，并不单单属于比尔·盖茨一人。在其光芒之下，还站着他创业中不可或缺的创业合作伙伴和创业团队成员，尤其是盖茨的两个同学：保罗·艾伦与史蒂夫·鲍尔默。

比尔·盖茨与保罗·艾伦

比尔·盖茨的早期创业合作伙伴是保罗·艾伦。保罗·艾伦1953年出生于美国西雅图，毕业于华盛顿州立大学。父亲当过20多年的图书管理员，为他从小博览群书提供了条件。1968年，他与盖茨在湖滨中学相遇，并成了好朋友。1975年，他们共同创立了“微软帝国”，艾伦拥有40%的股份。两位创始人配合默契。艾伦喜欢技术，所以他专注于微软的新技术和新理念；盖茨则以商业为主，包揽了销售员、技术负责人、法律事务、商务谈判及公司总裁等所有工作。可以说，艾伦对微软的贡献不可低估，他是盖茨创业道路上最大的推动力，他制定了“先赢得客户，再提供技术”的公司发展战略。

比尔·盖茨与史蒂夫·鲍尔默

当微软还是只有十几名员工的小公司的时候，盖茨不得不事必躬亲，除开发产品外，还必须设计员工工资、计算税利、草拟合同、指示如何销售产品等。随着公司规模的不断壮大，微软在人员配备上的缺陷也就暴露了出来。盖茨开始为管理上的琐事而烦恼。他随即意识到微软也需要不懂得技术的智囊人物，需要具有各种特殊技能的人才，而不仅仅是编程高手。如产品规划人员、文档编写人员、实用性专家，以及使他们协同工作的聪明的经理、能够回答客户问题的技术人员、能够帮助客户更快上手的咨询专家等。

这时，盖茨首先想到了他哈佛大学的同学史蒂夫·鲍尔默。1980年，即微软创建的第6年，鲍尔默进入了微软公司，成为微软的第17名员工，也是第一位非技术员工。盖茨聘请史蒂夫·鲍尔默担任总裁助理，并赠送了7%的微软公司股份。史蒂夫·鲍尔默并不熟悉计算机编程技术，但善于社交。此后，史蒂夫·鲍尔默几乎供职过微软公司所有的部门，被称为“救火队长”。例如，招聘培养高素质的管理人员、管理重要的软件开发团队、同英特尔和IBM等重要伙伴打交道，控制公司的营销业务并建立庞大的全球销售体系等。性格狂躁的他与性格偏内向的盖茨成了完美搭档。

资料来源：程书强，唐光海. 互联网创业基础【M】. 北京：北京理工大学出版社，2016

任务一　创业者的能力与动机

一、创业者

创业者是创业的主体要素，是创业概念的发起者，是创业目标的制定者，是创业过程的组织者，也是创业结果的承担者。创业者是现有企业中负责经营和决策的领导人，是创办新企业的领导人。没有人天生就是创业者，任何人都有成为创业者的潜力。某个人是否成为创业者，是环境、生活经历和个人选择的结果，他是多年积累的相关技术、技能、经历和关系网塑造出来的，这当中包含着许多自我发展历程。

创业者往往有不同的教育背景、家庭条件和工作经历，一个未来的创业者现在可能是一名学生、工人、教师、家庭主妇等，他可以是任何国家、任何民族的男性或女性。

创业者在创业过程中，最为重要的因素就是其自身的素质和能力，它是最具能动性的因素。那么，究竟什么样的人适合创业呢？虽然创业者在个人特征和背景上等诸多方面都存在差异，但是，成功创建新企业的创业者在态度和行为方面还存在一些共性。

1. 创业者的背景与个性特点

研究创业者背景一般主要关注儿时的家庭环境、受教育水平、性格等几个方面。

（1）儿时的家庭环境。个人一生中的发展受家庭影响最大，尤其是青少年时期影响更大。许多研究指出，父母本身的个性、职业、受教育程度、教养态度与习惯对孩子的性格养成会产生影响，可以说家庭是发展个人基本人格特质、态度、价值观、行为模式最重要的影响因素。

国内外的部分研究也指出创业家具有在家中排行老大的特点，长子或长女常需要担负照顾弟、妹的责任，容易得到较多的关注，能够发展出较自信的性格，喜欢带头、“抢第一”，较具有领导欲望，个性上较为积极与负责。这些由家庭与社会文化传统所培养的个体性格特征，正好与创业者所需要的特质相契合，因此会产生创业者多在家中排行老大的现象。这可以看出中国家庭传统或者家庭文化作为家庭背景因素，对创业者个人特质，进而对创业者创业活动的影响。然而近几年来，这种情况将发生变化，一方面随着国家对民营经济优惠政策的逐步增加，创办企业的门槛降低，一大批中小企业发展起来，这使得非长子长女的人在不同行业中都有所突破；另一方面随着人口出生率的降低，家庭结构的变化，与中国计划生育的国策相关联的独生子女家庭增加，独生子女创业者的人数不断增加。

同时，国内的一些研究表明，大多数创业者幼年家境贫困，经济不宽裕。而且，父亲担任自雇型工作的创业者众多，这种自由、弹性与独立性的职业特性，对于创业者有很深的影响，也有助于激发创业行为。一般来说，城市较农村有更好的创业环境，家境优越者可以在创业时得到更多的来自家庭的支持，而家境贫寒则对创业者吃苦耐劳、敢于创业、不怕挫折的创业精神有很大影响。

（2）受教育水平。受教育可以使个人在创造力、判断力等多方面得到提高，能在很短的时间内吸取他人的经验与技巧，从而避免长时间的摸索、试错，更能减少主观上的偏差。因此，创业者较一般民众学历高，但比经理人学历低。此外，创业者的受教育程度与产业差异有关，制造业创业者学历通常是高职，服务业或是电子资讯业则是大学或是研究生以上。

正规的学位并不是创立新企业的必要条件，但尽管如此，我们仍可以说，教育确实能为创业者形成一个有说服力的个人背景，尤其是在所受的教育和创业的领域有关系的时候。

（3）性格。“性格决定命运”曾经一度成为多个学科领域所信奉的一句名言。然而性格是个十分复杂的概念，也是一个难以调查的项目，不经过足够长时间的接触，很难了解一个人的性格，对于众多成功创业者来说，他们的性格也是十分不同的，我们这里总结一下这些成功创业者一些显而易见的共同点。

①好学精神。能够坚持多年而达到目前成功的创业者都具备这一品质，他们能够紧跟潮流，无论在专业技能还是管理技术上，始终保持学习状态，这也是他们在众多昙花一现的民营企业中能够坚持下来的重要原因。

②目光敏锐。这些成功创业者能够把握时代脉搏，善于抓住机会，发现市场中的空白点，从而扩展自己产品和服务的市场。

③有胆识。胆识不意味着蛮干，这些成功创业者能够在把握机会的基础上，大胆进入其他相关或非相关行业。

④坚韧。这一点体现在这些成功创业者不会因为暂时的挫折而容易放弃，能够执着于一项事业，虽然其中很多创业者有很多职业经历。

另外，一些较中性的性格，如内向与外向、张扬与低调等，并不是影响创业者成功的主要原因，在这些成功的创业者中，内向与外向的人在所占比例上并没有很大差别。因此从某种程度上可以说，性格对创业的影响在时代背景不同的情况下也不会有太大的变化，不能说以前的成功创业者能够吃苦耐劳而现在的创业者就不再会了，有所变化的只是这种勤奋、能吃苦的精神体现在了不同的阶段而已。早期的成功创业者可以说是更多地依靠了自身亲历亲为的辛苦经历，而当代的成功创业者则更大程度上依靠所学的知识，吸收已有经验，而其辛劳则体现在了学习之中。

（4）年龄。创业的经历往往是将来创业成功的保障，在新创事业和过去从事的业务属于同一领域时尤其如此。年轻创业者取得成功的故事并不鲜见，因为没有经验，他们并不能确定拦路虎会出现在何处，但仍然有可能最终越过阻碍迈向成功。与之形成鲜明对比的是，年长的创业者往往拥有广泛的人脉资源，这能帮助他们预测并绕过障碍，而不是去正面迎战。这两种方式最终都能通向成功，但实现途径却有着天壤之别。

一般来说，年龄26～35岁是创业者的最佳时期，这段时期是人的创新思维最为活跃、精力最充沛、最好动脑筋、创造欲最旺盛的高峰期。尤其是在网络软件、广告、策划、咨询、证券、投资等知识密集型行业，“经验”已经不重要，重要的是“创新精神”，而人在29岁以前是最有创新精神的。

（5）工作经历。创业者创业前的工作经验，对于所创企业的成长与成功是非常重要的，尤其是所创企业与过去所从事行业有关联时。例如，有过教师从业经历的创业者有比较高的文化素质，而有军人、公职人员经历的创业者则在性格、决策能力、社会关系上有一定的优势。时代背景的不同也使得创业前的职业经历有所变化，早期创业者的职业经历普遍种类较多且相关程度不是很高，更多体现的是人脉、经验的积累；而随着经济的发展，创业者知识水平的不断提高，其专业知识的运用程度不断增强。单就创业经历而言，这些成功创业者并不是在一种行业里一帆风顺的，大多数创业者都在最初从事的行业的基础上有所拓展或者完全脱离了最初从事的行业，这在一定程度上说明了大部分创业者都执着于某一行业并进行发展，而现行业的拓展在一定程度上体现了创业者在风险规避意识上的增强及知识面的拓宽。

（6）性别。创业者的性别在获取创业信息，掌握创业政策，选择创业区域和环境，以及在创业中所面临的困难等方面的差异并不大，其差异主要体现在以下几个方面。

①在行业及企业发展方面的差异。女性在选择行业时，更多考虑的是兴趣爱好、市场前景、启动资金和融资难易等要素；男性在选择行业时，则更多地考虑行业熟悉度、产业政策、投资风险和资金回流。其中，在制造业、信息传输、计算机服务和软件业等行业，男性创业者比例较大，是女性创业者的3～5倍，而选择信息传输、计算机服务和软件业作为创业领域的男性青年竟是女性青年的6倍多；在农林牧副渔、批发零售、居民服务、教育、文

化传媒、维修和其他服务业，女性则多于男性。而在房地产业、旅游休闲业等方面的差异则很不明显，双方基本持平。

②在资金条件、创业顾虑方面的差异。调查发现，男性创业者的资金多来源于商业贷款、政策贷款、政府及非政府创业项目资金，遇到资金困难时也更容易得到银行抵押贷款，可见男性创业者的融资渠道多于女性。尤其值得注意的是，通过各种非政府组织提供的创业项目资金（如创业大赛）获得创业资金支持的男性创业者是女性创业者的7倍。比较而言，男性创业者比女性创业者更担心启动资金短缺、创业政策服务不好，女性创业者比男性创业者更担心创业没有社会保障、创业教育培训体系不健全。女性创业者在遇到资金短缺时更多是想到向亲朋好友借钱，这个比例大大高于男性。男性创业者首选则是金融机构的抵押贷款，他们更善于寻求社会的支持。

③在创业政策、环境培训方面的差异。男性创业者对创业政策的了解程度高于女性，他们比女性更关注创业扶持政策。高校最新研究成果显示，女性更关注创业经验教训。从创业环境存在的问题看，男性更强调营运成本高、政策法规不配套、社会创业氛围不浓，女性更强调人才资源少、开放意识不强。谈到创业者，人们首先想到的是比尔·盖茨、马云、张瑞敏等大批成功的男性公民，在许多人看来，女性更适合做些创业之外的事情，如服务类。这一点与社会总是视企业家为男性英雄的范本交织在一起，从而形成了一种综合效应，更使年轻女性感到泄气，她们害怕失败的恐惧感上升了，她们洞察与识别创业机会的能力也下降了。但是，随着女性接受教育和获得工作经验，她们能通过那些男性企业家的神话，看得更多更远。未来女性的创业参与度将会大大提高。

案例

家庭和事业：一个水晶球，一个橡皮球

有着20年互联网工作经验的敦煌网CEO王树彤，先后担任过微软、思科等国际互联网公司的高管，毅然选择创业。在创业中她都遇到过什么困难？当遇到困难的时候是什么支撑了她的梦想？

以下是她谈到女性在创业中权衡家庭和事业的一些观点：

在创敦煌网的时候，那时候真是要砸锅卖铁，就是第二天你就要卖车了，你要不要卖？所以我们都经历了走在刀锋的那个过程。我觉得更多成功的企业家背后必定有他的港湾，只有这种不断的能让你充电的背后的支持，你才可以在一个创业的路上走得更加持久，因为今天我觉得没有三五年成功的道理，更多的这是一个长跑，所以在长跑的过程中如果你的鞋子里老有沙子，那你是很难跑得长久的。

家庭和事业就像一个是水晶球，一个是橡皮球，家庭如果你不能很好地呵护

它，掉在地上的话那就是一去不复返，它没有再复原的那天，而事业它是一个可以落地，像橡皮球一样，又可以弹起来，所以它其实有这样的一种高峰和低谷，它都可以，所以很早的时候我可能就会把什么是我觉得人生最重要的，能把它想清楚。

对很多人来说不是工作需要你，是你需要工作，是你也需要有了后面这个温暖的港湾，你也需要在社会上有更多的挑战，你有更多的一些问题要去解决，使得你更加有丰富的人生阅历，也可以反哺到你自己的生活之中，你可以变成一个更加富有智慧的人。

女性是靠自己过往的记录和成功得到提升的，而男性是靠自己的Potential，也就是自己的潜力，我只要展示出来我有这个潜力，尽管我还没有做出来，他也可以得到提升，这是市场上现在的一种现实，其实女性能够在职场上更加成功，某种程度上，很大程度会依赖于男性对这个问题的认识，就是他们如果有这种视野，比如一个公司的高管，如果女性的比例不是今天的2%，不是3%，有太多的数据证明这家企业的成绩、它的绩效会远远好于以男性为主导的企业，如果有更多的企业领导能够意识到这一点，能够让很多有潜力的女性同事能够成为领导者，这个不光是对企业的业绩，其实也会让整个社会更加充满竞争力。

我记得沃伦·巴菲特讲过一句话，他说我今天取得的这个成功其实也没什么，因为我其实只跟世界上一半的人在竞争，你能理解我的意思吗？其实有很多非常优秀的女性没有参与这个竞争，所以使得他的竞争没有那么复杂。

资料来源：http://www.iceo.com.cn/renwu2013/133/2013/1212/273355.shtml

二、创业者素质与能力

素质是指人在先天生理基础上发展起来的后天社会本质，即人在先天生理的基础上受后天环境、教育等的影响，通过个体自身的认识和社会实践养成的比较稳定的身心发展的基本品性。一般包括心理特质、品格特质、经验特质、知识特质和能力特质等几个方面。无论是原有的还是后天形成的，素质都不是一成不变的，它随着时间、环境和个人学习、实践路径的不同而不同，具有变动性、增进性和延续性，对于创业者来说，创业者素质是指创业者在创业过程中所表现出来的自身独特的品质和能力，它是随着创业活动的深入而不断提高和逐步完善的，创业者的素质在一定程度上决定了创业企业的成败。它具体表现为创业者的基本素质和能力素质，创业者的基本素质可分为身体素质、心理素质、思想素质、知识素质、专业技能和创业经验；能力素质则包括机会识别、资源整合、风险决策、战略管理、网络构建、开拓创新等。

（1）创业者的基本素质。创业是极具挑战性的社会活动，是对创业者自身智慧、能力、气魄、胆识的全方位考验。一个人要想获得创业者的成功，必须具备基本的创业素质。创业基本素质包括身体素质、创业意识、创业心理品质、创业精神、竞争意识、创业能力。

①健康的身体素质。身体素质是指创业者应该具有健康的体魄和充沛的精力，能够适应新创企业外部协调和内部管理的繁重工作。

②强烈的创业意识。要想取得创业的成功，创业者必须具备自我实现、追求成功的强烈的创业意识。强烈的创业意识，帮助创业者克服创业道路上的各种艰难险阻，将创业目标作为自己的人生奋斗目标。创业的成功是创业者思想上长期准备的结果，事业的成功总是属于有思想准备的人，也属于有创业意识的人。

③良好的心理素质。心理素质是指创业者个人的心理条件，由创业者的自我意识、气质、性格、情感、价值观等心理要素构成。由于创业者致力于创业活动的特殊性，往往要求创业者具有与常人不同的心理条件，那么，这种心理条件是什么，或者说，拥有什么心理条件的人才有可能成为一名成功的创业者呢？通过对成功的创业者的素质研究，我们发现他们的心理素质主要体现在以下几个方面，敢于冒创业风险：不惧怕创业失败；对自己高度自信；勤俭，能吃苦耐劳；有强烈的成功欲望。

④自信、自强、自主、自立的创业精神。自信就是对自己充满信心。自信心能赋予人主动积极的人生态度和进取精神。不依赖、不等待。要成为一名成功的创业者，必须坚持信仰如一，拥有使命感和责任感；信念坚定，顽强拼搏，直到成功。信念是生命的力量，是创立事业之本，信念是创业的原动力。要相信自己有能力、有条件去开创自己未来的事业，相信自己能够主宰自己的命运，成为创业的成功者。自强就是在自信的基础上，不贪图眼前的利益，不依恋平淡的生活，敢于实践，不断增长自己各方面的能力与才干，勇于使自己成为生活与事业的强者。自主就是具有独立的人格，不受传统和世俗偏见的束缚，不受舆论和环境的影响，能自己选择自己的道路，善于设计和规划自己的未来，并采取相应的行动。自主还要有远见、有敢为人先的胆略和实事求是的科学态度，能把握住自己的航向，直至达到成功的彼岸。自立就是凭自己的头脑和双手，凭借自己的智慧和才能，凭借自己的努力和奋斗，建立起自己生活和事业的基础。21世纪的青年人应该早立、快立志向，自谋职业，勤劳致富，建立起自己的事业。

⑤充分的知识素质。知识素质是指创业者所应该具有的较为丰富的企业管理知识，如营销、财务等方面的专业知识，极为丰富的企业管理经验和新创企业所涉及的技术、技艺知识，还应拥有一定的外语知识，以及计算机、网络基础知识等。创业者的知识素质对企业经营活动发挥着重大作用，创业者必须具有良好的知识素质才能胜任创业管理活动。

⑥丰富的经验素质。创业者的经验素质是指创业者在创业过程及新创企业经营管理活动中实践锻炼和经验的积累。经验之所以对创业者具有重要意义，是因为经验是形成管理能力的中介，是知识升华为能力的催化剂。一个受过良好管理教育的人，只有与创业实践相结合，才能形成创业管理能力，成为成功的创业者。

（2）全面的创业能力素质。创业者的能力素质是指创业者解决创业及创业企业成长过程中遇到的各种复杂问题的本领，是创业者基本素质的外在表现。它也是创业者整体素质体系中的核心要素，从实践的角度看，表现为创业者把知识和经验有机结合起来并运用于创业管理的过程。它具体包括以下能力：

①决策能力。决策能力是创业者根据主客观条件，因地制宜，正确地确定创业的发展方向、目标、战略以及具体选择实施方案的能力。决策是一个人综合能力的表现，一个创业者首先要成为一个决策者。创业者的决策能力通常包括：分析、判断能力和创新能力。首先，要从众多的创业目标以及方向中进行分析比较，选择最适合发挥自己特长与优势的创业方向和途径、方法。在创业的过程中，能从错综复杂的现象中发现事物的本质，找出存在的真正问题，分析原因，从而正确处理问题，这就要求创业者具有良好的分析能力。所谓判断能力，就是能从客观事物的发展变化中找出因果关系，并善于从中把握事物的发展方向，分析是判断的前提，判断是分析的目的，良好的决策能力是良好的分析能力加上果断的判断能力。创业实际就是一个充满创新的事业，所以创业者必须具备创新能力，有创新思维、无思维定式，不墨守成规，能根据客观情况的变化，及时提出新目标、新方案，不断开拓新局面，创出新路子，可以说，不断创新是创业者不断前进的关键环节。

②经营管理能力。经营管理能力是指对人员、资金的管理能力。它涉及人员的选择、使用、组合和优化，也涉及资金的聚集、核算、分配、使用、流动。经营管理能力是一种较高层次的综合能力，是运筹性能力。经营管理能力的形成要从学会经营、学会管理、学会用人、学会理财几个方面去努力。

第一，学会经营。创业者一旦确定了创业目标，就要组织实施，为了在激烈的市场竞争中取得优势，必须学会经营。

第二，学会管理。要学会质量管理，要始终坚持质量第一的原则。质量不仅是生产物质产品的生命，也是从事服务业和其他工作的生命，创业者必须严格树立牢固的质量观。要学会效益管理，要始终坚持效益最佳原则，效益最佳是创业的终极目标。可以说，无效益的管理是失败的管理，无效益的创业是失败的创业。做到效益最佳要求在创业活动中人力、物力、资金、场地、时间的使用都要选择最佳方案运作。做到不闲人员和资金、不空设备和场地、不浪费原料和材料，使创业活动有条不紊地运转。学会管理还要敢于负责，创业者要对本企业、员工、消费者、顾客以及对整个社会都抱有高度的责任感。

第三，学会用人。市场经济的竞争是人才的竞争，谁拥有人才，谁就拥有市场、拥有顾客。一个学校没有品学兼优的教师，这个学校必然办不好，一个企业没有优秀的管理人才、技术人才，这个企业就不会有好的经济效益和社会效益，一个创业者不吸纳德才兼备、志同道合的人共创事业，创业就难以成功。因此，必须学会用人。要善于吸纳比自己强或有某种专长的人共同创业。

第四，学会理财。首先，要学会开源节流。开源就是培植财源，在创业过程中除了抓好主要项目创收外，还要注意广辟资金来源。节流就是节省不必要的开支、树立节约每一滴水、每一度电的思想。大凡百万富翁、亿万富翁都是从几百元、几千元起家的，都经历了聚少成多、勤俭节约的历程。其次，要学会管理资金。一是要把握好资金的预决算，做到心中有数；二是要把握好资金的进出和周转，每笔资金的来源和支出都要记账，做到有账可查；三是把握好资金投入的论证，每投入一笔资金都要进行可行性论证，有利可图才投入，大利大投入、小利小投入，保证使用好每一笔资金。总之，创业者心中时刻装有一把算盘，每做一件事、每用一笔钱，都要掂量一下是否有利于事业的发展，有没有效益，会不会使资金增值，这样，才能理好财。

第五，要讲诚信。就创业者个人而言，诚信乃立身之本，“言而无信，不知其可也”。创业者在创业过程中，如不讲信誉，就无法开创出自己的事业；失去信誉，就会寸步难行。诚信，一是要言出既从；二是要讲质量；三是要以诚信待人。

③专业技术能力。专业技术能力是创业者掌握和运用专业知识进行专业生产的能力。专业技术能力的形成具有很强的实践性。许多专业知识和专业技巧要在实践中摸索，逐步提高、发展和完善。创业者要重视创业过程中知识积累的专业技术方面的经验和职业技能的训练，对于书本上介绍过的知识和经验在加深理解的基础上予以提高、拓宽；对于书本上没有介绍过的知识和经验要探索，在探索的过程中要详细记录、认真分析，进行总结、归纳，上升为理论，形成自己的经验特色，积累起来。只有这样，专业技术能力才会不断提高。

④创业网络构建能力。创业者必须善于建立本行业的广泛社会网络，包括有关本行业的现代电脑网络。密集的行业网络沟通有助于创业者从广泛的社会网络中获取高回报的创业信息，促使创业者在巨型网络提供的信息精华中，吸取经验教训，培养创业精神，既勇于冒险，又坦然地接受失败。网络素质较高的创业者，由于掌握了极其丰富的发明、生产、销售等诸多信息，真正做到了知己知彼，因而其决策的成功，回报的效益，为一般创业者所望尘莫及。

⑤交往协调能力。交往协调能力是指能够妥善地处理与公众（政府部门、新闻媒体、客户等）之间的关系，以及能够协调下属各部门成员之间关系的能力。创业者应该做到妥当地处理与外界的关系，尤其要争取政府部门、工商以及税务部门的支持与理解，同时要善于团结一切可以团结的人，团结一切可以团结的力量，求同存异，共同协调地发展，做到不失原则、灵活有度，善于巧妙地将原则性和灵活性结合起来。总之，创业者搞好内外团结，处理好人际关系，才能建立一个有利于自己创业的和谐环境，为成功创业打好基础。

⑥开拓创新能力。创业者必须具备创新能力，这是由经营管理活动的竞争性所决定的，而提高竞争力的关键在于发挥创业者的创新能力，只有不断地用新的思想、新的产品、新的技术、新的制度和新的工作方法来替代原来的做法，才能使企业在竞争中立于不败之地。

上述六个方面的基本素质中，每一项基本素质均有其独特的地位与功能，任何一个要素都会影响其他要素的形成和发展，影响其他要素的功能和作用的发挥，乃至影响创业的成功。因此一个未来的创业者，不仅要注意在环境和教育的双重影响下培养自己的创业素质，而且要重视其整体结构的优化，在创业实践中不断提高自我的创业素质。

三、创业动机

动机是激发和维持个体进行活动，并导致该活动朝向某一目标的心理倾向或动力，它是构成人类大部分行为的动力基础。创业动机则是激发、维持、调节人们从事创业活动，并引导创业活动朝向某一目标的内部心理过程或内在动力。

1. 创业动机的含义

创业动机是指引起和维持个体从事创业活动，并使创业活动朝向某些目标的内部动力。

它是鼓励和引导个体为实现创业成功而行动的内在力量。大学生创业是做好创业准备的大学生与适宜的创业环境相结合的产物，但为什么会有大学生在本应认真学习的时候走上了创业的道路呢？他们的动机有一定的特殊性，归纳起来主要有以下四种类型。

（1）生存需要型创业。首先，由于经济原因，许多家庭越来越难以负担昂贵的学费。即使有国家的助学贷款、奖学金制度也不能完全解决问题。在沉重的经济负担压力之下，为了顺利完成学业，这部分学生中的一部分人只好利用课余时间打工来维持正常的学习和生活。在打工的过程中，有一部分具有创业素质的人会发现商机并且去把握它，开始走上了创业的道路。其次，当前我国高校学生中城镇生源的学生95%是独生子女，培养他们的独立性已经成为当务之急。目前已经有一部分学生开始独立承担自己的学习、生活费用，在他们中也产生了一定数量的创业先行者。这部分创业者通常都以学习为主要目的，从事一些投入时间、精力较少的行业，对经济回报要求较低。

（2）积累需要型创业。按照美国著名管理学家克雷顿·奥尔德弗（Alderfer）的ERG理论，人的需求分为生存（Existence）、相互关系（Relatedness）和成长发展（Growth）。这三种需求并不一定按照严格的由低向高的顺序发展，可以越级。当代大学生随着年龄的增长，对于相互关系和成长的需要会逐渐强烈。一部分大学生为了增加自己的实践经验，丰富自己的社会阅历，或者为了自己以后的发展或实现自己的某个目标做好经济上的准备。在条件成熟的情况下也会利用课余时间走上创业的道路。这个类型的创业者往往以锻炼为目的，承受失败的能力较强。同时由于压力较小，失败和半途而废的比例也比较高。

（3）自我实现需要型创业。心理学研究表明，大学时期是很多人创造力最为活跃的时期，这个年龄段的青年正处于创造能力的觉醒时期，对创新充满了渴望和憧憬。他们思维活跃、创新意识强烈，同时所受的束缚较少，按照ERG理论对成长的需要也更为强烈。另外，由于大学生所处的环境，他们往往更容易接触一些新的发明和学术上的新成果，或者他们中的一部分人本身拥有自主知识产权的科研成果。为了能早日实现自己成功的目标，他们中的一部分人改变了自己的成功观念，并开始了自己的创业生涯。

（4）就业需要型创业。当前，我国的就业形势相当严峻，一方面表现为就业岗位需求不足；另一方面表现为大学毕业生的工资待遇降低。在这种情况之下，为了找到一份自己满意的工作，有一部分大学生开始了创业。

2. 影响创业动机的因素

创业活动主要受到创业动机的影响，尽管每个创业者的创业动机不尽相同，事实上，存在两种积极因素影响创业：拉力因素和推力因素："拉力因素"是依靠创业行为自身的吸引力激发出创业者的创业兴趣；相反，"推力因素"是通过削弱传统职业的吸引力来激发创业行为。同时，创业者是否选择创业还会受到"阻碍因素"的影响，阻碍因素是指那些阻碍潜在的创业者选择创业的各种因素。

尽管存在各种影响创业者进行创业的因素，但是否进行创业活动却是创业者基于满足自身内在需求的基础上所做出的决定。我们可以把创业者自身的需求分成以下五类：

（1）层次需求因素。马斯洛需求层次理论把需求分成7个层次：生理需求、安全需求、隶属与爱的需求、自尊需求、知识的需求、美的需求和自我实现的需求。马斯洛认为，各层需求之间不但有高低之分，而且有前后顺序之别，只有低一层需求获得满足之后，高一层的需求才会产生。较低的前四层称为基本需求，较高的后三层称为成长需求。

层次需求不同，创业动机也会产生差异。在“基本需求”的驱使下，创业者会为了财富、尊严而创业。在一定层面上，积累了财富往往会相应地获得自我满足和他人尊重，因此，创造财富是绝大部分创业者的直接目标；而“成长需求”则能够在很大程度上解释创业者的创业意图：“不服气”是一种不能实现自我的反思，“活出自我”是自我实现后的满足。

（2）社会环境因素。近年来，随着创业热情的升温，我国相继出台了不少优惠措施，比如建立专项基金、提供小额贷款等。不可否认的是，我国创业宏观政策环境还存在种种不利因素。有调查结果显示，有85%的学生认为“缺乏资金”是大学生创业所面临的最大困难，“没有好项目”所占的比重为33.3%，“家里不支持”创业所占比重最低，仅为7.5%。这些表明，资金扶持和创业指导不到位是创业困境中的主要问题。此外，当创业者尤其是大学生创业者涉足服务性行业时人们的通常反应是又白白浪费了一个人才。因此，应从法规和政策、组织保障、文化氛围的营造等方面全方位地改善青年创业的社会环境。

（3）家庭背景和年龄。对创业者而言，无论他们的父母是否是创业者，父母可能是影响个人创业活动期望的家庭环境中最重要的方面。创业者的父母必须支持和鼓励独立、成就和责任，父母的这种支持关系（尤其是父亲）对创业者尤为重要。创业者常常来自有创业历史的家庭和有创业传统的地区，一般是受到与他们有密切联系的企业家和其他相关人士的影响开始创业活动的，如温州地区，由于受自然条件的限制，很久以前就有经商的传统；每个创业者从小就有一个经商的环境，长大后是一边干一边学，积累经验和相关知识，在这个过程中，其个人能力逐渐发挥出来，如团结和影响团队的能力、战略思维能力和社会交往能力等，最终相当一批人走上了创业之路。

从生理年龄看，大部分创业者在22～45岁开始他们的创业生涯，因为创业者需要经验、经济支持和充沛的体力才能成功地创办和管理新企业。

（4）创业教育的影响。国外创业教育搞得有声有色且成效卓著。先来看美国。据麻省理工学院1999年的一项统计显示，该校的毕业生已经创办了4000多家公司；斯坦福大学则是另外一个典型，美国硅谷60%～70%的企业是斯坦福大学学生和教师创办的。这些不断出现的创业企业不仅提供了大量的工作机会，提升了社会民众的创业激情，而且为美国经济的发展注入了新鲜的活力。据统计，在美国有2000多万个中小企业，占全国企业总数的98.8%，创造了全国50%以上的国内生产总值，提供的就业机会占到了服务业的60%。总之，创业是美国经济不断增长的强大武器；接着看日本。日本的中小企业占企业总数的99%，中小企业从业人员占总从业人数的78%，产值所占GDP的比例达到50%以上；再来看欧盟，中小企业的数量更是占到了99.82%，创造的就业机会和产值也分别达到了70%和55%，中小企业被誉为“创造就业岗位的机器”。

而我国大学生创业热情很高，创业能力偏低，创业教育重理论偏实践，再加上大学生创业作为一种新型的就业模式尚未得到全社会广泛认同，直接导致了这样一种结果：大学生创业比例不到毕业生总数的1%，并且我国大学生创业成功率也比较低。据教育部2004年的一项报告，全国97家比较早的学生企业，盈利仅占17%，学生创办的公司，5年内仅有30%能够生存。2006年的数据显示，中国整体创业成功率基本达到30%，而大学生创业成功率仅为2%～3%，只占到了成功创业企业的10%。据清华大学中国创业研究中心的《全球创业观念中国报告》显示，中国TEA（创业活动指数）2002年为12.3%，2005年为13.7%，表明中国早期创业活动处于比较活跃的状态。2005年在全部参与创业观察的35个国家和地区中，我国排在第5位，在创建企业数量上保持相对领先地位，但关闭企业比例在创业观察35个国家和地区中倒数第一，创业技能和经验比重排在倒数第二位。

创业教育的重要性在于，通过创业教育改变人们的传统意识与观念，使人们养成创业精神，产生创业意识和创业能力，从而将创业作为一种人生态度。人们尤其是大学生群体接受创业教育的程度很大程度上影响了他们创业动机的产生。

事实证明，接受的创业教育越系统全面，一个人的创业能力越强，创业的勇气与决心越大，选择创业道路的可能性越大。

（5）创业者素质因素。有人用“赌徒”来形容创业者。的确，不少创业者都有“赌”的心态和动机，有时孤注一掷的决绝也确实能够于创业困境中扭转时局。但创业者一定要明白自己的“赌本”是什么，“赌”什么，赌输了怎么办，赌赢了干什么。这其实是创业者能力的问题。

成功创业者往往是这样的一群：他们有敢问天下先的勇气，有百折不挠的毅力，对事业和社会高度负责；他们眼光独到，观察力敏锐，能够总揽全局，高瞻远瞩；他们储备了丰富的知识，具备了良好的技能，善于处理复杂的矛盾。高素质决定着创业动机的高境界。

任务二　组建创业团队

每个人都生活在一定的社会关系中，没有人是一座孤岛。在创业的过程中，更是如此，人才是相当重要的，由各种人才组成的创业团队决定着创业的失败或胜利。创业团队是团队而不是群体，团队中成员所做的贡献是互补的，而群体中成员之间的工作在很大程度上是互换的，在了解创业团队之前，需要了解群体和团队这两个概念。

一、什么是团队

团队是由员工和管理层组成的一个共同体，它合理利用每一个成员的知识和技能协同工作，解决问题，达到共同的目标。团队的构成要素总结为5P，分别为目标、人、定位、权限和计划。

1. 目标（Purpose）

团队应该有一个既定的目标为团队成员导航，知道要向何处去，没有目标这个团队就没有存在的价值。

自然界中有一种昆虫很喜欢吃三叶草，这种昆虫在吃食物的时候都是成群结队的，第一个趴在第二个的身上，第二个趴在第三个的身上，由一只昆虫带队去寻找食物，这些昆虫连接起来就像一节一节的火车车厢。管理学家做了一个实验，把这些像火车车厢一样的昆虫连在一起，组成一个圆圈，然后在圆圈中放了它们喜欢吃的三叶草。结果它们爬得精疲力竭也吃不到这些草。这个例子说明在团队中失去目标后，团队成员就不知道上何处去，最后的结果可能是饿死，这个团队存在的价值可能就要打折扣。团队的目标必须跟组织的目标一致，此外还可以把大目标分成小目标，具体分到各个团队成员身上，大家合力实现这个共同的目标。同时，目标还应该有效地向大众传播，让团队内外的成员都知道这些目标，有时甚至可以把目标贴在团队成员的办公桌上、会议室里，以此激励所有的人为这个目标去工作。

2. 人（People）

人是构成团队最核心的力量，2个及2个以上的人就可以构成团队。目标是通过人员具体实现的，所以人员的选择是团队中非常重要的一个部分。在一个团队中可能需要有人出主意，有人订计划，有人实施，有人协调不同的人一起去工作，还有人去监督团队工作的进展，评价团队最终的贡献。不同的人通过分工来共同完成团队的目标，在人员选择方面要考虑人员的能力如何，技能是否互补，人员的经验如何。

3. 定位（Place）

团队的定位包含两层意思：一是团队的定位，团队在企业中处于什么位置，由谁选择和决定团队的成员，团队最终应对谁负责，团队采取什么方式激励下属；二是个体的定位，作为成员在团队中扮演什么角色，是订计划还是具体实施或评估。

4. 权限（Power）

团队当中领导人的权力大小跟团队的发展阶段相关，一般来说，团队越成熟，领导者所拥有的权力相应越小，在团队发展的初期阶段领导权是相对比较的集中。团队权限关系到两个方面：

（1）整个团队在组织中拥有什么样的决定权。例如，财务决定权、人事决定权、信息决定权。

（2）组织的基本特征。例如，组织的规模多大，团队的数量是否足够多，组织对于团队的授权有多大，它的业务是什么类型。

5. 计划（Plan）

计划包含两个层面的含义：

（1）目标最终的实现，需要一系列具体的行动方案，可以把计划理解成目标的具体工作的程序。

（2）提前按计划进行可以保证团队的顺利进度。只有在计划的操作下团队才会一步一步地贴近目标，从而最终实现目标。

案例

飞行的大雁

大雁有一种合作的本能，它们飞行时都呈V形。这些雁飞行时定期变换领导者，因为为首的雁在前面开路，能帮助它两边的雁形成局部的真空。科学家发现，雁以这种形式飞行，要比单独飞行多出12%的距离。合作可以产生1+1＞2的倍增效果。据统计，诺贝尔获奖项目中，因协作获奖的占三分之二以上。在诺贝尔奖设立的前25年，合作奖占41%，而现在则跃居80%。

这给了我们一些关于团队的启示：分工合作正成为一种企业中工作方式的潮流被更多的管理者所提倡，如果我们能把容易的事情变得简单，把简单的事情也变得很容易，我们做事的效率就会倍增。合作就是简单化、专业化、标准化的一个关键，世界正逐步向简单化、专业化、标准化发展，于是合作的方式就理所当然地成为这个时代的产物。一个由相互联系、相互制约的若干部分组成的整体，经过优化设计后，整体功能能够大于部分之和，产生1+1＞2的效果。

资料来源：http://www.cnki.com.cn/Article/CJFDTotal-YDGK200806052.htm

二、工作群体与工作团队的区别

在工作中，“团队”这个概念一定是组织生活中应用范围较广的词语之一。一群工人或管理人员一般被描述为一个团队，这就像一个公司或部门往往被描述为“一个大家庭”一样。但是，很快就会发现，被描述为一个“团队”的组织实际上根本不是那么回事。他们仅仅是一群在一起工作的人——也许对工作连某种程度的满足感也没有。在这里“团队”所体现的团结、合作和达成目标等精神象征与工作现实截然不同。

“团队”，这是一个带有运动性质的词语。不同的团队成员担任不同的角色，并且都能对最终结果做出贡献。然而，在某些组织中团队工作的概念并不总是那么容易掌握。他们经常认为“一群一起工作的人，他们非常友好”就是“团队”了。严格来说，这只是一个工作群体，而不是一个团队。大多数组织只是把职员组成许多小组，人们在各个小组内一起工作，这种情形并不等于把普通的组织变成了以团队工作为基础的组织。而“真正的”团队是，一群人以任务为中心互相合作，每个人都把个人的智慧、能力和力量贡献给自己正在从事的工作。其实，一个工作群体与一个团队之间最主要的差别就是，在一个团队中，个人所做的贡献是可以互补的；而在一个群体中，成员之间的工作在很大程度上是可以替换的。具体见图2-1。

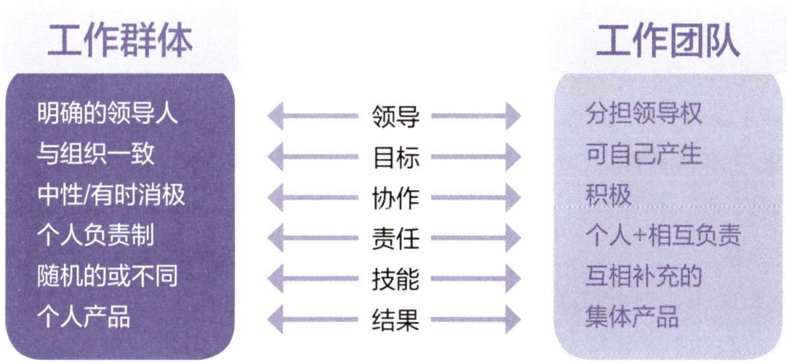

图2-1 工作群体与工作团队的区别

团队科学的意义在于1+1＞2。同样一个组织，如果各自为政，往往受到各种条件和因素的限制，因为人不可能都是全能的，在实际的工作中，一方面是人力资源的浪费，另一方面是某些力量的紧缺。而一个有机的组合，正是实现人力资源的充分利用和各种优势的互补，结果所发挥的作用较之前肯定有绝对幅度的提高。哲学中的量变和质变的矛盾原理反映的正是这方面的问题。

团队的意义还反映在企业人才组合的凝聚力上，强调团队的本身不只是人力资源的组合，而是一种意识的统一、激情的融合、理想的碰撞。员工与员工之间、员工与企业之间因为一个共同的信仰捆绑在一个共同的潜意识中："一荣俱荣，一损俱损""与企业同呼吸、共命运"。任何一个成功伟大的企业，其背后一定有一个坚不可摧的优秀团队，而且，任何企业的成功和伟大都体现在团队的卓越和优秀之上。

案例

韦尔奇的团队故事

1961年，25岁的韦尔奇带着漂亮的新婚妻子来到马萨诸塞的匹兹菲尔德，并已经以化学工程师的身份在GE的一家研究所里工作了一年，年薪是10500美元，年终还涨了1000美元，他觉得挺不错。可当他发现一个办公室里4个人的薪水居然完全一样时，他去找老板说理了。结果，没有任何结果。沮丧之际，他萌生了去意。

就在这时，上一级主管鲁本·加托夫来到研究所检查工作。他与韦尔奇并不陌生，他们曾经在几次业务会议上碰过面，韦尔奇每一次都能提出一些超出他预期的看法。韦尔奇就是想"脱颖而出"，而鲁本·加托夫显然也已经注意到了这一点。当他知道韦尔奇将要离去时，晚饭的4个小时里竟一直在极力地做着挽留工作，并发誓要杜绝公司的官僚作风对韦尔奇的影响。夜里1点钟了，他又在高速公路旁的电话亭里打投币电话，继续游说……

“在黎明后的几个小时，在欢送我的聚会举行之前，我决定了，留下来。从此，我再也没有离开GE。加托夫的认可——他认为我与众不同而且特殊——给我留下了深刻印象。打那以后，区别对待便成为我进行管理的一个基本组成部分。”韦尔奇回忆说。

“有些人认为区别对待的做法会严重影响到团队精神，但在我看来这是不可能的。你可以通过区别对待每一个人而建立一只强有力的团队。瞧瞧棒球队……每个人都必须认为比赛里有自己的一份，不过这并不意味着队里的每一个人都应该得到同等对待。我深刻地体会到，比赛就是如何有效地配置最好的运动员。谁能够最合理地配置运动员，谁就会成功。这一点对于商业来说没有任何不同。”

“成功的团队来自区别对待，即保留最好的，剔除最弱的，而且总是力争提高标准。”

资料来源：http://my.icxo.com/254381/viewspace-37111.html

三、创业团队的作用

现代企业，需要的是少走从前的弯路，而从一开始就走规范化管理的道路。因此，创业者在注册公司时就应该组建创业团队。一个好的创业团队对新创科技型企业的成功起着举足轻重的作用。新创企业的发展潜力与企业管理团队的素质之间有着十分紧密的联系。一个喜欢独立奋斗的创业者固然可以谋生，然而一个团队的营造者却能够创建出一个组织或一个公司，而且是一个能够创造重要价值并有收益选择权的公司。创业团队的凝聚力、合作精神、立足长远目标的敬业精神会帮助新创企业渡过危难时刻，加快成长步伐。另外，团队成员之间的互补、协调以及与创业者之间的补充和平衡，对新创科技型企业起到了降低管理风险、提高管理水平的作用。

创业团队是决定创业企业发展和影响企业绩效的核心群体，是新创企业成败的关键因素，它对吸引投资者是至关重要的。创业者扮演着三个领导角色：组织的领导者、组织目标的构建者和组织成员的领导者。当创业者把创业团队组建起来时，所有这些角色就开始发挥作用了。由于团队有助于提升企业的绩效，创建和维护创业团队是创业者的一项主要职责。对于创业团队，不同学者给出了不同的定义。创业团队是一种特殊团队，也是一个十分重要而又容易引起混淆的概念。

从狭义上说，创业团队指有着共同目标、共享创业收益、共担创业风险的一群经营新成立的营利性组织的人，他们提供一种新的产品或服务，为社会提供新增价值。从广义上说，创业团队不仅包含狭义创业团队，还包括与创业过程有关的各种利益相关者，如风险投资商、供应商、专家咨询群体等。

四、创业团队组织结构类型的分析

一般来说，创业团队大体上可以分为三种，我们分别把这三种团队称为：星状创业团队、网状创业团队和从网状创业团队中演化出来的虚拟星状创业团队，这和网络拓扑结构极其相似。

1. 星状创业团队

星状创业团队（图2-2）一般在团队中有一个核心主导人物充当了领军的角色。这种团队在形成之前，一般是核心主导人物有了创业的想法，然后根据自己的设想进行创业团队的组织。因此，在团队形成之前，核心主导人物已经就团队组成进行过仔细思考，根据自己的想法选择相应人物加入团队，这些加入创业团队的成员也许是核心主导人物以前熟悉的人，也有可能是不熟悉的人，但其他的团队成员在企业中更多时候是支持者角色。

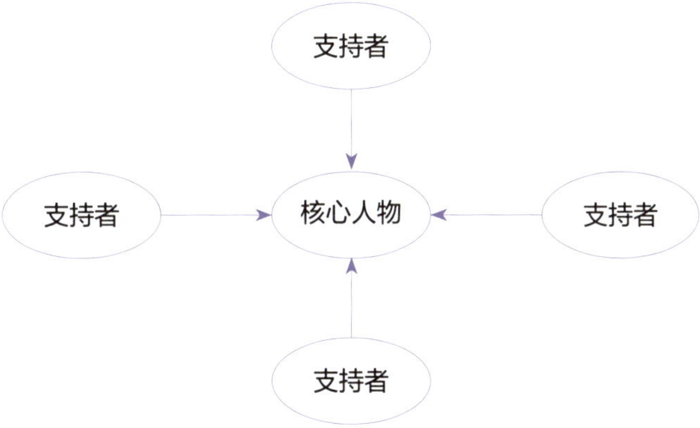

图2-2 星状创业团队

这种创业团队有几个明显的特点：

（1）组织结构紧密，向心力强，主导人物在组织中的行为对其他个体影响巨大。

（2）决策程序相对简单，组织效率较高。

（3）容易形成权力过分集中的局面，从而使决策失误的风险加大。

当其他团队成员和主导人物发生冲突时，因为核心主导人物的特殊权威，使其他团队成员在冲突发生时往往处于被动地位，在冲突较严重时，一般都会选择离开团队，因而对组织的影响较大。

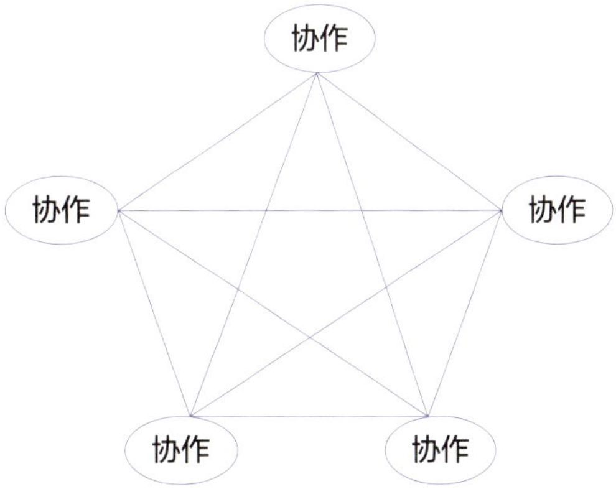

图2-3 网状创业团队

2. 网状创业团队

网状创业团队（图2-3）的成员一般在创业之前都有密切的关系，比如同学、亲友、同事、朋友等。一般都是在交往过程中，共同认可某一创业想法，并就创业达成了共识以后，开始共同进行创业。在创业团队组成时，没有明确的核心人物，大家根据各自的特点进行自发的组织角色定位。因此，在企业初创时期，各位成员基本上扮演的是协作者或者伙伴角色。

这种创业团队有几个明显的特点：

（1）团队没有明显的核心，整体结构较为松散。

（2）组织决策时，一般采取集体决策的方式，通过大量的沟通和讨论达成一致意见，因此组织的决策效率相对较低。

（3）由于团队成员在团队中的地位相似，因此容易在组织中形成多头领导的局面。

（4）当团队成员之间发生冲突时，一般都采取平等协商、积极解决的态度消除冲突，团队成员不会轻易离开。但是一旦团队成员间的冲突升级，使某些团队成员撤出团队，就容易导致整个团队的涣散。

3. 虚拟星状创业团队

虚拟星状创业团队是由网状创业团队演化而来的，基本上是前两种的中间形态。在团队中，有一个核心成员，但是该核心成员地位的确立是团队成员协商的结果，因此核心人物某种意义上说是整个团队的代言人，而不是主导型人物，其在团队中的行为必须充分考虑其他团队成员的意见，不像星状创业团队中的核心主导人物那样有权威，见图2-4。

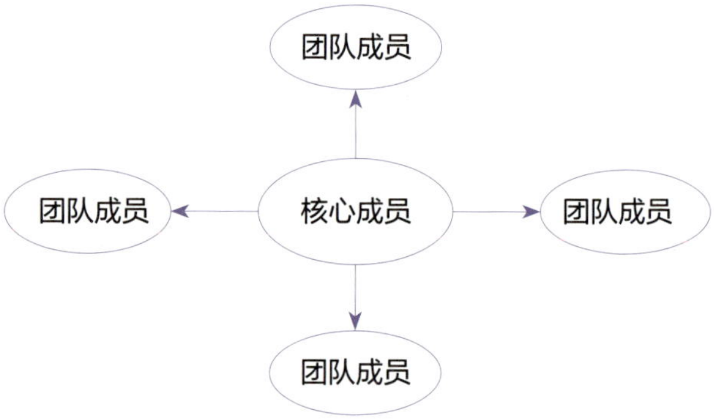

图2-4 虚拟星状创业团队

三种创业团队的比较如表2-1所示。

表 2-1 三种创业团队的比较

类型	概念	优点	缺点
星状	有一个核心主导人物，充当了领军的角色	• 决策程序简单 • 效率较高 • 组织结构紧密 • 稳定性较好	• 容易形成权力过分集中的局面 • 当成员和主导人物冲突严重时，往往选择离开
网状	由志趣相投的伙伴组成，共同认可某一创业想法，共同进行创业	• 成员的地位较平等，有利于沟通和交流 • 成员关系较密切，较容易达成共识 • 成员不会轻易离开	• 结构较为松散 • 决策效率相对较低 • 容易导致整个团队的涣散 • 容易形成多头领导的局面
虚拟星状	有一个核心成员，但是该核心成员地位的确立是团队成员协商的结果	• 核心成员具有一定威信 • 既不过度集权，又不过于分散	• 核心人物的行为必须充分考虑其他成员的意见，不像星状创业团队中的核心主导人物那样有权威

五、创业团队的组建

推动一个创业项目往往依赖项目发起人，但创业项目能否成功发展下去更多地取决于创业者能否逐步建设起一支优秀的创业团队，而不仅仅是获得足够的资金和有盈利的前景。

事实上，很多创业团队恰恰是在看到盈利的曙光时因为利益冲突而崩盘散伙，让项目半途而废。不要说是创业团队，任何时候，为白己的项日选择优秀的团队成员，对公司管理者而言都是一项至关重要的工作。

1. 创业团队组建的基本原则

如何组建创业团队？这个问题没有任何现成的通用公式。创业团队成员能够走到一起，取决于人与人之间的协调与投缘。尽管如此，为了打造一个良好的创业团队，创业者也可以遵循一些基本的原则。

（1）尽量选择相互熟悉的“相似性”高的团队成员。创业初期，创业团队的核心成员一般都很少，大部分是三四个人，多者也不过十来人。有的创业者也往往会低估创业团队的管理难度，以为人数少，沟通快捷，有问题随时可以解决。但创业团队成员如果前期没有经过项目磨合，彼此不熟悉，只是为了项目而走到一起，每个人内心的想法、观点可能和创业者的预期大相径庭。

如果创业团队成员之间非常熟悉，知根知底，每一个成员都应该非常清醒地认识到自身的长处和劣势，同时对其他成员的个性和能力特长也一清二楚，这样可以很好地避免团队成员之间因为相互不熟悉而造成的各种矛盾、纠纷，迅速提高团队的向心力和凝聚力。

然而很多创业者选择的合作伙伴即便是同学、朋友、校友，但还是会很快产生矛盾。没有经过项目合作考验过的搭档，因为没有真正经历过压力考验的磨合期，反而很容易因为误会而结合、因为了解而分手，所以选择“相似性”高的团队成员也是重要的考量。心理研究发现，“相似性导致喜欢”，当其他人在某些方面与自己具有相似性时，人们会感到舒坦，而且也趋向于喜欢那些人。人们往往愿意同在许多方面与自己具有相似性的人交往，觉得相互之间更加了解，而且更容易自信地对彼此未来的反应和行为加以预测。

（2）尽量选择能力互补的团队成员。如果创业团队拥有非常宽泛的知识、技术和经验，将更有利于新企业的发展，因此在选择团队成员时通常要考虑知识互补或者能力互补。如果一个团队成员所缺少的东西可以由另一个或者更多其他成员提供，那么，整体的确大于各部分之和。强调互补性在一定程度上可能是更好的策略，因为它可以提供给新企业一种强有力的和多样化的人力资源基础。在与上一条“相似性”原则平衡的方法是在知识、技能和经验方面主要关注互补性，而在个人特征和动机方面则考虑相似性。

一般而言，优秀的创业团队应当包括以下几类人：

①能够在关键时刻做出最后决策的人。这个人往往是团队的核心，也是创业项目的创始人，可以决定项目未来的发展方向，这样的人在团队里最好只有一个。

②市场拓展能力强的人。这样的团队成员能够联系到客户，打开企业的生存空间。

③执行能力强的人。执行能力强的成员能够快速完成具体工作任务的执行，无论是产品研发、客户服务还是公司内勤，都需要这样的成员。

同时创业团队在初建时期还需要有了解必要的财务、法律、审计等方面的专业人才，目前也可以通过外包的方式完成相关的工作，且可以节约成本。

（3）尽量选择资源丰富的团队成员。团队成员拥有一定的社会资源非常有利于丰富创业的资本，尤其在创业初期，社会资源是非常重要的要素。

因此，在选择团队成员时，需要充分考虑其所拥有的社会资源，包括客户资源、资金资源、供应链资源、市场资源、政府资源等。

同时也要注意，选择这种资源丰富的成员一定首先要考虑他在团队中有发挥作用的位置，有正常的工作安排。最好不要仅仅因为看中某个人的资源就将其吸收进创业团队中，如果仅仅只是能提供资源帮助的人，我们建议还是保持简单的商业关系更好，不要轻易发展为团队成员。

（4）尽量选择工作主动的团队成员。创业需要合伙人，而不是员工。合伙人的特征是做事“自动自发”和主动“承担责任”，但这不是一个人变成合伙人后就能具备的素质，这样的素质是平时积累的工作习惯。

对于大学生来说，在学校里参加集体活动时，谁总是在指责别人？又是谁在高喊“我来”？谁在领先的时候提醒大家集中注意力？谁在落后的时候用鼓掌激励？……总之可以观察和寻找合伙人的机会很多。

2. 创业团队组建的主要影响因素

创业团队的组建受多种因素的影响，这些因素相互作用、共同影响着组建过程，并进一步影响着团队建成后的运行效率。

（1）创业者。创业者的能力和思想意识从根本上决定了是否要组建创业团队，团队组建的时间表以及由哪些人组成团队。创业者只有在意识到组建团队可以弥补自身能力与创业目标之间存在的差距，才有可能考虑是否需要组建创业团队，以及对什么时候需要引进什么样的人员才能和自己形成互补做出准确判断。

（2）商机。创业者应根据创业者与商机间的匹配程度，决定是否要组建团队以及何时、如何组建团队。

（3）团队目标与价值观。共同的价值观、统一的目标是组建创业团队的前提，团队成员若不认可团队目标，就不可能全心全意为此目标的实现而与其他团队成员相互合作、共同奋斗。而不同的价值观将直接导致团队成员在创业过程中脱离团队，进而削弱创业团队作用的发挥。没有一致的目标和共同的价值观，创业团队即使组建起来，也无法有效发挥协同作用，缺乏战斗力。

（4）团队成员。团队成员的能力总和决定了创业团队的整体能力和发展潜力。创业团队成员的才能互补是组建创业团队的必要条件，而团队成员间的互信是形成团队的基础。互信的缺乏将直接导致团队成员间协作障碍的出现。

（5）外部环境。创业团队的生存和发展直接受到了制度性环境、基础设施服务、经济环境、社会环境、市场环境、资源环境等多种外部要素的影响。这些外部环境要素从宏观上间接地影响着对创业团队组建类型的需求。

3. 创业团队的组建程序及其主要工作

创业团队的组建是一个相当复杂的过程，不同类型的创业项目所需的团队不一样，创建步骤也不完全相同。

企业团队组建的主要工作体现在以下几个方面：

（1）明确创业目标。创业团队的总目标就是要通过完成创业阶段的技术、市场、规划、组织、管理等各项工作实现企业从无到有、从起步到成熟。总目标确定之后，为了推动团队最终实现创业目标，再将总目标加以分解，设定若干可行的、阶段性的子目标。

（2）制订创业计划。在确定了一个个阶段性子目标以及总目标之后，紧接着就要研究如何实现这些目标，这就需要制订周密的创业计划。创业计划是在对创业目标进行具体分解的基础上，以团队为整体来考虑的计划，创业计划确定了在不同的创业阶段需要完成的阶段性任务，通过逐步实现这些阶段性目标来最终实现创业目标。

（3）招募合适的人员。招募合适的人员也是创业团队组建最关键的一步。关于创业团队成员的招募，主要应考虑两个方面：一是考虑互补性，即考虑其能否与其他成员在能力或技术上形成互补。这种互补性形成既有助于强化团队成员间彼此的合作，又能保证整个团队的战斗力，更好地发挥团队的作用。一般而言，创业团队至少需要管理、技术和营销三个方面的人才。只有这三个方面的人才形成良好的沟通协作关系后，创业团队才可能实现稳定高效；二是考虑适度规模，适度的团队规模是保证团队高效运转的重要条件。团队成员太少则无法实现团队的功能和优势，而过多又可能会产生交流的障碍，团队很可能会分裂成许多较小的团体，进而大大削弱团队的凝聚力。一般认为，创业团队的规模控制在2～12人最佳。

（4）职权划分。为了保证团队成员执行创业计划、顺利开展各项工作，必须预先在团队内部进行职权的划分。创业团队的职权划分就是根据执行创业计划的需要，具体确定每个团队成员所要担负的职责以及相应所享有的权限。团队成员间职权的划分必须明确，既要避免职权的重叠和交叉，也要避免无人承担造成工作上的疏漏。此外，由于还处于创业过程中，面临的创业环境又是动态复杂的，不断会出现新的问题，团队成员可能不断出现更换，因此创业团队成员的职权也应根据需要不断地进行调整。

（5）构建创业团队制度体系。创业团队制度体系体现了创业团队对成员的控制和激励能力，主要包括了团队的各种约束制度和各种激励制度。一方面，创业团队通过各种约束制度（主要包括纪律条例、组织条例、财务条例、保密条例等）指导其成员避免做出不利于团队发展的行为，实现对其的行为进行有效的约束、保证团队的稳定秩序；另一方面，创业团队要实现高效运作需要有效的激励机制（主要包括利益分配方案、奖惩制度、考核标准、激励措施等），使团队成员看到随着创业目标的实现，其自身利益将会得到怎样的改变，从而达到充分调动成员的积极性、最大限度发挥团队成员作用的目的。

（6）团队的调整融合。完美组合的创业团队并非创业一开始就能建立起来的，很多时候是在企业创立一定时间以后随着企业的发展逐步形成的。随着团队的运作，团队组建时在人员匹配、制度设计、职权划分等方面的不合理之处会逐渐暴露出来，这时就需要对团队进行调整融合。由于问题的暴露需要一个过程，因此团队调整融合也应是一个动态持续的过程。在完成了前面的工作步骤之后，团队调整融合工作专门针对运行中出现的问题不断地对前面的步骤进行调整直至满足实践需要为止。在进行团队调整融合的过程中，最为重要的是要保证团队成员间经常进行有效的沟通与协调，培养强化团队精神，提升团队士气。

4. 大学生创业团队的特征

大学生创业团队，一般具有以下几个主要特征：

（1）团队具有创新性。随着科技和经济的发展，现代大学生的创新意识越来越强，对新事物的追求和敢于挑战自我的精神使得大学生创业团队更加具有创新性。

（2）团队热情度高。大学生对未来充满了热情和希望，对创业项目具有很高的积极性。

（3）团队具有不稳定性。大学生创业团队由于缺乏社会经验，加上资金等资源的不足，心理承受能力相对较差，所以团队内部容易发生争端，进而分崩离析。

（4）团队成员各具特长，分工明确。团队一般选择性格互补、特长各异的成员以保证成员间能够相互协作、知识共享，保持团队关系的和谐，提高团队的工作效率。

案例

趣评唐僧西天取经团队

唐僧取经团队是大家非常关注的一个团队，在这个团队中所发生的故事至今还被人津津乐道，它给我们带来了太多的启示。

作为师父的唐僧，有着很坚韧的品性和极高的原则性，他做事不达目的不罢休，是一个为了自己事业可以抛弃生命和个人荣辱的人。同时，他还得到了唐太宗和观音菩萨强有力的支持，具有很好的人脉资源。有了唐僧这样强有力的领导是唐僧团队成功的首要因素。

唐僧的紧箍咒也为他成功管理好他的团队提供了支持。通过紧箍咒，他可以很好地树立起自身的威信。这也是一个领导的必备技能，一定要树立自己的权威，没有权威，也就无法成为领导。但是唐僧从来不滥用自己的权力，只有在面对大是大非的时候，才动用自己的惩罚权。唐僧在领导孙悟空时，紧箍咒作为最后手段，虽然也用过，但孙悟空从来没有因为要放弃自己保卫唐僧的责任而被实施紧箍咒。唐僧也不因为有了紧箍咒，事事处处表现自己的控制欲。这个对企业领导也是有借鉴意义的，组织赋予的惩罚权千万不要滥用，奖励胜于惩罚，这是领导艺术的基本原理。

孙悟空是优秀的职业经理人，他的才能吴承恩先生已作了完整的表述。同时他又是一位忠实的员工，他有能力、讲义气、有个性、有想法、执行力很强，也很敬业、重感情，懂得知恩图报，是个非常优秀的人才。没有他一路降妖除魔，唐僧取经也就失去了业务骨干，取经是不会成功的。

但孙悟空这样的员工只能是一个好员工，不能成为一个好领导，什么意思呢？

孙悟空最大的乐趣是降妖伏魔，但是他天性顽皮、直言不讳，经常把玉皇大帝、各路神仙都不放在眼里，也不太注意沟通的方式方法，同时爱显摆，导致师父将他赶走。这些都注定他无法成为一个卓越的领导。

许多人会说为什么唐僧是领导人，而孙悟空不是呢，主要与孙悟空相比，唐僧的优势明显。

（1）唐僧确立了远大的目标——到西天拜佛求取真经。

（2）唐僧的意志力坚决——无论遭遇多少妖魔鬼怪，求取真经的意志也不改变。

（3）唐僧的人脉关系比较好——人间有帝王的支持，天上有菩萨的相助。

（4）唐僧成为领导也有一定的机遇——机遇让他获得了几个能力不凡的职员。

（5）唐僧为人宽厚，待人比较真诚——作为领导来说，这一点也是很重要的。虽有误解职员的时候（如对悟空），但事后知错能改，认错及时，态度诚恳，使职员更能死心塌地地追随他。

（6）唐僧是取经的组织者、发起者——这种身份决定了他比其他人员更能成为领导。

此外，唐僧手里握有孙悟空的弱点——紧箍咒，所以孙悟空听唐僧的。

至于猪八戒，虽然总是开小差，吃得多、做得少，但是在大是大非上，立场还是比较坚定的，从不与妖精退让妥协，打起妖怪来也不心慈手软。生活上能够随遇而安，对工资待遇要求少，有的吃就行，甭管什么东西，而且容易满足，最后被佛祖封了个净坛使者，是个受用贡品的闲职，但他非常高兴，说“还是佛祖向着我”。更为重要的是，他成为去往西天枯燥旅途中的开心果。随师父西天取经也没少劳累，一路坎坷，一路艰辛，一路劳顿，加之其性格开朗，甜言蜜语，恰到好处，倒也招人喜欢。另外，猪八戒还有一个优点就是对唐僧非常尊敬，孙悟空有不对的地方，他都直言不讳，从某种程度上也增加了唐僧作为领导的协调和管理作用。

沙僧敏行，处理日常琐碎事务，繁杂而单调，若非任劳任怨，是干不来的；沙僧讷言，平时不多言多语，遇到团队内部出现分歧时，往往是他站出来调节平衡，理想的团队少不了这种人；沙僧谦逊，谁都想做出经天纬地的事业，但沙僧知道自己几斤几两，降妖比不了孙悟空，精明比不了猪八戒，入门又最晚，所以也就安心做好本职了；沙僧忠诚，无论团队中哪个人出了问题，沙僧都无限忠诚于自己的信仰、忠诚于整个集体，并且始终保持革命乐观主义精神，其出场不多，但一句经典台词“大师兄会来救我们的”让人始终坚信，取经注定是要成功的。其实现代社会中，职业经理人大多是会很欣赏沙僧这类员工的，因为他们总是能够不折不扣地完成好本职工作，从不说三道四，为团队添乱。

讨论分析：唐僧的领导才能有哪些是值得我们学习的？

项目三　创业机会与创业风险

学习目标

1. 理解创业机会的内涵
2. 了解创业机会的特征和类型，明确影响创业机会识别的关键因素
3. 了解识别创业机会的一般过程，掌握创业机会的评价方法
4. 掌握创业风险的识别方法和防范途径

引导案例

成败不在想法，而是执行

创业成功的故事我们听过很多，但创业成功者可能还不到10%。失败也会给我们很多经验。这里和大家介绍两家美国音乐教育上的创新企业。一家几经努力，今天受到各界好评；另一家，则是一度风光，受到投资者的青睐，但是最终倒闭。我们就从比较这两家创新企业的得失中看看创业中的应该和不该。

首先介绍的这家公司叫作Chromatik，它现在主要通过苹果公司的APP免费提供乐谱。Chromatik最棒的地方在于它不但有最新流行音乐的乐谱，而且都准备了不同乐器的版本。此外，它还带有内置节拍器，录音和原音播放等功能，让使用者可以自娱自乐，尽情享受音乐的趣味。

Chromatik建立于2010年，它的创始人，27岁的Matt Sandler最初也是个音乐人，毕业于加州大学洛杉矶分校，主修音乐表演。身为专业的萨克斯风乐手，在音响公司和电台工作一段时间以后，他看到了移动平台的兴起，有了创业的想法。

成立Chromatik后，他分别在2012年和2013年获得过两轮融资，共计770万美元。说起这家公司的投资人大家也绝对不会陌生，比如黑人影星威尔·史密斯以及创作型歌手火星哥等。能让明星抢着掏腰包的Chromatik，在发展过程中也一度遇到很多创业初期都会遇到的问题，如确定适合自己的盈利模式和目标市场。

在公司建立初期，Chromatik一度瞄准学校和老师，希望采取付费服务的模式成为辅助他们教学的工具。但是Matt很快发现，进入这个市场发展实在是太难了。于是，他果断改变策略，把眼光放在音乐爱好者身上，不但市场更大，而且需求也更明确。但面对大众市场，想要还采用付费模式可能就很难很快获得用户和增长，于是他们改换成对用户免费，但通过增加广告来获取收入。

现在，在Chromatik上打开乐谱，就会有广告自动弹出。这样的模式不但获得了市场的肯定，也让公司运转起来。Chromatik还被美国创业者杂志评为2012年100个有才情的公司之一，并和美国热播选秀节目《美国偶像》合作。

下面要说的另一家公司叫作Miso Media，由一个名叫Aviv Grill的音乐老师创建，他们最早专注于吉他学习手机软件——Plectrum。他们因此还上了电视节目"Shark Tank"，电视曝光给他们带来了超过35万次的下载。

另外他们还获得包括Google Venture，明星Justin Timberlake等总共两轮300万美元的投资，但是在谷歌给它投资后一年，这家公司就倒闭了。回忆当初失败的原因，Aviv说到，最早当他们拿到谷歌投资的时候，就已经意识到吉他教课软件并不够好，可能很难有发展，而且他甚至也看到做乐谱相关软件可能更有前途。但因为同一时间，有了"Shark Tank"的高调电视宣传，使得他们很难就此放弃。

于是，他们把资金和团队分成两个方向：一个继续做Plectrum，另一个则是做乐谱相关软件的开发。结果在媒体疯狂期过去后，Plectrum的开发依然没有突破，最后不得不放弃。而乐谱相关软件的开发又因为没有足够的资源，开发过慢，造成首个产品过于简单，结果也最终夭折，公司也跟着倒闭。

Chromatik和Miso Media的创始人在创业过程中都出现过开发的产品"不对"的问题，并同时看到乐谱软件市场的潜力。但是不同于Matt的迅速转型，Aviv还在继续坚持着"错误方向"。同时Aviv犯了一个创业大忌，就是同时做太多事，结果什么都没有做好。

资料来源：http://www.jiaodong.net/finance/system/2015/02/22/012601122.shtml

任务一 识别创业机会

一、创意与机会

1. 创意

许多领域，包括心理学、精神分析学、哲学、人文学科和商学等对创意这一主题都怀有高度的兴趣。管理学认为创意是一种创新，以Stein为代表。创意被定义为一种新奇产品诞生的过程。哲学认为创意是强调自我的表现与需要，以Ghiselni为代表。创意是在组织中的个人进行一种改变、发展或变革的过程。社会学认为创意是解决问题的思考，强调的是思考过程本身而非对问题的实际解决。创业学认为创意是具有一定创造性的想法或概念，其是否具有商业价值存在不确定性。

事实上，创意的本质是思想的创造。创造是个体根据一定的目的和任务，运用一切已知的条件，产生出新颖、有价值的成果（精神的、社会的、物质的）的认知和行为活动。因此，创意可被定义为：人们行为中产生的思想、点子、立意、想象等具有创新性的思维成果。创意思维就是以新颖形象的方法解决问题的思维过程，也是一种创造新事物或新形象的思维形式。

创业赢在创意，创意就是有开创性的想法。创业难，真实最难得的是创业的创意。有价值的创意不是拍拍脑袋就会出来的。商业创意的来源包括个人的生活经历和工作经历、个人爱好、偶然发现、有目的的深入调查研究、他人的建议、教育、亲友从事的行业、家庭企业等。

很多人认为创意是瞬间产生的，其实，创意的产生也可以通过系统分析获得，例如：①通过分析矛盾寻求商业创意。金融机构提供的服务与产品大多针对专业投资大户，但占市场很大比例的一般投资者却没有受到应有的重视。这样的矛盾显示出为一般大众投资提供服务的市场是极具潜力的。②通过分析作业程序，寻求商业创意。分析很多行业的生产作业流程，可以挖掘软件开发和信息服务。③通过分析人口统计资料的变化趋势，寻求商业创意。人口的老龄化、受教育程度的变化、社会竞争导致业余充电学习等，均为创意的产生提供了很多机会。④通过分析价值观念和认识的改变，寻求商业创意。人们对于饮食需求认识的改变造就了健康食品市场的兴起。

2. 机会

一般认为，机会是指一个创意可以在特定环境中行得通的可能。因此，奥地利学派经济学家柯兹纳（Kirzner）认为机会是“未精确定义的市场需求或未得到利用（或者未充分利用）的资源和能力”。它包括基本的技术、未找准市场的发明创造，或新产品或服务的创意。

潜在的消费者可能很清楚自己需要什么，当创业者把新产品推荐给他们并向他们说明产品的好处时，他们能够识别这个新产品给他们带来的新价值。未得到充分利用的资源或能力也有为潜在的消费者创造、传递价值的可能性，尽管这种新价值的形式还不确定。例如许多新材料最初发明出来的时候并没有被明确用途，但是随着经济的发展，新材料的使用最终出现在经济生活中的方方面面，成为人们日常生活中不可或缺的物品。随着市场需求被创业者精确定义出来，未得到利用或充分利用的资源也被更精确地确定了其潜在的用途，机会就从其最基本的形势中发展起来，形成了一个商业概念。

3. 创意与机会的联系与区别

机会是具有商业价值的创意，表现为特定的组合关系。机会来自一定的市场需求和变化。

机会在创业的整个过程中占据了十分重要的地位，可以说机会是创业过程的源头。一个新企业创业过程的核心就是发现机会，新企业的创立过程是由机会驱动的。企业的成功离不开创意的产生与创业机会的发现。创业机会的发现，从创业机会的表现形式这一角度来说，可以被视为创意的发现。

创意与机会既有联系又有区别。①创意是一种主观想法，机会是客观存在。②机会是指一个创意可以在特定环境中行得通的可能，是给自己带来好处的可能；创意是提供的产品或服务，主要是满足别人的需求，给别人带来实际的好处和用处。③创意可以产生机会，但并非所有的创意都是适合自己的机会。感知到机会的创意才是好的创意，机会是创业的原动力。

二、创业机会的内涵

创业机会主要是指具有较强吸引力的、较为持久的、有利于创业的商业机会，创业者据此可以为客户提供有价值的产品或服务，并同时使创业者自身获益。创业机会的目标是满足客户的需求，解决客户意识到和没有意识到的实际问题，为顾客解决问题并带来价值提升。蒂蒙斯（Timmons，1999）认为一个好的创业机会能够：

①为顾客或最终用户创造或增加极大的价值。

②能够解决一项重大问题，或者满足某项重大需求或愿望，因此某些人愿意多支付一些。

③有需求旺盛的市场，利润很高。

④与当时的创始人和管理团队配合得很好，也很适合市场状况和风险，回报平衡。

前三点是好的商业机会的重要目标。

三、创业机会的特征和类型

1. 创业机会的特征

（1）普遍性。凡是有市场、有经营的地方，客观上就存在着创业机会。创业机会存在于一定的时空范围之内，但会随着客观条件的变化相应地消逝或流失。所以，抓住和把握好创业机会，就有可能成功，一旦没抓住就成了别人的机会。

（2）偶然性。对一个企业来说创业机会的发现和捕捉带有很大的不确定性，任何创业机会的产生都有“意外”因素。

（3）消逝性。大部分创业之所以失败，就是因为创业者对他们所认为的“创业机会”看得太乐观。失败的根本原因并非创业机会不是机会，而是由于缺乏深思熟虑、盲目扩张、低效率决策等原因。

（4）可预见性。彼得·德鲁克曾经说过，组织是看不到机会的，只有个人才能看到它。既然创业机会就在我们身边，那么我们了解了它的来源，就有可能预见机会的出现。成功创业者利用机会创业绝对不是一时冲动随便拿来的结果，他们的精明之处在于能够预见，走在别人前面，抢先占据市场。谁先拥有市场，谁就能事半功倍。这些，往往需要一个人的预见能力。

2. 创业机会的类型

创业机会一般有两种分类方式：一种是通过分析创业机会的成熟度来分类；另一种是根据创业机会的内容来分类。

（1）根据创业机会的成熟度分类。根据创业机会的成熟度，阿迪奇维利（Ardiehvili）等人的研究是创建两个维度模型，每一象限代表一类创业机会，如图3-1所示。

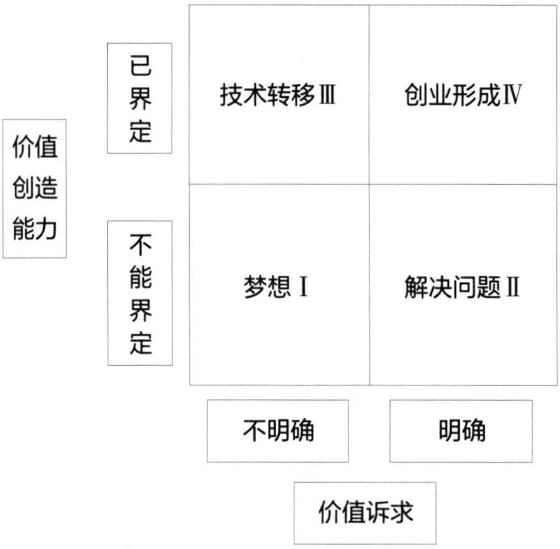

图3-1　阿迪奇维利的创业机会类型划分

阿迪奇维利等人根据创业机会的来源和发展情况将创业机会分为两个维度构成矩阵：横轴以探寻到的价值为坐标，这一维度代表着创业机会的潜在价值；纵轴以创业者的价值创造能力为坐标，代表着创业者是否能够有效开发并利用这一创业机会。按照这两个维度将其划分成四类：第一象限，机会的价值并不确定，创业者能力也不确定，这种机会为“梦想”；第二象限，机会的价值已经较为明确，但实现这种价值的能力尚未确定，这种机会是一种“尚待解决的问题”；第三象限，机会的价值尚未明确，而创造价值的能力已经较为确定，这样的机会为“技术转移”；第四象限中，机会的价值和创造价值的能力都已确定，这一机会可被称为“创业形成”。根据两个维度和四个象限的分类可以将创业机会进行细分。

（2）根据创新程度分类。根据创新程度的不同划分为复制型创业机会、模仿型创业机会和创新型创业机会。

复制型创业机会，即在现有的经营模式的基础上进行简单的复制创业。比如百度“度秘”就是百度为用户提供的秘书化搜索服务机器人助理。它将“聊天机器人+搜索引擎+垂直类O2O”结合。模仿型创业是通过模仿或跟随别人而不进行创新或很少进行创新，其创业机会往往创新程度不高，容易被模仿。例如，外卖行业中美团外卖与饿了么外卖以及互联网购物的淘宝与京东等，都是在市场资源配置不均衡的情况下，为满足市场需求而出现的模仿型创业机会。

四、创业机会的来源

创业从机会中产生，那么，创业机会在哪里呢？其实，机会无时不有、无处不在，只要你善于发现，机会就在身边。

1. 问题的发现与解决

创业的根本目的是满足顾客需求，而顾客需求在没有得到满足前就是问题。寻找创业机会的一个重要途径是善于去发现和体会自己和他人在需求方面的问题或生活中的难处。

在现实中，在我们身边常常会听到一些人的抱怨，抱怨生活中的一些问题，这些问题的解决可能就蕴涵着商业机会。这就需要你做个有心人，多观察细聆听，针对旁人的苦恼或者自己发现的问题仔细分析，看看有无解决之道。也许，他人的话、自己不经意间的感叹就会产生一个创业机会。

例如，现在城市人群工作忙碌，越来越多的人开始选择用金钱来购买方便与舒适，电子商务公司和快递公司应运而生。杭州涌现了一些奇怪的公司，这些公司的服务听起来有点儿匪夷所思，那就是跑腿，帮助客户代买代办。从买一顿快餐，到帮公司送几千元的支票，从代购一两本书到买上几张飞机票，只要你有想办而不愿意出门办的事，他们都乐意帮办。

2. 变化造就机会

创业的机会大都产生于不断变化的市场环境，环境变化了，市场需求、市场结构必然发生变化。著名管理学大师彼得·德鲁克将创业者定义为那些能“寻找变化并积极反应，把它当作机会充分利用起来的人”。这种变化可以包括产业结构的变动、消费结构升级、城市化加速、价值观与生活形态的变化、政府政策的变化、人口结构的变化、居民收入水平提高、全球化趋势等诸方面。

比如居民收入水平提高，私人轿车的拥有量将不断增加，这就会派生出汽车销售、修理、配件、清洁、装潢、二手车交易、陪驾等诸多创业机会。一个常见的例子，随着人们生活水平的提高和物质的丰富，人们的饮食结构发生了重大的变化，不仅要多样化，更要品质化，讲求绿色纯天然，于是，绿色无公害蔬菜、食品生产基地就产生了。

3. 创造发明带来机会

创造发明为人们提供了新产品、新服务，同时也带来了创业机会。一项新的创造发明如果合理地利用，必将产生一个良好的商机。比如随着计算机的诞生，计算机维修、软件开发、计算机操作的培训、图文制作、信息服务、网上开店等创业机会随之而来。你即使不发明新的东西，也能成为销售和推广新产品的人，从而发现商机。

另外，产品或技术创新也会带来机会。高新技术是推动产业革命的动力，也是人类社会进入20世纪下半叶之后经济的主要增长点。每一次的高新技术革命都会创造出一个新的市场。现在，高新技术不仅用在军事方面，而且已经普遍地用于老百姓日常所用到的物品之中，而且应用的速度很快。科学技术是第一生产力，已不再是一句口号。创业者要想源源不断地获取财富，就必须从科技创新中挖掘商机。

4. 用政策嗅觉觅得机会

“政为名高，贾为利厚”是国人的传统观念，所以很多人一直认为政、商所追求的目标不一致，两者不可兼容并蓄，然而事实并非如此。历史上有名望的商家总是热情而主动地参加政府和主管部门组织的有关活动，仔细听取他们对商界各项工作的意见和建议。你如果政治嗅觉灵敏，可能就会从中抓到难得的商机。因此，在经济发展中，创业者应始终关注国家的有关政策，把握住国家宏观经济的脉搏，这样，才能觅得更多的创业机会。

5. 从顾客差异中发现机会

机会不能从全部顾客身上去找，因为共同需要容易认识，基本上已很难再找到突破口。而实际上，每个人的需求都是有差异的，我们如果时常关注某些人的日常生活和工作，就会从中发现某些机会。因此，在寻找机会时，应习惯把顾客分类，认真研究各类人员的需求特点，那么机会就会自现。

女性是天生的财源，有调查显示，社会购买力的70%以上都是由女性掌握的。从个人的化妆品、服饰到家庭的生活用品，基本上都是女性添置的。任何一种产品对女性来说都具有相当程度的吸引力。现代女性所追求的高品质的生活方式和消费方式更为商家们提供了充满诱惑的无限商机。因此，学会分析顾客的差异和特点，就会从中发现新的商机。

五、影响创业机会识别的关键因素

创业机会识别是创业领域的关键问题之一。从创业过程角度来说，它是创业的起点。创业过程就是围绕着机会进行识别、开发、利用的过程。识别正确的创业机会是创业者应当具备的重要技能。

1. 创业机会的静态表现形式

创业机会以不同的形式出现。虽然在以前的研究中焦点多集中在产品的市场机会上，但是在生产要素市场上也存在机会，如新的原材料的发现等。许多好的商业机会并不是突然出现的，而是对于“一个有准备的头脑”的一种“回报”。在机会识别阶段，创业者需要弄清楚机会在哪里和怎样去寻找现有的市场机会。

对创业者来说，在现有的市场中发现创业机会是很自然和较经济的选择：一方面，它与我们的生活息息相关，我们能真实地感觉到市场机会的存在；另一方面，由于总有尚未得到全部满足的需求，在现有市场中创业，能减少机会的搜寻成本、降低创业风险，有利于成功创业。现有的创业机会存在于不完全竞争下的市场空隙、规模经济下的市场空间、企业集群下的市场空缺等。

（1）不完全竞争下的市场空隙。不完全竞争理论或不完全市场理论认为，企业之间或者产业内部的不完全竞争状态，导致市场存在各种现实需求。大企业不能完全满足市场需求，必然使中小企业具有市场生存空间。中小企业与大企业互补，共同满足市场上不同的需求。大中小企业在竞争中生存，市场对产品差异化的需求是大中小企业并存的理由，细分市场以及系列化生产使得小企业的存在更有价值。

（2）规模经济下的市场空间。规模经济理论认为，无论任何行业都存在企业的最佳规模或者最适度规模的问题，超越这个规模，必然会效率低下和管理成本提升。产业不同，企业所需要的最经济、最优成本的规模也不同，企业从事的不同行业决定了企业的最佳规模。大小企业最终要适应这一规律，发展适合自身的产业。

（3）企业集群下的市场空缺。企业集群主要指地方企业集群，是一组在地理上靠近的相互联系的公司和关联的结构，它们同处在一个特定的产业领域，由于具有共性和互补性而联系在一起。集群内中小企业彼此间发展高效的竞争与合作关系，形成高度灵活、专业化的生产协作网络，具有极强的内生发展动力，依靠不竭的创新能力保持地方产业的竞争优势。

（4）新科技应用和人们需求的多样化。成功的创业者能敏锐地感知社会大众的需求变化并从中捕捉市场机会。新科技应用可能改变人们的工作和生活的方式，使新的市场机会出现。通信技术的发展，使人们在家里办公成为可能；互联网的出现，改变了人们工作、生活、交友的方式；网络游戏的出现，使成千上万的人痴迷其中，乐此不疲；网上购物、网络教育的快速发展，使信息的获取和共享日益重要。

需求的多样化源自人的本性，人类的欲望是很难得到满足的。在细分市场中，可以发掘尚未得到满足的潜在市场中的机会：一方面，根据消费潮流的变化，捕捉可能出现的市场机会；另一方面，根据消费者的心理，通过产品和服务的创新，引导并满足需求，从而创造一个全新的市场。

2. 创业机会的动态表现形式

市场机会还可以来自经济活动的多样化和产业结构的调整等方面。

（1）经济活动的多样化为创业拓展了新途径。一方面，第三产业的发展为中小企业提供了非常多的成长点，在现代社会，人们对信息情报、咨询、文化教育、金融、服务、修理、运输、娱乐等行业提出了更多更高的要求，从而使社会经济活动中的第三产业日益发展。由于第三产业一般不需要大规模的设备投资，它的发展为中小企业的经营和发展提供了广阔的空间。另一方面，社会需求的易变性、高级化、多样化和个性化，使产品向优质化、多品种、小批量、更新快等方面发展，也有力地刺激了中小企业的发展。

（2）产业结构的调整与国企改革为创业提供了新契机。随着国企改革的推进，民营中小企业除了涉足制造业、商贸餐饮服务业、房地产等传统业务领域外，将逐步介入中介服务、生物医药、大型制造等有更多创业机会的领域。

3. 影响创业机会识别的关键因素

（1）先前经验。在特定产业中的先前经验有助于创业者识别机会。如1989年，对美国公司500强企业创建者的调查报告显示，43%的被调查者是在为同一产业内企业工作期间获得新企业创意的。一旦有过创业经验，创业者就很容易发现新的创业机会。这被称为“走廊原理”，即指创业者一旦创建企业，就开始了一段旅程，在这段旅程中，通向创业机会的“走廊”将变得清晰可见。这个原理提供的见解是，某个人一旦投身于某产业创业，将比那些从产业外观察的人，更容易看到产业内的新机会。

（2）识别因素。有些人认为，创业者的“第六感”使他们能看到别人错过的机会。多数创业者以这种观点看待自己，认为自己比别人更“警觉”。警觉很大程度上是一种习惯性的技能，拥有某个领域更多知识的人，倾向于比其他人对该领域内的机会更警觉。例如，一位计算机工程师，就比一位律师对计算机产业内的机会和需求更警觉。有位学者认为，机会发现者（即创业者）与未发现者之间最重要的差别在于对市场的相对评价，换句话说，创业者可能比其他人更擅长估计市场规模并推断可能的含义。目前，不少学者利用认知心理学乃至社会心理学的理论知识研究创业行为，值得关注。

（3）社会关系网络。个人社会关系网络的深度和广度影响着机会识别。建立了大量社会与专家联系网络的人，比那些拥有少量网络的人容易得到更多的机会和创意。一项对65家初创企业的调查发现，半数创业者报告说，他们通过社会关系得到了商业创意。一项类似的研究，考察了独立创业者（独自识别出商业创意的创业者）与网络型创业者（通过社会关系识别创意的创业者）之间的差别，研究人员发现，网络型创业者比独立创业者识别出多得多的机会。在社会关系网络中，按照关系的亲疏远近，我们可以大致将各种关系划分为强关系和弱关系。强关系以频繁相互作用为特色，形成于亲戚、密友和配偶之间；弱关系以不频繁相互作用为特色，形成于同事、同学和一般朋友之间。研究显示，创业者通过弱关系比通过强关系更可能获得新的商业创意，因为强关系主要形成于具有相似意识的个人之间，从而倾向于强化个人已有的见识和概念。在弱关系中，个人之间的意识往往存在着较大的差异，因此某个人可能会对其他人说一些能激发全新创意的事情。

（4）创造性。创造性是产生新奇或有创意的过程。从某种程度上讲，机会识别是一个创造过程，是不断反复的创造性思维过程。在听到更多趣闻轶事的基础上，我们经常看到创造性思维常常包含于许多产品、服务和业务的形成过程中。

六、识别创业机会的一般过程

创业开始于创业者对创业机会的识别，创业者对这一机会持续开发的结果就是企业的诞生。在这一过程中，机会的潜在预期价值以及创业者的自身能力得到反复的衡量，创业者对创业机会的战略定位也越来越明确。这就是机会的识别过程。

1. 产生创意——创业机会识别的源头

有人说，一个有吸引力并确实可行的点子所形成的创业机会是所有创业企业成功的基石。但创意不是随时都可以拥有的，有时创意摆在眼前，我们也会与之擦肩而过。

创意的形成是人们在认识客观世界的过程中，使所收集到的信息与自身所拥有的知识储备、先前经验等信息产生交互作用，进行商业性的构想，从而产生新的思维和想法的过程。主观上，创意的产生是一个人在实践过程中认识客观世界的过程，所以认知上的差异就会影响创意的发现。客观上，人们所获得的信息是不对称的，也就是说信息的分布是不均匀的，也是随机的，所以人们获得信息的多少也影响到了创意的发现。这些影响创意发现的因素主要有两个方面：一方面是创业者自身的素质，包括先前知识、系统思维、创业动机、创新以及乐观主义精神等；另一方面是创业者所拥有的外部资源，包括社会关系网络、技术、资金设备等创业资源。

因此，我们需要结合自身素质并利用外部资源，在生活中发现创意，从细节处挖掘财富，随时随地把好的想法记录下来。有了好的创意，创业才能真正开始。

2. 调研收集信息——创业机会识别的核心

创业初期，创业者在做任何决策前都应该进行科学的市场调查，充分了解自己将涉足的行业的规律和发展趋势；如果创业者不深入进行市场调查，而只是凭经验凭感觉或者人云亦云盲目跟风，这种不经过市场调查分析所做的决策，往往容易导致创业的失败。

（1）直接法。收集市场信息最直接的方法就是通过市场调查、观察或者询问潜在客户对产品及服务的感受，然后根据这些感受来认知创业机会。通常直接方法可以通过观察、面谈、电话询问、集中小组讨论、网络问卷等方式来进行。

（2）间接法。对创业者来说，收集市场信息最方便的方法就是充分利用已有的数据或资料，即通过间接的方法获取二手信息。这些信息可以归纳为互联网、统计资料、行业情报、广播电视传媒、网络信息、各类社会活动等。

3. 选择适合自己的商机——创业机会识别的关键

有了创业机会，有了一定的信息量，我们需要做的就是找到最适合自己的，在众多的信息中找准适合自己的创业发展方向。

有了创业机会，一定要仔细斟酌自身的优势所在，切忌看到某个机会最赚钱就头脑发热地扎进自己不擅长的领域。作为一名创业者，你需要一心一意，全心全意地去做你熟悉、你懂的行业，千万不能人云亦云、盲目跟风、好高骛远。在面对众多的创业信息时，创业者需要从自身实际条件出发进行选择。在进行选择时，一定要仔细斟酌，结合自身条件，选择适合自己的商机，这是识别创业机会的关键。

4. 市场监测与创业机会评价

当你找到适合自己的创业机会、准备进行创业时，你需要进行有效的市场分析，到底自己的产品能不能满足顾客的偏好。进行市场分析通常采用的是市场测试法，即将部分产品或者服务拿到真实的市场中进行检测，看消费者实际是否购买。当年雀巢咖啡为打开中国市场，选择一些城市，向市民投递小袋包装咖啡就是一种市场测试。

创业是不拘泥于当前资源条件限制而对机会的追寻，将不同的资源组合以利用和开发机会并创造价值的过程。简单地说，创业是在经历了机会识别和开发之后，确定创业机会、撰写创业计划、开办企业、管理企业的过程。创业机会的识别和开发过程实际上就是创业的整个过程。

七、创业机会的识别方法

较为常用的创业机会识别的方法有以下五种：新眼光调查、系统分析、问题分析、顾客建议和创造需求。其中，有的来自于启发或者经验，另一些则很复杂，需要市场研究专家等外部力量的支持。

（1）新眼光调查。当阅读某人的发现和出版的作品时，实际上就是在进行调查。利用互联网搜索数据，寻找包含你所需要信息的报纸文章等都是调查的形式。大量获取信息对发现问题以及更加快速地切入问题很有帮助。在调查中要学会问问题，同时通过不断地获取信息，建立自己的直觉。新眼光也将不断发展，提供更多看问题的新方法。

（2）系统分析。多数机会都可以通过系统分析得到发现。人们可以从企业的宏观环境（政治、法律、技术、人口等）和微观环境（顾客、竞争对手、供应商等）的变化中发现机会。借助市场调研，从环境变化中发现机会，这是机会发现的一般规律。

（3）问题分析。问题分析是指从开始就要找出个人或组织的需求和他们面临的问题，这些需求和问题可能很明确，也可能很隐蔽。创业者可能识别它们，也可能忽略它们。创业者需要全面了解顾客的需求，以及可能用来满足这些需求的手段。

（4）顾客建议。顾客建议多种多样，他们了解产品和服务，更有可能发现新的机会。讲究实效的创业者总是渴望从顾客那里征求想法。

（5）创造需求。这种方法在新技术行业中最为常见。它可能始于明确拟满足的市场需求，从而积极探索相应的新技术和新知识；也可能始于一项新技术发明，进而积极探索新技术的商业价值。通过创造获得机会比其他任何方式的难度都大，风险也更高。同时，如果能够成功，其回报也更大。

案例

做专业陪逛师，新职业好赚钱

陪人逛街，这个一向是丈夫或闺蜜的任务，如今却成了创意青年的新职业。毕业于纺织院校的小杨，凭借对色彩和设计的爱好，硬是闯出了一条生财之路。虽然小杨目前月进账只有2000元，但她对这个行业非常看好，还计划在网上开色彩店，专门帮人代购、淘东西，希望自己成为“色彩专家”。

教人搭配赢口碑

大学毕业后，小杨就一直待业在家。心气很高的她一心想着当服装设计师，无奈设计师行业门槛较高，应聘了几次之后，都被企业以“无工作经验”为由拒之门外。待业在家的小杨很不甘心，就在网上论坛灌水，以“色彩姐姐”自称，帮网友们免费搭配衣服，还经常把自己的设计方案放上网，供网友点评。

没想到，经过几回无偿帮人搭配衣服之后，很多网友慕名而来请她帮忙出点子，熟悉后，还邀请她组团一起去实体店逛街淘靓衫。小杨的名气渐渐打响了，收入也渐渐“丰满”起来。

“他们对于我的搭配方案十分满意，给了我不错的佣金。”小杨一脸自豪地说，如今找她陪逛的每周都有三四十人，需要提前一星期预约才行。盈利模式是收取佣金，对方消费100元，就给20元佣金。

帮人找到最美一面

对于20%的佣金比例，很多人一开始会嫌贵。对此，小杨解释说：“消费者在我身上花20元佣金，我至少可以帮她节省50元的花费，所以她是赚了。”她说，市场绝大多数衣服价格虚高，尤其是高端商场，利润率高达200%。“不懂行的人一出手就被宰。”

因此，出于对客户负责，她在收到客户预约电话后，会根据客户的需求提前做很多功课。小杨举例说，曾有一位白领希望买一双指定品牌的秋冬鞋款，她便提前到百货商店踩点，看看同一款鞋子哪里的折扣最多。最后，她通过经销商提供的方式，以300元的低价团购了该品牌的一批鞋款，“同一款鞋，百货商店卖900元，我陪逛买只要300元，你说佣金给得划算吗?”

虽然尝到“陪逛”的甜头，但小杨却对这个行业有着清晰的认识：核心价值在于帮助客户找到自身最美的一面，而不是简单地停留在“砍价”阶段。她说，虽然陪逛行业目前处于新兴阶段，但在网上反应很好，在未来两三年内，该细分行业的利润空间值得深挖。

谈及未来，小杨说，最希望开一家以自己名字命名的色彩店，顾客只需轻敲她的店门，就能找到别样的美丽，找到内心的自信。

业内人士表示，小杨的创业个案之所以令人耳目一新，是因为她将一个原本很不起眼的行为转化为生产力。事实上，在港台明星、政要、名媛的身边，也常常出现类似的“陪逛人”，只不过他们有一个更光鲜的名字叫作“形象设计师”。“90后”的小杨，通过网络这个广阔的平台，将原本只属于极少数人享用的服务，投射到了普通大众的身上。

资料来源：http://www.cyone.com.cn/Article/Article_33561.html

任务二 评价创业机会

一、有价值创业机会的基本特征

1. 创业机会评价的定义

创业机会评价是创业机会识别和创业机会开发之间的一个过程，是评价的主体从财务、顾客、内部因素和创新成长四个方面对商业概念的价值进行综合评估，以确定其优先级别从而形成商业模式，并决定下一步是否对其开发和利用的过程。并非每一个创业机会都能给你带来成功，创业机会需要进行评价。

2. 创业机会评价的特征

（1）价值创造性。创业机会评价是对商业概念的筛选和完善，直到其发展成为能够满足顾客需求的、能够创造价值的产品或服务，或者选择放弃。创业主体要对商业概念持续评估，直到商业概念成为可以开发的成熟的商业模式。

（2）整体性。创业机会不是独立存在的，创业机会评价不应该局限于对创业机会本身的评价，应该从系统的角度或思维来思考评价的问题，综合考虑市场、行业、经济、环境、政治、社会等方面要素，来选取评价指标。

（3）动态性。创业机会评价是一个持续的过程，是一个从商业概念的产生、筛选、完善，到商业模式的形成过程。创业机会评价是一个动态的过程，贯穿从商业概念到商业模式的每一个步骤。

3. 创业机会评价的步骤

（1）确定评价目标。确定评价目标是评价的第一步，评价目标直接影响到评价指标体系、评价方法等后续步骤的实现。在评价开始的时候，要对评价目标的特性进行充分分析，以更好地确定创业机会的影响因素，从而确定创业机会评价的基本框架。

（2）分析创业机会影响因素。影响创业机会的因素有很多，既有内部创业团队的因素，也有外部创业环境的因素；既有社会因素，也有经济因素；既有市场因素，也有社会网络因素，等等。从各种影响创业机会的因素中抽象出关键性的因素便构成了创业机会评价指标体系。

（3）构建评价指标体系。创业机会评价指标体系是在对创业机会影响因素进行分析的基础上构建的。我们需要结合我国的国情以及具体分析的创业机会的特点构建适合自己的评价指标体系。

（4）评价方法的应用。评价方法是对评价指标的排序和量化。创业机会评价涉及很多指标：有些指标可以量化，如潜在的市场规模、预计市场增长率等；而一些指标不易量化，如产品的结构等。单纯的定性方法难以对创业机会的优劣进行排序，单纯的定量方法难以对决定创业机会的关键要素进行选择。因此，我们认为，在借鉴相关模型的基础上，应选择定量与定性相结合的方法对创业机会进行评价。

（5）评价实施。创业机会评价的实施是评价的实际操作阶段。要对定量指标和定性指标进行处理，引入需要的数据和相关专家的评定，并结合相关模型，最终得到评价结果。

（6）评价反馈。创业机会评价的实施是一个动态的过程，本质上是一个主观的、理论上的分析过程。商业概念是否能真正成为一个成熟的商业模式，是否可以在现实中开发，还需要进一步从实践中证明。

可以根据以上步骤对创业机会进行合理有效的评估，从而选出优先级别更高的创业机会形成商业模式并进行开发。

二、创业机会评价的基本准则

（1）效益评价准则。一个具有高吸引力的创业机会需要具有合理的税后净利。毛利率较高的创业机会，风险相对较低。对于新创企业来说，达到盈亏平衡的时间应该是企业创办后的两年以内。新创企业在活跃的资本市场比较容易创造业务增值效果，因此资本市场活力也是一项能用来评价创业机会的外部环境指标。创业者能否创造创新企业在市场上的策略性价值以及创业者的退出机制与策略，都是进行机会评价的一项重要指标。

（2）市场评价准则。市场评价准则可以从市场规模、市场定位、市场渗透力、产品的成本结构、市场结构、市场占有率等方面来进行分析。

（3）创业团队评价准则。创业团队评价准则可以从团队组合、产业经验和专业背景、正直诚信的人格、专业坦诚、机会成本、对于失败的底线等各方面进行分析。

（4）策略特色评价准则。策略特色评价准则可以从创业模式组合、服务品质、机会导向、策略弹性、技术优势、进入时机、误差承受力等方面进行分析。

三、创业机会评价的策略和常用方法

1. 创业机会评价的策略

评价创业机会是一项将创业者艺术才华和科学才能相结合的伟大工程，将自己的主观判断和客观分析相结合才能不失时机地识别和评价创业机会。

在评价创业机会时可以遵循的策略如下：

（1）影响创业机会的因素很多，因此在评价创业机会时，要坚持全面性的策略，要有系统的思维，全面考虑，综合评价。

（2）在评价创业机会的时候要坚持科学性策略，对关键指标主要采取定性分析方法，然后结合定量分析方法进行评价。

（3）要坚持重要性原则和目的性策略，对创业机会的指标进行分类，确定和选取影响创业机会的关键性指标，了解创业主体的目的，有针对性地对创业机会进行评价。

（4）要坚持可操作性策略，创业机会的评价最终要落实到操作层面，评价指标要在结合实际的基础上，通过实证取得，评价的过程在追求科学性的基础上也不应太复杂。

2. 创业机会评价的常用方法

创业机会的评价是一套系统的工程，这里介绍几种常见的技巧，利用它们可以对创业机会进行进一步的评价。

（1）产品评估法。产品是企业和消费者之间的纽带。新创企业的立足点是创造优质的产品或提供优质的服务以尽可能满足消费者的需求，最终创建起企业自身的知名度。因此，创业者有必要对即将推出或设想推出的产品或服务进行评估，可以通过问卷调查或者是与消费者聊天的方式对产品的吸引力和需求度、满意度进行评估。如果调查发现：与同类产品相比，无论是服务还是产品的质量和价格，该产品具有竞争优势，那么，这就是有价值的创业机会，我们就可以开发这个创业机会了。

（2）市场评估法。可以通过对这次机会所涉及的市场定位、市场结构、市场规模、市场渗透力和市场占有率的分析来评估创业机会。

市场定位是企业及产品在目标市场上所处的位置。无论是怎样的创业机会，都必须具有特定的市场定位，可以通过分析顾客群、顾客需求、顾客接触渠道和产品衍生性等判断创业机会可能创造的市场价值。创业带给顾客的价值越高，创业成功的机会也就越大。

针对创业机会的市场结构，可以通过进入障碍，供货商、顾客、经销商的谈判力量，替代性竞争产品的威胁以及市场内部竞争的激烈程度，得知新企业未来在市场中的地位，并借此评价创业机会。

市场规模是指一个特定市场中供应品的购买人数。市场规模越大，竞争激烈程度越低，相应利润空间就越小，因而可以借此评价这不是一个很好的创业机会，不值得投入；反之，则是一个充满商机的市场，有可持续发展的空间。

市场渗透力是指实现市场逐步扩张的拓展战略的表现，可以利用现有产品开辟新市场实现渗透或者向现有市场提供新产品实现渗透。对于一个具有巨大市场潜力的创业机会，市场渗透力评估是一项非常重要的影响因素。聪明的企业家懂得选择在最佳时机进入市场，实现对市场的渗透。

（3）资源评估法。评价创业机会的可行性，归根结底是分析创业者是否具备抓住创业机会的资源，特别是核心资源。不同的创业机会的核心资源不同，它所产生的核心竞争力就会有不同的表现。发现创业机会所需的核心资源，关键是认识到该创业机会的本质，也就是需要发现决定创业成败的关键在哪里。在实践中，大多数创业者的自有资源是十分有限的，这就需要多方整合，以保障创业能够成功。评估资源整合能力，有助于创业机会的选择。如果资源的整合能力强，有助于创业实践活动的开展，则应该及时抓住机会并将其转化为具体的创业行动。

（4）效益评估法。分析效益可以从不同的角度进行，评价创业机会的效益同样可以结合多个指标综合进行。

①合理的税后净利润。一般而言，具有吸引力的创业机会，至少需要能够创造15%以上的税后净利润。如果企业预期的税后净利润在5%以下，那么这就不是一个好的投资机会。

②达到损益平衡所需的时间。合理的损益平衡时间应该为两年以内，但如果三年还达不到，这恐怕就不是一个值得投入的创业机会。不过有的创业机会确实需要经过比较长的耕耘时间，通过这些前期的投入，能够创造进入障碍，保证后期的持续获利。在这种情况下，只有将前期投入视为一种投资，才能容忍较长的损益平衡时间。

③投资回报率。考虑到创业可能面临的各项风险，合理的投资回报率应该在25%以上。一般而言，一个有15%以下的投资回报率的创业机会是不值得考虑的创业机会。

④毛利率。在毛利率高的创业机会中，相对风险较低，损益平衡也比较容易取得；反之，在毛利率低的创业机会中，风险则较高，遇到决策失误或市场产生较大变化的时候，企业很容易遭受损失。一般而言，理想的毛利率是40%。当毛利率低于20%的时候，这个创业机会就不值得再予以考虑。

从众多的信息中识别了创业机会，但如果没有认真分析机会到底是否具有可行性，是否适合自己，没有对创业机会进行评价，那么，也很难将这次创业机会转化为创业行为，开展自己的创业事业，所以需要借助以上创业机会评价的策略和技巧开展对创业机会的评价。

3. 影响创业机会评价的因素

（1）人的价值观。由于创业机会评价受到人的价值观的制约，因此参与机会评价的人是否具有创办新企业的经历、创造性的预见能力和捕捉商机的能力以及管理经验，尤其是担任过决策层管理职务者的经验，这些都会影响创业者对创业机会的评价。

创业机会的识别与评价，至少要求新企业决策者与别人的价值判断不同。如果资源所有者和新企业决策者对资源生产力的判断一致，那么资源所有者就可以通过提高资源的定价来分享利润，从而使得创业者的利润趋向零。如果其他创业者也有同样的价值判断，就会产生竞争，直到利润消失。

（2）时间。某些时候，此时看起来似乎不太有成功可能的机会，到下一时间段可能有完全不同的结果。通常人们所说的“时机”这两个字，代表市场机会的价值与时间密切关联，而时间的机会窗口也不是永远打开的。很多时候也需要判断一个机会窗口是否有足够的获利投资回收期。美国风险投资业内的一项研究调查发现，当机会窗口的时间短于3年时，新创企业的失败率高达80%以上；而如果机会窗口的时间超过7年，则几乎所有投资的新企业都能获得丰厚的回报。

（3）是否具备配套的资源和专业能力。必须在适当的环境和良好的执行下才能验证好的机会的盈利能力。

创业过程总是表现为一个机会识别、机会评价、决定开始并以资源获取结束的连续过程。创业机会评价是创业机会开发利用的前提和基础，可以通过评价确定优先级别从而形成商业模式，迈开继续创业的步伐。

任务三　识别创业风险

一、创业风险的构成与分类

1. 创业风险的概念

风险是与不确定性紧密联系的，其核心含义是“未来结果的不确定或损失”。创业风险是指企业在创业过程中遇到的各种风险。由创业环境的不确定性，创业机会与创业企业的复杂性，创业者、创业团队与创业投资者的能力和实力的有限性而导致的创业活动结果的不确定性，就是创业风险。

市场经济中，收益总是与风险相伴相随的。因此，如何判断、选择及规避管理风险，在风险中寻求机会、创造收益，对创业活动和经营活动都具有重大意义。

2. 创业风险的类型

对于每一个创业者来说，即使是有价值的创业机会也是有风险的。因此需要认真分析自己在创业过程中可能会遇到哪些风险，这些风险中哪些是可以控制的，哪些是不可以控制的，哪些是需要极力避免的，哪些是致命的或者不可管理的。我们需要对风险的类型有一个基本的认识。

（1）纯粹风险和投机风险。依照市场性质可将风险分为纯粹风险和投机风险。纯粹风险，指只有损失可能性而无获利可能性的风险，例如：地震、火灾、水灾、地震等。纯粹风险所导致的结果有两种：损失或者无损失。

投机风险，或称为机会风险，指既存在损失的可能性，也存在获利的可能性的风险，例如：股市波动、商品价格变动、风险投资等。投机风险导致的结果可能有三种：有损失、无损失、获利。

（2）静态风险和动态风险。按照风险的状态划分为静态风险和动态风险。静态风险，指在社会政治经济环境正常的情况下，由自然力变动和人们的错误行为所导致的风险。静态风险造成的后果主要是经济上的损失，而不会因此获得意外的收益，一般属于不可回避风险。例如：地震、洪水、飓风等自然灾害，交通事故、火灾、工业伤害等意外事故。

动态风险，指与社会变动有关的风险，主要是社会经济、政治和技术、组织机构发生变动而产生的风险。动态风险造成的后果是难以估计的，但通常可以规避。例如：通货膨胀、汇率风险、罢工、暴动、消费偏好的改变、国家政策的变动等。

（3）主观风险和客观风险。按照风险的来源划分为主观风险和客观风险。主观风险，是指在创业阶段，由创业者的思想意识、心理素质等主观方面的因素导致的创业失败。例如：认知偏差带来的风险，考虑不足带来的风险等。

客观风险，是指在创业阶段，客观因素导致的创业失败。例如：市场的变动、政策的变化、竞争对手的出现，缺乏创业资金等。

（4）系统风险和非系统风险。按照风险的影响范围划分为系统风险和非系统风险。系统风险是指外部经济社会的整体变化，这些变化包括社会、经济、政治等创业者和企业者难以控制的事实或事件。这类风险对企业的影响程度不一，但所有的企业都要面对，例如：商品市场风险、资本市场风险。

非系统风险是指由企业内部因素导致的风险，是源于创业者、创业企业本身的商业活动和财务活动所引发的风险。这种风险只造成企业自身的不确定性，对其他企业不产生影响，其可以通过一定的手段进行预防和分散，例如：团队风险、技术风险和财务风险等。

（5）大学生创业的主要风险。

①机会风险。创业机会风险就是在确定创业机会的活动中具有不确定性和可能发生的危险，分布在机会的确定、市场的定位、进度安排及对环境的判断几个关键点上。有的创业者认为自己有很好的点子和想法，对创业充满信心。有想法、点子固然重要，但是不是每个大胆的点子和想法都能转化为创业机会，许多创业者就是由于没有充分考虑资源（人、财、物、信息、时间）和技能而导致创业的失败。

②成本风险。成本风险是成本提高情况所带来的风险。成本风险是某种可预见的危险情况发生的概率及其后果的严重程度这两个方面的反映，是对提高成本情况的发生所带来的危险和后果的一种综合性认识。强化风险成本意识就是在保证质量的前提下实现最小的成本。

③技术风险。技术风险是指由于技术不确定性的原因导致创业失败的可能性，创业活动往往表现为将某一创新技术应用到实践中，将其转化为商品或服务的过程，其中技术是否可行，在预期和实践之间是否出现偏差，存在巨大的风险。

④市场风险。市场风险指的是创业的过程中由于市场的需求变化、价格变化等原因而给创业带来的不确定性或利益损失，市场风险主要包括两个方面：一是供应渠道风险，即企业生产所需的原材料价格上涨或资源不足，会让企业处于被动位置，甚至给企业带来巨大的损失；二是销售渠道风险，即企业所生产的产品市场不需要或处于饱和状态，市场价格直线走低，或者是新产品、新技术在进入市场之后的营销过程中因市场的不确定性带来的风险。

⑤资金风险。要创建一个企业，要开发一种新产品或推行一种新技术都离不开资金的运作。资金供应不足而导致创业失败的案例在现实世界中有很多。资金风险是创业的过程中常见的风险之一。资金风险主要表现在两个方面：一是筹集不到所需要的资金数量，使原有的创业计划得不到落实而使创业失败；二是筹集到资金，但是因利息过高而给企业带来沉重负担；三是资金投入后达不到预期的效果。

⑥管理风险。管理风险是指创业者的组织、决策不到位而给企业带来的不确定性或损失。管理风险的大小与创业者的能力、经验、自身素养有极大的关系。管理者的组织能力强，决策正确、果断，给企业带来的风险就小，反之则大。管理者应具备一定的企业管理能力。在缺乏管理能力之时最好不要匆忙创业，应先到相关企业学习、锻炼，积累一定的经验之后再进行创业。

二、创业风险的防范

创业过程中存在高风险和高不确定性，这是任何一个创业者都必须面对的事实，正确地认识风险防范的内涵、过程，掌握评估和合理地防范风险的措施是创业成功的必要条件。

（1）创业风险防范的内涵。创业风险防范是指创业企业在各阶段采用各种方式，调动各种资源来预防风险产生，将风险消灭在萌芽状态的过程。

（2）创业风险防范的具体过程。创业风险是一个发展演化和累积的过程，因此，防范创业风险，首先需要学会分析风险。创业者在每个经营环节都要学会分析风险，对可能出现的风险要有明确的认识和应对克服的预案。要认识和分析风险，就必须对自己将要采取的方案或计划有一定的认识。因此，又快又好地收集相关的信息是首要任务，对所投资的方案缺乏认识将会导致风险的发生。其次要善于评估风险。例如，要估计风险发生的概率，对风险带来的收益与风险的大小进行权衡，预测风险可能带来的负面影响等。评估风险要遵循风险的重要性、整体性、安全性、损失性和时间价值等原则。

（3）风险回避。风险回避是指考虑到影响预定目标达成的诸多风险因素，结合决策者自身的风险偏好和风险承受能力，从而做出的中止、放弃某种决策方案或调整、改变某种决策方案的风险处理方式。风险回避的前提在于企业对自身条件和外部形势、客观存在的风险的属性和大小有准确的认识。相对于其他风险处理方式而言，风险回避的优点是：第一，在风险产生之前将其化解于无形，大大降低了风险发生的概率，有效避免了可能遭受的风险损失；第二，节省了企业的资源，减少了不必要的浪费，使企业得以有的放矢，在市场竞争中有所为有所不为。风险回避的不足之处在于：第一，企业生产经营活动的最终目的是利益最大化，而风险与收益常常相伴而生，回避风险的同时在很大程度上意味着企业放弃了获得收益的机会；第二，因为风险无时不有、无处不在，绝对的风险回避不可能实现。风险回避旨在恰当的时候，以恰当的方式回避风险，是一种策略性回避。

（4）积极预防风险。通过对投资方案进行评估，对市场进行周密调查，制定科学的资金使用政策等，积极预防风险以尽可能地降低成本，获取收益。一旦某个环节出了问题，要有采取补救措施的预案，尽可能减少负面影响。同时，要加强管理，建立健全企业各种规章制度，审查各类合同，加强对合同履行过程的监督。例如，为公司研发的技术申请专利，为自己创建的品牌注册商标等，都是积极预防风险发生的措施。

（5）风险转移。风险转移指风险承担主体将自身可能遭遇的损失或不确定性后果转嫁给他人的风险处理方式。风险转移有两种形式：风险的财务转移和非财务转移。前者将自己不能承担或者不愿承担的风险导致的财务负担转移给其他经济单位，这种风险活动承担者不变，只是财务损失承担主体发生了转移，风险的财务转移方式主要是通过事先的财务计划、资金筹措，以便对风险事故造成的经济损失进行及时而充分的补偿风险转移方式。后者将风险活动连同其财务责任全部由一个承担主体转移到另一个承担主体，主要包括保险、外包、出售等方式。

（6）风险控制。由于风险无处不在，绝对的风险回避是不可能的。对于企业个体而言，其可承受的风险是一定的。因此，企业风险控制策略就在于将风险降低到企业可以接受的程度，这样，风险事件的发生就不足以影响企业正常的生产经营活动。目前国内学者对于风险控制的研究主要集中在财务、金融、保险、战略等方面。广义的企业风险管理涵盖了风险发生前、风险发生过程中以及风险发生后整个过程中的一系列企业决策行为。

三、创业者对风险承担能力的估计

风险承担能力指个体或组织在对未来无法预知的情况下开展商业活动的意愿，或者说是在多大程度上愿意承担风险和容忍不确定性。风险承担能力影响创业者的意愿。

创业者在创业过程中需要承担一定的风险，包括高负债、大量资源投入、新产品新市场的引入以及关于新技术的投资。承担风险代表着把握机会。从财务角度看，可能的风险和预期报酬总是对应的，高报酬往往意味着高风险。企业采用财务杠杆或投入资产以期获取高回报时，必须对项目的潜在风险保持高度警惕。德鲁克指出，成功的创业者不是盲目的风险承担者，他们采用各种方法降低风险，比如，通过调查、评估等降低不确定性，或者运用在其他领域内经过验证的方法和技术有效降低风险、加强竞争地位。

创业者对风险承担能力的估计主要是通过对客户年龄、财富、工作状况、受教育程度、家庭状况、性别等方面的信息进行分析，从而大致确定客户的风险承受能力。一般而言，年龄是影响客户风险承受能力的首要因素，年龄越大，风险承受能力越弱；个人财富越多，风险承受能力越强；工作越稳定，收入越高，风险承受能力也越强；受教育程度越高，风险承受能力越强；未婚的风险承受能力高于已婚的；男性的风险承受能力高于女性的。

在现实中，行为人的风险特征会随着财富的增加而发生变化：当财富较少时，行为人整体上表现为风险偏好型；一旦行为人的财富超过限值，他就会从风险偏好者变为风险回避者。

案例

2017年被称为区块链元年，一枚年初为1000美元左右的比特币，至年末创出20000美元的新高。投机者蜂拥而至，希望拥有全新的超级财富——数字黄金。节点资本创始合伙人杜均，2017年也可谓过得风生水起，他曾供职于腾讯、康盛创想等互联网企业，以敏锐的嗅觉和快速执行，成为国内较早一批投入到数字交易以及区块链领域中的创业者。他相信，未来世界将被“token”化，改变当前以资本为中心的股份公司现状，进化成为货币资本、人力资本以及其他要素资本融合的组织，成功的区块链应用有机会成为一家生态型未来公司。

自2009年诞生以来，在无中心化机构的运营维护下，比特币发展迅猛，区块链（Blockchain）的概念逐步为大众熟知。作为比特币的底层技术，这就像一个大型数据库账本，记载着所有的交易记录。区块链现集中在数字货币的领域，这仅是冰山一角，其应用场景正逐渐延伸到其他金融领域，智能合约（一种自动化执行的交易）即被视为代表产物。

2018年一开年，区块链概念即在资本市场引发一阵热潮，越来越多的人希望了解与区块链相关的一切。杜均是区块链技术的公开做多派，对于必然到来的泡沫非常坦然。他坚信，如同2000年互联网泡沫寒冬一样，大浪淘沙，时间终将会筛选出真正有价值的成果，而机会稍纵即逝，最为优秀的选手，容不得一丝的迟疑。他认为，区块链突然火起来主要有三方面原因：第一，区块链技术的一个应用场景——虚拟货币市场大涨，其中，比特币兑换美元的价格，从2017年年初的970美元一路上涨，一度突破2万美元，一年内飙升20倍，问世至今，比特币的总市值翻了2200万倍。除比特币外，市面上大概有1300多种虚拟货币，它们普遍在2017年大涨，总市值已达2万亿美元左右。第二，ICO火爆。从全球来看，单是2017年上半年，ICO总体融资额已超过10亿美元，是2016年的10倍。2017年全年，全球区块链领域的投资超过了30亿美元，其中75%来自ICO融资。第三，资本入场，进一步催化区块链的影响力，徐小平、蔡文胜等标杆人物，以及BATJ（百度、阿里巴巴、腾讯和京东）、美图等都在布局区块链领域，主流资本都在进入区块链赛道，有些国外机构丢掉传统VC业务，全部押注区块链。

区块链作为新的风口领域，资本市场反应激烈，随之监管机构陆续发声。2016年12月，区块链技术首次被列入《“十三五”国家信息化规划》。在迅猛发展的早期，必然产生投机行为，不可避免地出现泡沫，强监管有助于挤掉泡沫，推动行业稳健发展。同时，任何一个新生事物的出现，在宏观管理层面尤其是政策执行层面，也有一个动态调整的过程，直到找到合适的监管尺度。

杜均始终认为，区块链的机会属于每一个人。区块链技术是分布式数据存储在互联网经济中的应用，所搭建的无中介信任体系构建了一套价值传输网络，开启了价值互联时代。区块链技术正与现有互联网技术深度融合，延展至各个行业的应用场景，并结合密码学、网络技术、智能合约等技术，构建了适用于不同场景的价值传输体系。在区块链的推进过程中，我们看到的不是取代，更不是对立，而是在思维创新的同时，基于现有技术与基础设施的一种跨界与融合，这是一种协同发展的模式。

对于区块链技术广泛应用存在的问题，杜均以为，区块链技术仍处于发展的早期，无论是1.0时代的比特币系统，还是2.0时代的以太坊智能合约技术，都有待解决四大问题。一是社区治理，很多区块链应用依赖于自治社区，为了保证社区的稳定运行，需要良好的共识机制与激励机制，目前来看，社区治理方面有待进一步完善；二是效率不足，以比特币支付为例，目前的支付时间非常慢，有待提升；三是共识算法，需要从低频低效向高频高效转换；四是链接技术的进化，区块链+需要解决不同领域与不同资产的“上链问题”，需要处理链上链下的复杂协调。

资源来源：《21世纪商业评论》2018年2、3期

课后实训提升

实训3-1

创业项目的评估

选择校园中的某一项目进行评估，如：校内打印、学生活动策划、劳动力中介、二手品买卖等，要求用产品评估法、市场评估法、效益评估法对创业项目进行评估，最后完成报告，评估报告不少于1000字。

考核内容	评价标准	分值（分）	评分（分）			
			自评（30%）	小组（40%）	教师（30%）	小计（100%）
评估方案	评估方案思路清晰，逻辑合理	20				
评估过程	定性和定量两种方法运用得当	50				
评估结论	书写工整，结论明确	30				
合计		100				

实训3-2

商业创业计划书

对商业创业计划书中的创业项目进行创业风险分析，并提出对策。

7.0 风险分析与对策

创业风险	分析	对策
政策风险		
市场风险		
资金风险		
管理风险		
技术等其他风险		

注：只需要填写本企业涉及的风险。

项目四 创业市场及商业模式

学习目标

1. 了解商业模式的内涵和本质
2. 了解商业模式的形成方式，了解商业模式和商业战略之间的关系
3. 掌握商业模式设计的思路和方法
4. 了解商业模式创新的逻辑与方法

引导案例

福建宁德海参养殖户未做市场调查遭遇亏损，“一斤只卖55元！”

福建省霞浦县溪南镇的海参养殖户邱智星接受《农财宝典》记者采访时表示：“这样的价格换成谁都扛不住。”邱老板告诉记者，2011年海参上市的时候，卖到95元/斤（500克），但2012年3月初海参采收开始，价格一路狂跌，从80元/斤跌到现在的55元/斤。更让养殖户着急的是，现在春夏交替，海水水温逐渐升高，由于南方海域水温高，很快刺参就要开始夏眠，这样一来，刺参体重就会减轻，价格自然也会随之降低。“如果到下个月海参没有卖出去，会有一部分死掉，剩下的也会缩水。”邱老板自己有300多口网箱养海参，到3月底还有四分之一的海参滞销。他害怕没卖出去的海参将更加难卖，等到天气热起来只能让剩下的海参烂在海里。滞销的海参只有继续压低价格以求买主，邱老板将最后的一批海参以55元/斤的低价处理掉了。

邱老板告诉记者，以前大家主要用海带喂养刺参，抵抗力很好，而许多养殖户为了提高刺参的生长速度，使用了添加小鱼粉末的饵料，导致刺参免疫能力降低、养殖区富营养化。这种急功近利的养殖心态，更加剧了刺参的发病和死亡。据了解，2011年仅溪南镇的刺参养殖规模就比2010年增加了7倍，养殖户达3000多人，网箱超过10万个，每口网箱的刺参养殖密度高达3000只。如此大规模的养殖，直接推高了海参饵料的价格，饵料的成本增加了4倍，直接侵蚀了海参的利润。“今年即便价格不低得这么离谱，也赚不了多少钱。”

宁德海参的产量仅占全国的十分之一，价格波动对全国市场影响不大。而对于宁德本地的海参养殖业来说，产量陡然翻倍，而消费市场却在北方，本地也缺乏有实力的收购商和加工商。面对2012年海参养殖遭遇的巨大亏损，养殖户们也进行了反思。邱老板告诉记者，由于2011年海参养殖效益良好，2012年许多人盲目扩

大养殖规模，加上新加入的养殖户，加剧了2012年市场的低迷。关键在于没有做好市场调查与预测工作，等到问题出现了才意识到，真是后悔不迭。

资料来源：汤建. 福建宁德：海参养殖遭遇“2012”，养一斤亏80【N】. 广州：南方农村报，2012.05.29.

任务一 调研市场需求

经常有创业者问，什么情况下要做市场调研？有必要做市场调研吗？应该说，在做创业决策前都应该通过种种方法做市场调研。有的创业者在决策时过于依赖自己的经验，把自己的个人经历当作别人都会有的体验，结果导致决策失误。

对于创业者而言，市场调研的目的就是弄清楚自己的创业项目到底有没有市场，最终做一道选择题：项目做还是不做。无论创业者选择做还是不做，判断的依据都应该是依据客观的调查数据和论证材料，而不是凭借个人经验做出的判断。

好的开端等于成功的一半。为了保证市场调查工作的质量，必须周密地做好一切准备工作。一般情况下，市场调查的过程可以划分为：调查计划准备阶段、调查组织与实施阶段以及调查结果处理三个阶段。在取得一手资料后，运用定性分析和定量分析的方法，对市场未来的情况做出预估是企业营销管理不可缺少的重要环节，对于企业准确把握市场前景，不断寻求发展机会，具有很重要的意义。

一、市场调研的定义和目标

市场调查又称市场调研或市场研究，英文为marketing research，也可以称为营销调研。我们可以将市场调查的定义区分为狭义和广义两种。

狭义的市场调查主要是针对消费者所做的调查，即以购买商品、消费商品的个人、团体或企事业单位为对象，以探讨商品的购买、消费等各种状况、评价及动机。

广义的市场调查包括从认识市场、收集整理与分析相关数据资料、开发并试销产品，直到制定营销决策的全过程。如进行产品分析时，应从商品的使用及消费角度对产品的形态、大小、重量、美观、色彩、价格等进行分析，同时对销售的途径、市场营销的方法、销售组织、营销人员培训、广告宣传、促销活动等问题进行分析。因此，我们可以将市场调查定义为：企业为了达到特定的经营目标，运用科学的方法，通过各种途径、手段，系统地收集、记录、整理和分析与市场情况有关的数据资料，从而了解市场现状和发展变化的趋势，为市场预测和经营决策提供科学依据的过程。通俗一点说，市场调查就是了解和分析市场情况，认识市场的现状、历史和未来。

市场调研是问题导向的，所以首先需要提出问题，这也是后续市场调研的基础。在确定问题时，应充分考虑研究的目的、背景等相关信息。

市场调研的目标通常有三种，探索性调研（Exploratory Research）、描述性调研（Descriptive Research）和因果性调研（Causal Research）。探索性调研一般是在调研专题的内容与性质不太明确时，为确定调研方向和范围而进行的搜集初步资料的调查。描述性调研是指针对所面临的不同因素、不同方面的现状进行调查研究，着重于客观事实的静态描述。大多数市场调研属于这一种。因果性调研则是为了找出关联现象或变量之间的因果关系。

二、市场调研的目的和内容

市场调研一般包含市场需求调查、消费者调查、竞争对手调查和市场营销策略调查。

1. 市场需求调查

如果你要生产或经销某一种或某一系列产品或服务，应对这一产品的市场需求量进行调查。

比如你想开家甜品店，首先应调查一下市场对它有多少需求量，打算开店的周边有多少相同或类似的店铺，这些店铺的日均销售额是多少，品牌对市场的垄断情况等。

市场需求调查的另一个重要内容是市场需求趋势调查。了解市场对某种产品或服务项目的未来需求发展趋势，是需求前景广阔，还是逐渐被人们淘汰，需求萎缩。

特别要注意，有时某产品的购买者和使用者不一致，如对婴儿食品的调查，其调查对象应为孩子的母亲，但如果做批发业务，调查对象就应该是渠道商或零售店。

2. 消费者调查

例如购买某种产品（或服务项目）的消费者大都是些什么人（或社会团体、企业），他们一般在什么场景下会进行购买，并希望从中得到哪方面的满足和需求（如效用、心理满足、技术、价格、交货期、安全感等），现时的产品（或服务项目）为什么能够较好地满足他们某些方面的需要等。

如果顾客是个人消费者，应了解消费群体种类，即目标市场的大致年龄范围、性别、消费特点、消费标准、对某种产品和服务项目的需求程度、购买动机、购买心理、使用习惯。掌握这些信息，将为你有针对性地开展业务提供准备。

重点了解消费者的数量、特点及分布，明确你的目标顾客，分析他们的购买地点和购买行为模式，从中选择最佳销售和促销渠道。

如果是某类企业和单位的话，应了解这些单位的基本状况，如进货渠道、采购管理模式、联系电话、办公地址，某项业务负责人具体情况和授权范围，对某种产品和服务项目的需求程度、购买习惯和特征。

3. 竞争对手调查

也许已有人做相同或类似的业务，这些人就是你现实中的竞争对手。

也许你开展的业务是全新的，在你刚开始经营的时候，没有对手；一旦你的生意兴旺，马上就会有许多人学习你的业务，竞相加入，这些就是你的潜在对手。

了解竞争对手的情况，首先要了解竞争对手的数量与规模、分布与构成、竞争对手的优缺点及主要营销策略，做到心中有数，才能在激烈的市场竞争中占据有利位置，有的放矢地采取一些竞争策略。

4. 市场营销策略调查

重点调查了解目前市场上经营某种产品或开展某种服务项目方面竞争对手的促销手段、营销策略和销售方式主要有哪些。

如销售方式有哪些，批发还是零售，代销还是直销，专卖还是特许经营，对应的进货方式和批发流程，又如广告宣传方式和重点，价格策略，有哪些促销手段，有奖销售还是折扣销售，调查一下这些经营策略是否有效，有哪些缺点和不足。

三、常见的市场调研方法

1. 按照调查范围分

按调查范围不同，市场调研可分为市场普查、抽样调查和典型调查三种。

（1）市场普查。市场普查，即对市场进行一次性全面调查。这种调查量大、面广、费用高、周期长、难度大，但调查结果全面、真实、可靠。一般创业者做的一些创业项目，没有能力，也没有必要做这种大规模的市场普查。

（2）抽样调查。据此推断整个总体的状况。比如经销专门针对小学生的动漫精品店，可选择一两个学校的一两个班级的小学生进行调查，从而推断小学生群体对该种产品的市场需求情况。

（3）典型调查。典型调查，即从调查对象的总体中挑选一些典型个体进行调查。调查分析，据此推算出总体的一般情况。创业者最好是结合抽样调查和典型调查，通过抽样调查了解宏观特点，通过典型调查把握微观流程。

2. 按调查方式分

按调查方式分，市场调研可分为访问法、观察法和试销或试营法。

（1）访问法。访问法即事先拟定调查项目，通过面谈、信访、电话等方式向被调查者询问以获取所需要的调查资料。这种调查简单易行，有时也不一定很正规，在与人聊天闲谈时，就可以把你的调查内容穿插进去，在不知不觉中进行市场调研。

（2）观察法。观察法即调查人员亲临顾客购物现场，如商店和交易市场，或者亲临服务项目现场，如饭店内和客车上，直接观察和记录顾客的类别、购买动机和特点、消费方式和习惯、商家的价格与服务水平、经营策略和手段等，这样取得的一手资料更真实可靠。需要注意的是，你的调查行为不要被经营者发现。

（3）试销或试营法。此种方法即对拿不准的业务，可以通过试营业，或产品试销来对市场进行分析。

四、市场调研的步骤

市场调查必须根据一定的程序，按步骤循序渐进，每一步要认真落实，才能保证调查质量。不同类型的市场调查，虽然程序不尽相同，但从基本方面分析，大致都要经过以下步骤，即调查准备、调查设计、资料收集、资料处理与调查反馈五个阶段。

1. 调查准备阶段

调查准备阶段的工作对进入实质性的调查具有重要意义，提出问题是这个阶段的开始。由企业提出的问题，虽然比较明确，但不一定具体，只是一个带有方向性的问题。一般情况下，这类问题主要涉及以下几个方面。

（1）企业未来的发展方向。企业的进一步发展需要更深层次地了解市场规模和结构，如有关新产品的开发问题，这种产品的需求量、市场潜力和发展前景等情况决定了企业对新产品开发的投资规模，同样也影响企业未来的投资方向。这时，为了减少投资失误，开展市场调查显得尤为重要。

（2）生产经营中出现的困难。在企业的生产经营过程中，会出现这样或那样的困难，如销售出现困难导致产品积压、资金呆滞、市场占有率下降等，需要找出产生问题的原因和解决问题的方法，这时，必然离不开市场调查。

（3）有关竞争对手。为了保住和扩大市场，就必须与对手进行竞争，也就必须了解竞争对手的各种情况。通过对市场上各种竞争力量的对比与分析，寻找市场缝隙，找出竞争对手的弱点，抓住时机，从而在竞争中取胜。

调查前的准备，主要包括以下两个方面的内容。

（1）提出调查问题。提出问题是调查过程中最重要也是较困难的任务。如果市场调查人员对销售决策的问题理解不清或对问题产生的后果没有充分的准备，就会出现难以指导调查进行的情况。在很多情况下，企业针对出现的或要解决的问题，只是提出一个大致的调查范围或意图，因而对于市场调查机构来说，需要根据调查范围来确定调查的主题。如果企业提出销售不畅的问题，调查范围有了，就要首先针对影响销售的诸多因素进行调查，是渠道选择不当，还是质量有问题；是产品设计上的问题，还是产品包装上的不适宜等。初步调查后如果发现是渠道不畅的原因，则要把下一步的调查重点放在渠道的选择上，也就是在关键问题上下功夫，这样才能提出实质性的意见和建议。

（2）确定调查主题。在调查准备阶段，对调查主题的确定需先弄清这样几个问题：为什么要调查？调查中想了解什么？调查结果有什么样的用处？谁想知道调查的结果？还必须围绕选定的主题进行一些初步的探索性调查研究。初步调查的主要目的，不是直接回答调查主题所要解决的问题，而是为确定调查主题寻找方向，为设计调查方案提供可靠的客观依据。还必须围绕选定的主题进行一些初步的探索性调查研究。初步调查的主要目的，不是直接回答调查主题所要解决的问题，而是为确定调查主题寻找方向，为设计调查方案提供可靠的客观依据。

2. 调查设计阶段

调查活动是一个完整的过程，也是一个集体配合的工作过程。由于牵涉大量数据资料的收集、整理、分析以及调查人员与各方面有关人士的接触，因此，为了保证调查活动有条不紊地进行，需要制订调查计划，对调查的内容及安排做出明确而详尽的规定，以此来指导整个调查活动的进行。市场调查的计划性是通过调查方案具体表现出来的。调查方案是整个调查工作的行动纲领，它的作用是保证调查工作顺利进行。设计调查方案就是对调查的内容进行全面规划。

（1）市场调查项目提案书。通常的做法是，在正式市场调查方案出台之前，先要提出一个调查提纲，也就是调查项目提案书。如果企业进行市场调查是采用招标的方式来选择专业市场调查机构，则调查项目提案书就称为项目申报书。一旦专业市场调查机构被确定承担此项调查任务，则调查项目提案书就称为调查建议书。一般情况下，市场调查项目提案书的主要内容包括：

调查背景：主要描述本次调查的基本背景情况。

调查目的：主要描述本次调查所要达到的目标，并列出所要解决的主要问题、可能采取的主要行动等。

调查要点：主要是本次调查的基本内容、目的及其对策的意义，调查对象及抽样方法，所需要的时间和经费等的初步估计。

其他有关事项：主要是参与调查的人员和部门、工作分工和项目管理的有关事项。

（2）市场调查正式方案。市场调查正式方案，也就是市场调查的总体方案，一般包括以下主要内容。

①设计调查的项目。科学地设计调查项目是取得有价值的市场数据资料的前提和基础。调查项目是指调查过程中所要取得的调查对象的类别、状态、规模、水平、速度等数据资料的各个方面，包括定性分析资料与定量分析资料。各种数据资料中，定类数据是定量分析的前提，是应用其他数据的基础。定序、定距、定比数据则能使调查结果更科学、更客观。因此，在设计调查项目时，必须坚持科学性、完整性、准确性，注意各种项目的综合应用，用相互联系的体系来反映和研究复杂的市场现象。

②设计调查的工具。在设计调查项目之后，必须进一步具体设计反映这些项目的调查工具。调查工具是指调查指标的物质载体，如调查提纲、调查表、调查卡片、调查问卷等。所有的调查项目最后都必须通过调查工具表现出来。设计调查工具时，必须考虑到调查项目的多少、市场调查人员和被调查者的方便、对数据资料进行整理分析时的需要等。只有科学地设计调查工具，才能使调查过程顺利进行，使调查结果让委托方满意。

③确定调查的空间。调查空间是指调查在什么地区进行，在多大的范围进行。调查空间的选择要有利于达到调查目的，有利于数据资料收集工作的进行，有利于节省人力、财力和物力。

④确定调查的时间。调查时间是指调查在什么时间进行，需用多少时间完成。调查是一项时效性很强的工作，调查时间的确定，必须着眼于对现时市场实际情况的了解，并以此为标准，找到最佳的调查时间。调查时间的长短与调查的方法和规模有关，必须根据具体的调查内容和方法，确定调查的起止时间和跨度。

⑤确定调查的对象。调查对象有两层含义：广义的调查对象，又称调查总体，是指通过调查要了解、研究的人群总体；狭义的调查对象，是指在调查中具体接触的被调查者。确定

调查对象，具体来说，就是设计和安排调查对象的选择方法和数量，它决定着调查的范围大小，牵涉调查目的、调查方法、调查空间、调查时间等各方面因素。

⑥确定调查的方法。确定调查的方法既包括选择适当的组织调查方式和收集数据资料的方法，也包括整理和分析研究市场信息的方法。调查方法的选择取决于调查的目的、内容以及一定时间、地点、条件下市场的客观实际状况。确定市场调查的方法，关键是要解决两个基本问题：一是抽样问题，二是数据资料收集方法问题。在实际调查中，由于采用了不同的调查方法，调查结果也会有所不同，甚至产生较大的差异。因此，调查者必须认真地比较，选择最合适、最有效的方法，做到既节省调查费用，又能满足调查目的。

⑦落实调查经费。调查方案要计算调查经费的数量，并落实其出处。这是调查顺利进行的基础和条件，也是设计调查方案时不容忽视的内容。调查费用因调查目标的不同而有很大差异，消费者调查、产品调查、渠道调查或促销调查等费用支出都不一样。此外，调查方式、规模、时间、项目的多少也直接影响费用的支出。

⑧组建调查人员队伍。实施调查方案，必须要有一支训练有素的调查人员队伍，为此必须做好调查人员的选择、培训和组织工作。需要注意的是，调查一般是由若干人组成的调查队伍来完成，所以在考虑调查人员个人素质的同时，还要特别注意调查队伍的整体结构，要从职能结构、知识结构、能力结构，及年龄、性别结构等方面，对调查人员队伍进行合理安排，使之成为一支精干的、能顺利完成调查各阶段工作的队伍。

⑨撰写调查方案。市场调查方案应以书面的形式出现，既供客户审议、检查，也作为调查执行实施的依据。一份完整的调查方案一般包括以下几个部分：

引言：引言简要地介绍该项调查的缘由、背景以及要解决的问题。

正文：具体又包括调查目的、调查项目、调查方法、成果形式、调查进度表、调查费用等。

附言：提交必要的附录，如问卷样张、调查计划表等。

3. 资料收集阶段

这个阶段是调查的主体部分，可以看作是调查计划的真正实施阶段，即实质性的调查阶段。这一阶段涉及的内容较多。收集资料阶段的主要任务是：采取各种调查方法，按照调查方案的要求，收集与市场有关的数据资料。

4. 资料处理阶段

调查阶段取得的数据资料必须准确、全面，但这只是一个基础，市场调查的水平与质量在很大程度上还要依赖于对资料的处理。资料处理阶段的主要任务是分析整理资料和撰写调查报告。市场调查分析报告的初稿完成后，需要征求委托单位的经理或有关负责人的意见；采用的方式既可以是面交委托单位审阅，然后听取意见，也可以采用召开讨论会的形式。在听取了委托方的意见并对调查报告做进一步的修改和补充后就可以定稿，呈交给委托单位。

5. 调查反馈阶段

调查前及调查中甚至在调查报告呈交后，主持市场调查的机构应当经常保持与具体进行调查的部门或调查人员的沟通，以保证调查内容的针对性。调查报告的呈交，说明调查工作就此告一段落。但是，为了更好地履行调查工作的职责，还应进行追踪调查。

以上对市场调查五个阶段的划分是相对的，不是绝对的，阶段与阶段之间并非泾渭分明，它们相互联系，有机地构成了市场调查的完整过程。

任务二 选择商业模式

一、商业模式的定义

商业模式的定义多达几十种，但大致上可以分为经济类、运营类、战略类和整合类四个方面。根据学者对商业模式的定义，可以发现：经济类定义，主要从价值活动的基本逻辑层面来思考，认为商业模式是企业创造价值和捕获价值的基本逻辑和方式；运营类则大体上是从企业运营的视角来考虑商业模式，认为商业模式就是有效地合理配置企业内外部资源进而增进企业绩效的有效方式；战略类则从战略角度来考虑，主要是从战略层面、竞争优势、核心能力和知识等方面来考虑，强调外部环境和竞争因素的影响以及资源配置可持续性等；整合类主要是系统地从企业内外部出发，综合各个维度系统地考虑企业收益实现的可能。综合以上商业模式定义及其内涵的成果，我们认为，商业模式至少包括四个层面的含义：

（1）价值的源头就是客户需求，具备价值创造功能和增值。

（2）商业模式具有资源配置的作用，以实现价值和盈利为导向。

（3）商业模式能匹配企业总体战略，具有可持续性和稳定性。

（4）商业模式是一个体系结构，是对市场的回应方式，与顾客、内部资源、其他伙伴和外部环境四个方面息息相关。

二、商业模式的本质

1. 价值主张

价值主张即公司通过其产品和服务向消费者提供的价值。企业的价值主张对外是一种对客户宣称的诉求，对内则是对企业业务的一种定义。企业要将自己的核心价值观有效地传达给消费者，需要确立一个价值主张，企业的一切传播和营销活动必须围绕价值主张来进行。在目前产品同质化日趋严重的今天，确立价值主张的关键在于寻找不同于甚至优于同类产品的利益点。

2. 目标客户

精准的目标客户定位，要求我们能够给客户画“素描”。当你有了一幅清晰的“素描”图像后，就可以低成本、快速、精准地找到目标客户。“素描”越准确，收入扩张速度越快，风险越小，成本越低。

3. 渠道通路

渠道通路是公司产品走向客户的路径，包括分销和零售等。渠道通路有以下功能：提升公司产品和服务在客户中的认知；帮助客户评估公司价值主张；协助客户购买特定产品和服务；向客户传递价值主张；提供售后客户支持。

4. 盈利模式

盈利模式是管理学的重要研究对象之一。盈利模式是指按照利益相关者划分的企业的收入结构、成本结构以及相应的目标利润。盈利模式是对企业经营要素进行价值识别和管理，在经营要素中找到盈利机会，即探求企业利润来源、生产过程以及产出方式的系统方法。还有观点认为，它是企业通过自身以及相关利益者资源的整合而形成的一种实现价值创造、价值获取、利益分配的组织机制及商业架构。在模式设计中，我们要对企业的盈利来源按照不同的阶段、不同的产品线、不同的方式进行布局，以长期可持续地获取高额利润。

5. 有效的融资

融资模式的打造对企业有着特殊的意义，尤其是对我国广大的中小企业来说更是如此。众所周知，企业生存需要资金，企业发展需要资金，企业快速成长更是需要资金，资金已经成为所有企业发展中绕不过的障碍和很难突破的瓶颈，谁能解决资金问题，谁就赢得了企业发展的先机，也就掌握了市场的主动权。商业模式的设计很重要的一环就是要考虑融资模式，甚至可以说，能够融到资并能用对地方的商业模式就已经是成功一半的商业模式了。

6. 高效率的组织管理

高效率是每个企业管理者都梦寐以求的境界，也是企业管理模式追求的最高目标。按现代管理学理论来看，一个企业要想高效率运行，首先要解决的是企业的愿景、使命和核心价值，这是企业生存、成长的动力，也是员工干好的理由。其次是要有一套科学的实用的运营和管理系统，解决系统协同、计划、组织和约束问题，最后还要有科学的奖励激励方案，解决如何让员工分享企业的成长果实的问题，也就是向心力的问题。好的商业模式能帮助解决这三个主要问题，从而保障组织管理的高效运行。

7. 风险控制

设计好的商业模式，能够抵御和规避企业在经营过程中遇到的风险，否则就不是一个好的商业模式。包括两个方面的风险：一是系统外的风险，如政策、法律和行业风险；二是系统内的风险，如产品的变化、人员的变更、资金的不继等。

三、商业模式的形成方式

商业模式是关系企业生死存亡、兴衰成败的大事。企业要想获得成功就必须从制定适合该企业的商业模式开始，新创企业的成立也这样。商业模式的形成是由价值主张、价值网络和价值实现等要素之间的不同组合方式生成的。商业模式的形成有以下几种常见方式。

1. 盈利模式

盈利模式是企业在市场竞争中逐步形成的企业特有的、赖以盈利的商务结构和与之相对应的业务结构。企业按照利益相关者划分的企业的收入结构、成本结构以及相应的目标利润，就是企业的盈利模式。

企业商业模式的设计就是围绕着使企业形成核心竞争力来展开的。具有独特核心竞争力优势的商业模式肯定是一个能使客户实现价值、使企业盈利的商业模式，也一定是能使企业走向成功的商业模式。持续盈利是商业模式的重要原则。如何持续盈利，通过怎样的渠道和模式盈利，就需要初创企业认真研究，其要好好琢磨到底怎么才能赚到钱。

初创企业在设计自己的盈利模式时，要注意分清自发的盈利模式和自觉的盈利模式。自发的盈利模式是指在企业创建初期，其盈利模式具有隐蔽性、模糊性、缺乏灵活性的特点，企业对如何盈利、未来能否持续盈利缺乏清醒的认识，盈利模式不明确也不清晰；而自觉的盈利模式，是企业通过对盈利实践的总结，对盈利模式加以自觉调整和设计而成的，它具有清晰性、针对性、相对稳定性、环境适应性和灵活性的特征。

在市场竞争的初期和企业成长的不成熟阶段，企业的盈利模式多是自发的。但是随着市场竞争的加剧和企业的不断成熟，企业开始重视对市场竞争和自身盈利模式的研究，逐步建立了自觉的盈利模式。因此初创企业一定要结合企业自身的实际，建立属于自己的盈利模式。

2. 标准模式

商业模式中的标准模式就是在企业发展过程中琢磨规则、创造规则的过程。标准模式的应用可以降低成本、减少变化、累积技术，同时它具有便利性，并能够明确责任。

当然，并不是每个企业都要适用标准化的商业模式。企业设计商业模式的时候，在借鉴优秀商业模式的同时，也要结合自身的情况。

3. 创新模式

商业模式的创新可以改变整个行业格局，让价值数十亿美元的市场重新洗牌。这种创新由来已久，无论是沃尔玛、百思买，还是西南航空和亚马逊，都是商业模式创新造就成功的典范。创新模式也成为众多企业在设计商业模式时必然的考虑。

4. 虚拟模式

虚拟模式是一种在企业资源有限的条件下，利用大型企业的资源来发展自己。小型企业既然没有希望与行业龙头企业竞争，那就干脆参加进去，成为行业龙头企业生产经营集团中的一员。这样一来，由于大型企业集团的生产经营相对比较稳定，因此，小型企业就有相对比较稳定的生产经营环境，并且能够随着大型企业集团的发展而发展。

5. 竞合模式

观察过蚂蚁和蚜虫活动的人都知道，蚂蚁和蚜虫之间就是一种相互依赖、谁也离不开谁的“共养关系”。冬天，蚂蚁把蚜虫的卵保持在地下自己的窝里，让蚜虫安全越冬；夏天，蚂蚁又把蚜虫从地下搬到植物上，让蚜虫能够吃到植物的叶子；当植物渐渐枯死时，蚂蚁又会把蚜虫转移到另一株健康的植物上；当蚜虫的天敌瓢虫来攻击时，蚂蚁极力保护蚜虫，使之不受侵害。作为对蚂蚁“放养”的回报，蚜虫的身体后部会分泌出一种糖液，为蚂蚁生存提供食物来源。当蚂蚁想获取糖液时，它们会用触角触摸蚜虫的腹部，蚜虫会立即从身体末端排出糖液。

蚂蚁和蚜虫这种相互依存的共养关系给企业经营者带来的启发是：企业要做大做强，必须相互配合、相互促进、相互补充，共同实现利润。

市场不是孤岛，企业只有与其他企业相互配合，各尽所能，才能实现共赢，在共同发展中实现超速增长，任何一方有难，都将造成一荣俱荣、一损俱损的局面，这就是商场上的生态互补模式。一个企业要做大做强，必须相互配合、相互促进、相互补充，在大家都有钱赚的基础上，让自己赚得更多。

6. 混业模式

随着市场经济的发展和人们多样化的需求，建立在不同行业基础上的混业模式正逐渐成为初创企业设计商业模式的一个重要选择。对于创业者来说，尝试将不同的行业杂交融合，让客户获得更好的价值体验，满足不同的市场需求，也是一个让企业快速成长的好办法。

商业模式有很多种，企业要根据自己的实际选择适合自己的并能够带来成功的商业模式。合适的商业模式是企业安身立命、健康成长的根本。要想让自己的企业成为常青树，就必须注重商业模式，并且保证在发展的每一个阶段，都有最适合的商业模式。

案例

小米模式的本质

供应链、生态链两个齿轮的咬合度，决定了小米速度。

随着小米香港上市招股书的披露，越来越多的企业关注小米，重点多是小米上市的估值、雷军的身价，或者对小米历轮融资和回报进行分析。

小米是中国互联网发展史上的奇迹，累计融资约20亿美元，不到10年创造出了千亿元销售的企业；而近年来独角兽频出，融资数十亿元而收入寥寥的企业比比皆是。小米和雷军虽然有融资能力，却没有滥用。因此，小米的成败代表着中国互联网的成败，小米是中国互联网行业的锚，小米临近上市，成功的故事开始了一半，其商业模式也足够可以写入教科书。抛开关于估值、可转债、小米金融等扑朔迷离的数字，让我们还原小米的真实现金流，仔细看一下小米的模式。

在小米披露的招股书中，小米2017年年收入1146亿元，非国际财务报告准则口径（主要是调整了历轮融资的可转债、股权支付等非业务支出）净利润53.6亿元，净利润率4.7%，从现金流量表来看，小米的现金流似乎并不乐观，经营活动净流出10亿元，投资流出26.8亿元，而经营活动和投资活动的现金主要靠融资活动所得的62.1亿元现金弥补，因此年度尚有结余。

这样看来，小米很像一个典型的中国独角兽，靠融资支撑着业务发展。小米的确在2014年进行了最后一轮F轮的融资，融资金额达1亿美元，最后一笔交割一直延续到2017年。不过，2017年小米通过股权融资获得的现金不到1亿元。2017年小米的融资活动得到的现金主要来自银行融资借款，总额为112亿元，但是，这并不是用来支持小米运营所用的现金流。根据小米招股书的披露，2017年112亿元的融资借款主要是为互联网金融业务提供资金。互联网金融业务主要是小米金融。这一业务小米已经做好了单独的构架，并且在招股书中披露了分拆的可能方案，未来大概率类似京东金融一样独立于小米集团之外。同时，仔细分析小米的经营活动现金流也可以发现，一个主要消耗掉小米运营现金流的项目是应收贷款及利息，同样，这是小米金融的贷款业务向贷款用户放款导致。

小米有良好的造血功能，经营活动正向现金流为58.7亿元，能够支持公司的对外项目投资和资本开支（2017年资本开支为12.2亿元，包含在投资活动现金流内）。也就是说，小米主营业务的自由现金流良好。

对小米良好现金流的解读，大多数人会联想到小米的饥饿营销。的确，小米创立初期，开创了产品预售的先河，用粉丝效应打造出了小米品牌。回顾历史，小米早期预售10万台手机，能做到在数分钟内销售一空。从财报上来看，2017年12月31日小米账面上客户的预付款高达34亿元，按照当年小米存货周转天数45天计算，小米一年周转约8次，对应1146亿元销售大约是140亿/次，这意味着24%左右的货款是预付款，由“米粉”这样的粉丝垫付。

但是饥饿营销只是手段，撑不起千亿的销售体系。小米真正核心的能力是对其供应链的管理能力。截至2017年年底财务数据显示，对应2017年1146亿元销售额的是163亿元的存货，55亿元的应收账款和高达340亿元的贸易应付款。这些数据直观反映出小米有效利用了供应商的账期，对冲生产规模扩大所需的资金。从小米披露的现金循环周期来看，小米在历史上一直是有效利用了供应商的账期优势。虽然在出海销售的过程中，海外市场如印度对资金的占用会多一些，但不影响小米的现金循环周期为负，也就是利用供应链的账期差异来实现规模的扩张。小米的销售额从2016年的684亿元增长到2017年的1146亿元，贸易应付账款增加了接近160亿元，平均账期95天。相比之下，小米在2016年和2017年自身的资本支出仅为18亿元和12亿元，而且，从过往3年的现金循环周期天数逐年增加的趋势来看，小米对供应链资金的利用能力还在增强。

能驾驭“低价—高产—高销”这一循环逻辑的企业并不多，因为这对供应链有极高的要求，手机厂商尤是。芯片核心技术在高通，屏幕核心技术在三星，其他的环节都有重量级的企业，手机厂家竞争激烈且利润微薄，并没有多少议价能力。2016年小米遭遇了供应链危机，雷军不得不把原联合创始人周光平博士调离，推上有供应链管理经验、原负责小米移动电源的张峰，并亲自挂帅负责供应链，前后四次到访三星，稳定屏幕的供给。经过一年多的动荡，2017年小米销量恢复，创出新高。根据小米官方的披露，小米的供应链覆盖了手机行业的核心企业，很多是细分领域的龙头公司、上市公司，在考虑利润之外对销售规模、市场份额也非常看重，能够配合小米保质保量、长线发展的诉求。2017年小米的供应商大会，主题就叫作“同舟共赢”。

2016年小米手机销量下滑的时候，除了暴露出供应链的问题之外，公司也意识到线下渠道的重要性。小米主打的性价比策略，单靠手机的利润并不能支持线下的经营成本。而这时小米的生态链产品也在蓬勃发展，从移动电源、耳机、手环等手机周边到空气净化器、投影仪等应有尽有，这无疑是小米打开线下渠道的利器。

根据小米招股书的披露，小米整个生态链体系有90多家硬件公司，出产1600个SKU的产品。这足以撑起一个数百平方米的门店，让用户停留足够长的时间。除了购买相对低频的产品如手机和智能电视等，还可以选购手环、充电宝、平衡车、电动牙刷、扫地机器人、无人机等多种硬件。据小米之家官方披露的数据，目前进店下单的顾客，单人平均成交产品数为2.6个。

此外，2017年年初小米公司从上海证券交易所获得了发行100亿元供应链金融ABS产品的许可，能够更好地从资金上支持生态链上的公司。因此，对于国内的硬件初创公司来说，获得小米的青睐，就意味着获得了产品以外的所有支持，线上线下的销售渠道、召回部分供应商、技术和资金。

生产手环的华米是成立刚满4年的企业，主要产品是小米手环，2017年销售额为20亿元人民币，其中小米的产品占了16亿元。华米成立以来就保持了销量50%的增速，2015年估值超过10亿美元成为独角兽，并且被评为“2015年福布斯中国成长最快科技公司”，2018年2月登陆了纽交所。生态链对小米同样有积极的作用，仅销售而言，2017年小米生态链的销售达到了200亿元。除了丰富小米之家的产品选择，生态链的产品对小米的利润有直接的贡献。

以生产空气净化器的智米为例，根据招股书中小米和智米的框架协议，双方约定采购价为成本加不超过2%的利润乘数，然后再根据利润分成。小米TOT板块的毛利率2017年为8.3%，2017年小米从智米采购加上利润分成的金额为19亿元人民币，公开资料中未披露小米和智米的分成比例，假设该比例为5∶5，那小米从销售智米得到的利润大约在8000万元人民币。

此外，在供应链环节，小米也对生态链企业卡得略紧。2017年小米采购了关联企业133亿元的产品和服务，假设主要为生态链企业的产品，关联方的贸易应收款年底余额仅为1.6亿元，换算成应收账款周期天数仅有4天。小米生态链和小米之家的创始人都是刘德，他是小米的联合创始人之一，曾经是北京科技大学工业设计系系主任，是国内工业设计行业的专家。刘德在小米负责过前100万台手机的供应链工作，并不得心应手，反而在供应链的反面，生态链的位置，找到了小米的商业价值。

资料来源：《21世纪商业评论》2018年06期

任务三　商业模式与商业战略

一、商业模式与商业战略的概念比较

1. 两者内涵上的本质差异

在商业战略研究领域，有通过把商业战略细分为若干要素来界定商业战略概念内涵的传统。例如，早期著名学者Ansoff（1965）提出了战略四要素，即产品市场范围、成长向量、竞争优势、协同作用；Saloner等（2004）以及Carpenter和Sanders（2009）也把逻辑（或经济逻辑）作为战略的一个构成要素。

Porter（2001）在论述互联网时代的战略时明确提出了商业战略定位的六项基本要素，准确地界定了经营战略（business strategy）的基本内涵。他认为：经营战略包括正确的目标、价值主张、价值链、有所取舍、战略要素之间的匹配以及战略方向的持续性等，而商业模式则是价值主张、经营系统和盈利模式三要素。可见，两者都包括价值主张和经营系统（或价值链），都强调企业不同决策应该有所取舍并且彼此匹配，都关注企业的成功之道。商业模式作为企业经营的基本架构，与商业战略一样具有稳定性和持续性的内在要求。

由上可见，战略和商业模式是两个构成要素非常相似的概念，两者的主要区别在于：

①战略往往需要确定目标，但目标很少作为要素出现在商业模式中。

②盈利模式是商业模式概念的一个要素，而在商业战略概念中只是经营系统的一部分（如价值链中的定价、成本和收入管理等职能）。

在信息技术的普及引发价值创造与获取方式剧变的今天，企业当然应该重视盈利模式这个要素。尤其是对于电子商务企业来说，选择什么样的盈利模式往往是关乎其命运的重大问题。因此，商业战略和商业模式在这方面的差别也反映了商业模式概念所承载的时代特征。

2. 两者类型层面的功用差异

把商业模式或商业战略分为不同的类别，目的在于强调企业行动策略的可选择性。在现有文献中，商业模式类别（子模式）研究为数众多，相比而言，战略分类研究则是为数不多的、经典的分类，如Porter（1985）的三大基本竞争战略（成本领先、差异化、集中化）、Miles和Snow（1978）的四种战略类型（探索型、分析型、防御型和反应型）以及Mintzberg（1988）对Porter（1985）三大基本竞争战略的拓展（把差异化战略细分为形象差异化、设计差异化、质量差异化、支持差异化和无差异五类）。除此之外，战略研究文献中还出现过价格与非价格竞争战略以及大、中、小企业战略等类型。相比之下，商业模式类型研究更加丰富多样，特别是互联网企业的新实践引发了更多的子模式研究，如关于电子商务商业模式的研究，很多商业模式很难按照以上战略类别来归类。正如Baden-Fuller和Morgan（2010）所指出的那样，商业模式分类是获取商业模式科学知识的一个重要途径，有助于更好地认识和理解复杂多样的商业现象。因此商业模式类型研究对战略分类研究是一种有益的补充和拓展，这也是体现商业模式研究价值的一个重要方面。

总之，从内涵的角度看，商业模式和商业战略都要涉及诸多彼此相关、必须权衡取舍的重要选择（如有关价值主张、价值链等的选择）。而且，相关选择一经做出并付诸实施，就具有较强的稳定性和持续性。商业战略与商业模式的区别在于：商业战略一般始于确定目标，而商业模式则很少涉及目标确定问题，但却非常关注作为价值获取方式的盈利模式。总体而言，商业战略的内涵要大于商业模式的，而商业模式概念有自己的侧重点。

二、商业模式和商业战略的联系和区别

基于时间维度，就能够更好地展现商业模式与商业战略之间的区别和联系。首先，从事前的角度看，企业要想实现自身的发展或业务发展，就必须选择合适的商业模式（Zott和Amit，2010），而商业战略要解决的就是通过评估不同的商业模式设计方案来确定适合企业的商业模式。其次，进入实施阶段以后，环境变化导致商业战略计划中原有的部分要素失去作用，企业在探索中实现了商业模式的渐进式演化，在最终的商业战略中实施是经过调整的商业模式。

在一篇专门论述战略与商业模式关系的文献中，Casadesus、Masanell和Ricart（2010）明确指出，商业战略要对商业模式进行选择，而商业模式反映的是已经付诸实施的商业战略。在有多种商业模式可供选择的情况下，企业的商业战略与商业模式是不同的：商业战略的价值是对商业模式做出选择和灵活配置，而在没有选择的情况下，两者就很难区分彼此。

他们的观点得到了部分研究者的支持。譬如，Yip（2004）认为：商业模式反映的是企业静态的战略定位；而商业战略从本质上讲是动态的，是对商业模式的变革。由此可见，商业模式和商业战略之间的关系是：商业战略是对商业模式的变革（可理解为选择新的商业模式），而商业模式是战略变革的结果（实施新的定位）。Shafer等（2005）也指出，商业战略和商业模式都与选择有关，商业模式反映相关选择及其运作的含义，并且可以通过分析、检验和确证商业战略选择方面的因果关系来帮助企业做出最终的战略决策。Shafer等以通用汽车公司On Star项目为例说明了两者之间的关系：商业战略要对不同的商业模式进行选择，而商业模式为测试和比较不同的设计方案提供脚本。

考虑到商业战略与商业模式在应用方面的时间维度，从商业战略“5P”（Mintzberg，1987）的视角进行更深入的观察，就能更全面地厘清商业战略与商业模式之间的关系，如表4-1所示。

表 4-1　基于商业战略“5P”视角的战略与商业模式关系分析

商业战略“5P”	商业战略“时间”	商业战略与商业模式之间的关系
计划	事前	战略对商业模式进行选择
定位	事前	战略对商业模式进行选择
模式	事后	战略是对以往行为模式或经营特征的总结，内涵与商业模式的一致
策略	事前、事中	战略包括时机、策略性行为、竞争互动等商业模式未包含的因素
观念	事前、事中、事后	战略与商业模式都是企业经营理念的实践，两者内涵一致

综上所述，首先，从事前的角度看，商业战略是对商业模式的选择。不同的商业模式反映不同的经营逻辑，商业战略通过评估不同的备选商业模式来决定具体采用哪种。因此商业模式一方面应该能够抽象出企业的核心经营理念，并确保成功的经营理念在逻辑上讲得通；另一方面又能够为测试不同经营理念提供多种参数试验的可能性。正是从这个意义上讲，商业模式可以被视为战略工具，为企业做出适当的商业战略决策提供有益的支持。

其次，商业战略不只是商业模式的选择，而且更加具有权变性。随着商业模式的实施，商业战略应该根据商业模式的实施情况决定是否对商业模式进行调整或者创新，以便后者更好地适应竞争需要。

最后，从事后看，商业模式反映的是企业已经付诸实施的商业战略，即企业在某一时点上可观察到的商业模式形态，因此，商业模式实际上是企业以往经营行为的表现。就此而言，商业模式往往可以被抽象为若干经营特征，既可供其他企业效仿，又能作为本企业判断是否应该进行调整或创新的依据。

三、设计商业模式的思路和方法

商业模式是企业的立命之本，对企业非常重要。任何一个企业和商业项目在创立之初，最需要费功夫琢磨和研究的就是商业模式，那么，一个商业模式设计的总体要求是什么呢?

优秀的商业模式在经济上一定有回报。一个优秀的商业模式既不是一蹴而就的，在实践中也不是一成不变的。随着实践中企业发展的过程变化，商业模式要不断地得到修正、完善。而且一个已经十分完美、成熟的商业模式也许会随着产业环境和竞争态势发生的变化而显得不再适应，因此需要进行新的设计和调整，但是优秀的商业模式在经济上一定是会有回报的。

持续盈利的商业模式才能长久。每个企业都是一个复杂的个体，所处的商业环境不同，客户定位不同，产品与服务的选择不同，拥有的资源不同，对资源的安排不同。所以，如何实现可持续盈利的问题就变得很重要。

商业模式必须有自己的特色。做商业一定要有套路，有属于自己的独特模式。这种模式不是永恒不变的，企业应当不断地思考自己客户的真实需求，真实的焦虑、真实的困惑。企业只有不断适应商业环境的演变，才可能不断地更新商业模式，持续地进行商业模式的创新。这样的企业可能会比那些不知道商业模式也不知道商业模式需不需要持续更新的企业有更多的优势。

商业模式不能简单抄袭。对商业模式的抄袭表面上来看最省劲，但简单抄袭肯定不行，真正学到精髓的才可能生存。创业者最容易犯的错误，就是在商业模式上盲目模仿大公司。一个被描述得再漂亮再完美的模式，被很多流行词汇堆砌起来的理念，如果只是从其他地方简单拷贝过来，在实际运营的时候会遇到很多本地化的挑战。而如果这个模式不是创业者的原创，那么创业者就对其缺乏深入的了解，怎么可能把它运作成功呢？

1. 商业模式设计的思路

商业模式设计的思路应该遵循五个方面的核心要求：以价值创新为灵魂，以占领客户为中心，以经济联盟为载体，以应变能力为关键，以信息网络为平台。

（1）以价值创新为灵魂。商业模式的灵魂在于价值创新。企业经营的核心是市场价值的实现，企业必须借助商业模式进行价值创造、价值营销和价值提供，从而实现企业价值最大化。商业模式应该回答一系列的问题：向什么顾客提供价值？向顾客提供什么样的价值？怎么样为顾客提供价值？所谓轻资产经营，是在资源有限的基础上科学配置各种资源，以最少投入的商业模式实现企业价值最大化。

①注重虚拟（轻）资产经营。这要求把有效率的知识型员工组合成高绩效的工作小组，整合顾客与供应商等企业资源，利用网络技术进行有效的沟通和协调，提供有价值的生产和服务。轻资产经营的行为主体是企业价值链上的所有利益共同体，它包括企业的供应商、企业的客户等。轻资产经营不仅要有战略规划、流程优化，更重要的是要有一种与轻资产经营相适应的企业文化，用相应的激励措施保证轻资产经营创造最大的价值。

②加强企业市值管理。必须尊重价值规律，做好股票价格与价值的有效匹配。影响股票价格的有两大因素：一是内因，即股票的内在价值；二是外因，即市场对股票内在价值的发现和认同。

③构造企业价值网。随着竞争的不断加剧、企业联盟的建立和发展，今后的竞争不再是企业之间的竞争，也不是单一线性价值链之间的竞争。企业正从独立创造价值走向合作创造价值，多条价值链构造了企业价值网。在价值网中，企业可将众多的合作商连在一起，通过有效的资源整合，构建快速、可靠、便利的系统，以适应不断变化的市场环境。

④为广义的客户创造价值，包括顾客价值、股东价值、员工价值、社会价值等。顾客价值指企业能够为顾客提供一流的产品和服务，努力为顾客创造价值。股东价值指企业能够为股东提供持续、稳定、高水平的价值回报。员工价值指企业能够为员工创造良好的成长和发展空间，让员工与企业共同发展。社会价值指企业能够努力回报社会，为社会发展做出积极贡献。

（2）以占领客户为中心。商业模式设计必须以客户为中心，由企业本位转向客户本位，由占领市场转向占领客户，为客户创造价值。企业应从消费者的角度出发，认真考虑顾客所期望获得的利益，只有把竞争的视角深入为用户创造价值的层面，才能进入游刃有余的竞争空间，其具体要做到：精心研究客户需求，实施大客户管理，实施客户互动管理，创造新的附加值、文化附加值、服务附加值、附件附加值等。

（3）以经济联盟为载体。当今科技高速发展，产品日益复杂化，无论企业实力多么雄厚，其单独控制所有产品和所有技术的时代已一去不复返。而传统的价值链中可挖掘的潜力已越来越少，向组织内部寻找有效地提高生产力的来源也越来越难。因此，企业应以经济联盟为载体，发挥资源整合效应，具体要做到强化供应链管理、打造企业核心竞争力、外包非核心业务等。

（4）以应变能力为关键。如果说商业模式决定了企业的成败，应变能力则是商业模式成败的关键。应变能力是企业面对复杂多变市场的适应能力和应变策略，是竞争力的基础。因此，商业模式设计的理念是时间是第一成本、随需而变、个性化定制等。

（5）以信息网络为平台。随着互联网的迅速崛起，全球经济网络化、数字化已成为时代主旋律，网络经济正以经济全球化为背景，以现代信息技术为手段，深刻地影响着人类的经济和社会的发展。新的商业模式必须重视信息网络的力量，脱离信息网络平台，企业将无竞争力可言。其具体要求如下：①构造虚拟经济的竞争力。比如以“虚拟+现实”的商业模式，在网络时代首次实现了“真实生活”与“虚拟生活”的对接；②加快企业商务电子化。传统企业管理只有与信息技术有机融合，通过企业商务电子化，强化物流、资金流、人员流及信息流的集成管理，推动企业全面的管理变革，才能不断提高运行效率和应变速度，为企业的发展带来新的增长空间；③推动流程再造。信息技术的飞速发展，从根本上改变了组织收集、处理、利用信息的方式，从而推动了组织形式的巨大变革。

2. 商业模式的设计方式

商业模式的概念、构成要素和特点为企业商业模式的设计提供了理论基础。每个企业管理者都想为企业设计一个具有开创性且难以被别人复制的商业模式，以商业模式创新在竞争中脱颖而出，甚至颠覆行业内现有的企业。所以，如何设计符合自身企业发展的商业模式是当下备受关注的问题。通常，商业模式设计有以下几种方法。

（1）在模仿中设计商业模式。一般来说，模仿其他企业商业模式的方法可以归纳为全盘复制和借鉴提升两类。

①全盘复制。全盘复制商业模式的方法比较简单，即对优秀企业的商业模式进行直接复制，将较好的商业模式全盘拿来为我所用，当然有时也需要根据企业情况略加修正。全盘复制的方法主要适用于行业内的企业，特别是同属一个细分市场或拥有相同产品的企业。

如果企业选择全盘复制，需要注意以下三点：一是必须快速捕捉到商业模式的关键信息，谁先复制谁就有可能具备先发优势；二是要学会甄别，并掌握真实有效的信息；三是要提高因全盘复制带来的风险管理能力。

②借鉴提升。通过学习和研究优秀商业模式，对商业模式中的核心内容或创新概念给予适当提炼和节选，通过对这些创新点的学习，比照本企业的相关内容，寻找本企业商业模式与这些创新点的不足，如果这些创新点能够比本企业现阶段商业模式中的相关内容更符合企业发展需要，企业就应结合实际需要将这些创新概念在本企业给予应用并发挥价值。引用创

新点学习优秀商业模式的方法适用范围最为广泛，不同行业、不同竞争定位的企业都适用。在行业内细分市场，通过分析找到同一行业内尚未开发的其他细分市场，将商业模式的主体框架率先运用在同一行业不同细分市场，使商业模式的应用范围不断扩展到其他细分市场。这种学习方法的优点是借助商业模式的研究，寻找到尚未开发的其他有效细分市场，并有机会构建先发竞争优势，且使用范围也更为广泛。

（2）在竞争中设计商业模式。当企业采取不同的商业模式进行竞争时，结果往往很难预料。如果在孤立的情况下进行分析，某个商业模式或许会显得优于其他商业模式，但是当把互动和协同影响考虑在内的话，创业企业通过商业模式开展竞争的方式有三种：

①强化自身的良性循环。企业可以通过调整商业模式来打造新的关键要素之间的良性循环，从而让自己更有效地与对手展开竞争。

②削弱竞争对手的良性循环。一项新技术或新产品能否颠覆行业规则不仅取决于该技术的内在优势，也取决于它与其他竞争对手之间的互动。

③变竞争为互补。拥有不同商业模式的竞争对手也可以成为价值创造的合作伙伴。

（3）在试错中调整商业模式设计。商业模式设计通常意味着基于现实对各构成要素及其子要素进行分析和检验，需要对企业所依赖的关键性假设提出一些在什么条件下会怎么样的问题。一旦企业开始运作，其商业模式中隐含的那些既与需求有关，又与经济效益有关的种种假设，都要在市场上不断经受检验。商业模式也不是一蹴而就的，企业要实现自身商业模式的良性循环，需要经营者在模式实施过程中根据实际情况不断试错，不断进行调整，甚至全面改革。通过调整现有商业模式来打造新的关键要素之间的良性循环，使整个商业模式的每个细节和举措都能提供有价值的反馈，达到预期目标。从某种意义上来说，商业模式的设计就是一个不断检验和修订的过程。

3. 商业模式设计的标准和基本准则

成功的商业模式应该具有三个标准：第一，成功的商业模式创新要能提供独特价值；第二，成功的商业模式创新也是难以模仿的；第三，成功的商业模式创新必须是脚踏实地的。除了这些标准外，商业模式的设计还应该包括其他的一些基本准则。

（1）持续盈利发展准则。企业能否持续盈利是我们判断其商业模式是否成功的唯一的外在标准。因此，在设计商业模式时，能盈利和如何盈利也就自然成为重要的原则。当然，这里指的是在正常轨道下的持续盈利。持续盈利是指既要能盈利，又要能有发展后劲，具有可持续性，而不是一时的偶然盈利。持续盈利是对一个企业是否具有可持续发展能力的最有效的考量标准，盈利模式越隐蔽，越有出人意料的好效果。

（2）客户价值最大化。一个商业模式能否持续盈利，是与该模式能否使客户价值最大化有必然关系的。一个不能满足客户价值的商业模式，即使盈利也一定是暂时的、偶然的，是不具有持续性的。反之，一个能使客户价值最大化的商业模式，即使暂时不盈利，但终究也会走向盈利。所以我们把对客户价值的实现再实现、满足再满足，当作企业应该始终追求的主观目标。

（3）资源整合配置准则。整合就是要优化资源配置，就是要有进有退、有取有舍来获得整体的最优。在战略思维的层面上，资源整合是系统论的思维方式，是通过组织协调，把企业内部彼此相关但却彼此分离的职能，把企业外部既参与共同的使命又拥有独立经济利益的合作伙伴整合成一个为客户服务的系统，取得1+1＞2的效果。在战术选择的层面上，资源整合是优化配置的决策，是根据企业的发展战略和市场需求对有关的资源进行重新配置，以凸显企业的核心竞争力，并寻求资源配置与客户需求的最佳结合点，目的是要通过制度安排和管理运作协调来增强企业的竞争优势，提高客户服务水平。创业企业在进行商业模式设计时，首先可以优化企业内部价值链，获得专业化集中优势，要深化与产业价值链上下游企业的协同关系，提升整体竞争力，同时，还要强化产业价值链的薄弱环节，释放整体效能，在一定程度上，还要把握关键环节，重新组织产业价值链。

（4）创新原则。在进行商业模式设计时，要考虑营销策略和模式本体的创新原则。时代华纳前首席执行官迈克尔·邓恩说："在经营企业的过程中，商业模式比高技术更重要，因为前者是企业能够立足的先决条件。"从这句话中我们可知，一个成功的商业模式不一定是在技术上的突破，而是对某一个环节的改造，或是对原有模式的重组、创新，甚至是对整个游戏规则的颠覆。商业模式的创新形式贯穿企业经营的整个过程之中，贯穿企业资源开发、研发模式、制造方式、营销体系、市场流通等各个环节，也就是说，在企业经营的每一个环节上的创新都可能变成一种成功的商业模式。

（5）融资有效性。融资模式的打造对企业有着特殊的意义，尤其是对中国广大的中小企业来说更是如此。我们知道，企业生存需要资金，企业发展需要资金，企业快速成长更需要资金。资金已经成为所有企业发展中绕不过的障碍和很难突破的瓶颈。谁能解决资金问题，谁就赢得了企业发展的先机，也就掌握了市场的主动权。从一些已成功的企业发展过程来看，无论其表面上对外阐述的成功理由是什么，但都不能回避和掩盖资金对其成功的重要作用，许多失败的企业就是没有建立有效的融资模式。如"巨人"集团，仅仅因为近千万的资金缺口而轰然倒下；曾经与国美不相上下的国通电器，拥有过30多亿元的销售额，也仅仅因为几百万元的资金缺口而销声匿迹。所以说，商业模式的设计很重要的一环就是要考虑融资模式。甚至可以说，能够融到资并能用对地方的商业模式就已经是成功一半的商业模式了。

（6）组织管理高效率。从经济学的角度来说，决定一个国家富裕或贫穷的砝码是效率，决定企业是否有盈利能力的也是效率。高效率是每个企业管理者都梦寐以求的境界，也是企业管理模式追求的最高目标。按现代管理学理论来看，一个企业要想高效率地运行，首先要解决的是企业的愿景、使命和核心价值观，这是企业生存、成长的动力，也是员工干好的理由。其次是要有一套科学的实用的运营和管理系统，解决的是系统协同、计划、组织和约束问题。最后还要有科学的奖励激励方案，解决的是如何让员工分享企业的成长果实的问题，也就是向心力的问题。

（7）风险控制。设计再好的商业模式，如果抵御风险的能力很差，就会像在沙丘上建立的大厦一样，经不起任何风浪。这个风险指的是系统外的风险，如政策、法律和行业风险，也指的是系统内的风险，如产品的变化、人员的变更、资金的不继等。

（8）合理避税与成本控制原则。合理避税，是进行税收筹划，而不是逃税。合理避税是在现行的制度、法律框架内，合理地利用有关政策，设计一套有利于利用政策的体系。税收筹划做得好也能大大增加企业的盈利能力，千万不可小看。同时，要注重成本控制，成本的降低也是企业利润的提升。

以上揭示了商业模式设计的八大核心原则，每个企业在设计自己的商业模式时都要从本企业的实际出发，从解决本企业的发展瓶颈着手，整体考虑、整体安排，从而找到一条适合本企业发展的商业模式。

4. 熟悉商业画布的应用

好的商业设计模式是企业成功的关键，为了设计好它，我们习惯于借助商业画布。那么什么是商业画布呢？商业画布其实是指一种能够帮助创业者催生创意、降低猜测、确保他们找对目标用户、合理解决问题的工具。它不仅能够提供更多灵活多变的计划，而且更容易满足用户的需求。更重要的是，它可以将商业模式中的元素标准化，并强调元素间的相互作用。商业画布如图4-1所示。

Customer客户视角 客户细分（Customer Segments） 渠道通路（Channel） 客户关系（Customer Relationships）	Infrastructure基础设施视角 核心资源（Key Resources） 关键业务（Key Activities） 重要合作（Key Partnerships）
Offer产品/服务视角 价值主张（Value Proposition）	Finance财务视角 成本结构（Cost Structure） 收入来源（Revenue Model）

图4-1 商业画布

（1）客户细分。即用来描述想要接触和服务的不同人群或组织，主要回答我们正在为谁创造价值和谁是我们最重要的顾客这两大问题。通常来讲，我们将顾客细分为三种群体类型。第一种是大众市场。价值主张、渠道通路和顾客关系全都聚集于一个大范围的顾客群组，顾客具有大致相同的需求和问题。第二种是利基市场。价值主张、渠道通路和顾客关系都针对某一利基市场的特定需求来定制，通常可以在供应商与采购商的关系中找到。区隔化市场顾客需求略有不同，细分群体之间的市场区隔有所不同，所提供的价值主张也略有不同。第三种是多元化市场。经营业务多样化，以完全不同的价值主张来迎合完全不同需求的顾客细分群体的多边平台或多边市场。服务于两个或更多的相互依存的顾客细分群体。

（2）渠道通路。即用来描绘如何沟通接触顾客细分群体而传递价值主张，主要回答通过哪些渠道可以接触我们的顾客细分群体，我们如何接触他们，我们的渠道如何整合，哪些渠道最有效，哪些渠道成本效益最好，如何把我们的渠道与顾客的例行程序进行整合等这些问题。企业可以选择通过自有渠道、合作伙伴渠道或两者混合来接触顾客。其中，自有渠道包括自建销售队伍和在线销售，合作伙伴渠道包括合作伙伴店铺和批发商。

（3）客户关系。用来描绘与特定顾客细分群体建立的关系类型，主要回答每个顾客细分群体希望我们与其建立和保持何种关系，哪些关系我们已经建立了，这些关系成本如何，如何把它们与商业模式的其余部分进行整合等这些问题。

（4）价值主张。用来描绘为特定顾客创造价值的系列产品和服务，主要回答我们该向顾客传递什么样的价值。价值主张的要素主要包括以下几个方面。第一是新颖。产品或服务满足顾客从未感受和体验过的全新需求，改善产品和服务性能是传统意义上创造价值的普遍方法。其中，定制化是以满足个别顾客或顾客细分群体的特定需求来创造价值。第二是完善。可通过帮顾客把某些事情做好而简单地创造价值。第三是品牌。顾客可以通过使用特定品牌的产品而发现高价值，或以更低的价格提供同质化的价值，满足一些价格敏感顾客的成本削减需求，因为帮助顾客削减成本也是创造价值的重要方法。第四是风险抑制。即帮助顾客抑制风险，也可以创造顾客价值可达性，把产品和服务提供给以前接触不到的顾客。第五是便利性。使事情做起来更方便或易于使用而去创造更可观的价值。

（5）核心资源。即用来描绘让商业模式有效运转所必需的重要的因素，主要回答价值主张需要什么样的核心资源，渠道通路需要什么样的核心资源，顾客关系需要什么样的核心资源，收入来源需要什么样的核心资源等基本问题。

（6）关键业务。即用来描绘为了确保其商业模式可行而必须要做的重要的事情，主要回答价值主张需要哪些关键业务，渠道通路需要哪些关键业务，顾客关系需要哪些关键业务，收入来源需要哪些关键业务等基本问题。

（7）重要合作。即让商业模式有效运作所需的供应商与合作伙伴的网络，主要回答谁是重要伙伴，谁是重要供应商，我们正在从伙伴那里获取哪些核心资源，以及合作伙伴都执行哪些关键业务等问题。

（8）成本结构。即商业模式运转所引发的所有成本，主要回答什么是商业模式中重要的固有成本，哪些核心资源花费最多等基本问题。

（9）收入来源。用来描绘从每个顾客群体中获取的现金收入，但是需要扣除成本，主要回答什么样的价值能让顾客愿意付费，他们现在付费买什么，他们是如何支付费用的，每个收入来源占总收入的比例是多少等这些问题。

案例

当当“华丽”转型

电商与时尚的跨界正成为一种风潮，曾经以图书为主打的当当也不例外，背后的规律是“电商得女人者得天下”。

当当正用一连串的行动和数据证明自己实现了“华丽”转型。2012年9月11日，当当举办发布会，李国庆站在T台上宣布了“T台加速计划”，包括扩建专业团队、扶持优秀设计师、推广“无线三宝”、向二三线城市进发等。豪言：“在6000亿元的服装市场中拿下600亿元。”不难看出当当血拼服装品类的决心。

当当最新财报显示，2012年第二季度总净营收19.608亿元，净利润2880万元，连续3个季度实现盈利。看起来，当当杀了一个漂亮的回马枪。过去3年，持续低迷的股价（最低只有4美元）和市场的不看好让李国庆一直备受煎熬。“玩服装尾品汇一年，服装GMV能够翻倍，转型有点晚，但还是抓住了时机，服装让李国庆腰板硬了很多。”电商分析师鲁振旺说。

一切源于2013年当当的战略转型。一个细节，2013年前的Logo都是以绿色为主色调，但现在已然换成了“粉红色”，后者的目标用户更偏向女性用户。“在电商领域是得女人者得天下。上线尾品汇之后，主打女性服装特卖，立马扭亏为盈。”鲁振旺说。

2013年5月，当当推出尾货特卖平台“尾品汇”，定位中高端，年底宣布第四季度总净营收约3.257亿美元，净利润约360万美元，2011年第一季度以来首次季度盈利。2014年6月，当当又宣布推出“新品闪购”特卖频道，9月在手机客户端推出时尚购物频道等。当当在时尚电商道路上越走越远。

看重服装市场的并非只有当当一家。2013年大多数电商都选择了通过走秀的形式发布自己的服装战略。

8月18日，京东商城和时尚集团的《时尚芭莎》在北京798搭起了一个时尚秀场，双方宣布达成深度合作，并宣布著名设计师王培沂、张驰、Tanya、Peter Lau的原创品牌入驻京东。

8月19日，亚马逊中国在十周年的庆典上也采用了走秀的方式，并宣布上线Z style尚品馆，主要通过主流时尚品牌、亚马逊独家进口品牌和独立设计师品牌三大块，打开自己的时尚之路。

8月23日，天猫也举办了时尚T台秀，还请来谢娜、孙茜、杜淳、陈数、尚雯婕等人前来为其捧场。天猫市场负责人应宏透露，时尚化是2013年天猫的重头戏，希望建立一个电商时尚生态圈。

“说到电商走秀，我也觉得挺好玩。线下都是品牌方走秀的，电商第一次尝试就是当当2012年9月做的。”当当副总裁、服装平台负责人邓一飞说，电商走秀已经成为一个趋势，当当也注意到，中国网购人群的时尚认知正在觉醒，数据显示，用户也已经由关注价格转向品牌和款式。

走秀发布会的召开是一个明显的信号：服装市场正成为电商的一个红海。原因很简单，服装的营收增幅和利润率均高于3C产品。在其他电商都亏钱的情况下，服装特卖模式的唯品会的毛利率是24.8%，当当是18.3%，均高于京东的11%。而京东2013年上半年服装品类的销售额也同比增长超过100%，远超3C商品的增长率。

电商都纷纷踏入这片红海，差异化也就显得极为重要。“当当会在搭配层面下更多的功夫。此外，移动端也会往社区电商方向发展。”邓一飞说。目前，入驻当当的品牌商限制在3000家，主要定位中高端，未来两年，当当会打造一个由线下百货商场、时尚杂志的编辑、品牌方共同组成的买手团队，为用户解决海量信息下从品牌挑选到搭配的一系列问题。

“当然还有一些品牌很难处理，但从环境来讲，没有哪个品牌只开三家店，主力大众品牌还需要全网开发。”邓一飞说。

“当当在女装上，与天猫和唯品会不同，走的是中高端路线，连闪购也不仅卖尾货，新品也搞闪购，形成了零售的闭环产业链。两年时间做到27亿元的服装销售额，表明其图书转型服装的战略是成功的。”鲁振旺说。

资料来源：http://finance.sina.com.cn/roll/20141011/140320512390.shtml

四、商业模式的实施

1. 创业前期阶段——模式构思

创业者对市场行情进行研究后辨识和审视创业机会，然后在这些机会的基础上，构思商业创意，当这个创意被创业者认为可行时，它将成为开启新企业大门的钥匙。接着创业者开始进行一系列创业前的准备，包括前期组织、获取资源等工作。

在企业参与的价值链活动中，能够创造价值的部分只集中在部分特定的价值活动中，企业只有通过自身优势的扩大在这些活动中创造新价值，才能树立自己的竞争优势。因此，创业者要站在整体商业模式的高度来考虑创新。创意不能替代商业逻辑，只有将创意发展为模式的创新，以非传统的方式对模式进行重新解读，才能称其为商业模式构思的初步设想，目标是创造全新的模式。

创意的产生往往是抽象的，只有在进行了前期市场调研的前提下，才能将抽象的创意具体化、实践化，并描绘出模式的关键要素。通常情况下，可供实施商业创意的方案远不止一个，但这些方案并不一定全部生成商业模式，只有通过区分筛选才能确定模式的起点。因此，在这个阶段，创业者开始进行商业模式的雏形构思，首先要进行政策与行业背景分析，找出其中隐藏的机会并形成创意的雏形，而能否实施的关键在于计划是否具备可行性。

2. 创业阶段——模式构建

可行性商业计划形成后，内外部资源也得到了充分整合，前期准备阶段顺利完成，接下来进入创业阶段。商业模式设计的第一步也是最重要的一步就是确定你的顾客是谁。不知道顾客是谁或者没有对顾客进行明确的界定是初次创业者最常犯的错误，因为大多数人往往是从自己想提供的产品或功能出发，而忽略了顾客想要什么的问题。但创业归根到底经营的是市场而不是技术，出售的是价值而不是利益，所以必须要清楚地知道顾客是谁，企业能够为顾客提供什么价值，以及顾客为什么要购买企业提供的产品。这时，商业模式的结构开始明晰，只有打造了自己的核心竞争力并与行业里的其他企业形成差异，企业才能在初期动荡的环境中生存下来，安全度过生存期。识别目标顾客时，可以参照以下几个步骤：

（1）描述顾客的轮廓。对顾客的轮廓必须要有大致的描述，可以不用精准，但进入市场后，还需再进行调整。描述的方式包括他们的年龄、性别、婚姻状态、居住地区、收入水平、兴趣、嗜好、习惯，以及其他常用的服务等。用户画像又被称为用户角色。作为一种勾画目标用户、联系用户诉求与设计方向的有效工具，用户画像在各领域得到了广泛的应用，尤其是创业领域。一个令人信服的用户画像需要满足七个条件，即PERSONA。

P代表基本性（Primary），指该用户画像是否基于对真实用户的情境访谈。

E代表移情性（Empathy），指用户画像中包含姓名、照片和产品相关的描述，该用户画像是否引发同理心。

R代表真实性（Realistic），指对那些每天与顾客打交道的人来说，用户画像是否看起来像真实人物。

S代表独特性（Singular），指每个用户是不是独特的，彼此很少有相似性。

O代表目标性（Objectives），指该用户画像是否包含与产品相关的高层次目标，是否包含关键词来描述该目标。

N代表数量（Number），指用户画像的数量是否足够少，以便能记住每个用户画像的姓名，以及其中的一个主要用户画像。

A代表应用性（Applicable），指是否能使用用户画像作为一种实用工具进行决策。

（2）详细列出顾客的问题。这一步骤必须要一项项地列出顾客可能有的问题。这些问题可能有几十个，要把有可能成立的，通通逐一列出来，再进行分析。

（3）确认并理清重要问题。这一步骤主要是去跟符合顾客描述的人聊天，确认每个顾客问题的存在。在此过程中，会删掉很多其实不存在的问题，也会增加很多他们真正有的问题。最少要跟3~5个人聊天，最好能够跟二三十个人聊天。完成之后，你就会有一个初步的、精简版的问题清单。接着，可以做更大规模的问卷调查，再去确认这个精简后的问题清单中哪些问题普遍存在，哪些问题其实也没有那么重要。另外，也要针对每个问题的成本做调查。

（4）调查市场。当经历了上面的步骤后，理论上应该会产生一个重点问题的清单（如果没有的话，那就得退回到访谈的步骤，或是要重新选择另一个目标群体）。接着，需要开始做一些自上而下的市场规模调研。去看看类似、即将被你取代的产品在市场上的表现，有哪些可能的竞争性产品、市场够不够大、上下游关系会不会难以切入等。完成了以上这些步骤，就对顾客的基本情况，他们有哪些问题和相应的市场规模有了初步的概念。

3. 早期成长阶段——模式应用

在早期成长阶段，市场总是动态变化的，创业型企业在经历这些变化后，财力、资源得到充分利用，企业将得到快速的发展。由于环境的不可控性，长期的计划很难自始至终贯彻执行，因此当外界条件、合作伙伴和市场竞争发生变化时，自身的商业模式也要随之变化。通过不断更新、调整能力、资源与产品，提高自身在市场上的竞争力，创业者要通过保护、整合企业的资源资本而努力获得竞争优势，逐渐形成一个动态完整的独特商业模式，帮助企业引导其未来的发展。在这一过程中资源的迅速整合也使企业得到了快速成长。

4. 晚期成长阶段——模式巩固

在晚期成长阶段，创业型企业已经开始朝成为既定行业里的大型企业发展。通过早期成长阶段的历练，企业已经得到了快速成长。为了使自身的商业模式更好地为企业服务，创业型企业通过在动态的内外部环境下的调整和巩固，使其逐渐成为一个比较成熟的商业模式。之后企业就开始将该商业模式应用到其他地方。例如，在新区域扩张原有业务或是开辟新的业务，也可以将成功的模式应用到别的行业中去，通过收购、兼并战略来扩张企业规模。

五、商业模式创新的逻辑与方法

商业模式创新是指企业价值创造提供基本逻辑的创新变化，它既可能包括多个商业模式构成要素的变化，也可能包括要素间关系或者动力机制的变化。通俗地说，商业模式创新就是指企业以新的有效方式赚钱。

1. 商业模式创新的逻辑

（1）商业模式创新的理论背景。现有的管理理念在解释诸多新现象时显得力不从心，从而为商业模式概念的产生、流行以及商业模式研究的兴起、发展提供了契机。

首先，现有管理与组织理论大多基于对大企业的观察，无法令人信服地解释数字时代各种新企业如雨后春笋般涌现的现象。例如，对于“新企业如何生存和成长”这一极其重要的实践问题，管理研究者尚不能做出具有说服力的回答。于是，机会、创意等概念逐步成为学术研究的热点，许多学者纷纷构建不同的创业模型来指导企业家的创业实践，创业学正从传统的战略与一般管理学科中独立出来，成为一门新兴学科。借助创意、商业机会、价值链、资源整合、商业（或创业）计划、价值创造等概念，商业模式概念正在战略、创业与创新研究的多重滋养下成长起来。

其次，战略理论的主流范式资源基础观（RBV）由于其过度的内部导向而饱受诟病。由于RBV单纯地建立在资源效率及其来源的基础上，因此，它的发展遭遇了难以逾越的鸿沟：如果资源的效率取决于需求，那么不深入研究需求方面的问题，而仅仅增加“需求是给定的”这个限定条件，RBV就难以摆脱经济学思维的束缚而获得新的突破。回归战略研究中最原始的SWOT思想，同时注重企业内部条件与外部环境，才能够更好地发展战略理论。对RBV的批判也促使学者们从内、外平衡的角度去思考企业可持续竞争优势的来源问题，于是，商业模式概念和理论研究便应运而生。

最后，近年来战略与创新研究领域逐渐出现了关注顾客的研究动向。例如，致力于开创“蓝海”、获得破坏性竞争优势的价值创新理论（Kim、Mauborgne，1997，2005）为战略理论带来了新的视角。技术创新理论也把目光更多地转向顾客方面，强调顾客在创新中的重要作用。这些基于需求与顾客价值的观点，辅以传统战略研究领域中的价值链、资源论、价值网络等成熟的理论工具，为商业模式研究奠定了重要的理论基础，而商业模式概念也使整合现有理论成为可能。

综上所述，商业模式研究的兴起既是企业迎接现实挑战的需要，也是管理学理论在新形势下发展的必然结果。新时期的企业实践呼唤新理论的出现，而商业模式研究正是旨在创建这样一种新的理论。

（2）商业模式创新的实践背景。首先，从整体经营环境的角度看，自20世纪90年代以来，日益加剧的全球化竞争导致企业的经营环境更加动荡不定，产业价值转移的趋势日益明显，有些产业甚至呈现超强竞争的态势。面临经营环境的结构性变化，颠覆产业规则的战略思维日占上风，而商业模式创新取得了巨大的成功。因此，从商业模式角度思考企业发展的问题逐渐受到学者和企业家们的重视。

其次，从技术角度看，信息与互联网技术的发展和广泛应用为开创全新的交易方式提供了契机。Osterwalder等（2005）指出，商业模式这一名词是伴随着纳斯达克指数的高涨而得到广泛应用的。这说明信息与计算机技术（ICT）在商业模式理论发展的过程中起到了积极的促进作用。ICT由于不仅能显著降低交易成本，而且还能够使以往难以实现的交易变成现实，因此为具有创新精神的企业家构建巧妙的商业模式创造了条件。

再次，从企业经营实践的发展情况看，数字经济大大削弱了传统规模经济与范围经济的威力，企业间新的分工格局也使资源外取、模块化、战略联盟、去中介化和再中介化等做法成为企业实践的热点，并且为企业探索新的价值创造和获取方式提供了机遇。因此，企业亟须从基础架构层面来重新思考自己的组织与经营方式。不仅新企业面临利用新技术、新平台创新经营实践的挑战，而且旧企业面对数字时代的到来，更应该在转型、变革与创新中寻找新的契机。

最后，从技术创新与创业的角度看，技术创新者需要探索技术商业化的最佳途径，以便更好地发掘和占有技术的潜在经济价值。商业模式是将技术转化为经济价值的中介手段，没有合适的商业模式，技术的价值就难以充分实现。因此，如何发掘有利可图的商业机会，探寻价值创造和获取的最佳方式，就成为技术创新者与创业者追求利益最大化所面临的主要挑战。

综上，从现实角度看，ICT的蓬勃发展与普及为创造新的商业模式提供了大量的机会；与此同时，企业在经营实践中遭遇的种种挑战也迫使它们改变经营理念，积极探索新的经营方式，而两者的结合为商业模式研究的蓬勃发展提供了肥沃的土壤。

2. 商业模式创新的方法

在所有的创新之中，商业模式创新属于企业最本源的创新。离开商业模式创新，其他的管理创新、技术创新都失去了可持续发展的可能和盈利的基础。所有的成功的大企业都是从小企业秉持成功的商业模式一步步走过来的。沃尔玛其实是开杂货店的，可口可乐是卖汽水的，微软是卖软件的，国美是开电器店的。这些普通的行业的成功说明什么？其实这说明了一个道理：无论高科技、低科技，都能成功，关键是你要找出成功的商业模式，并把商业模式的盈利能力快速发挥到极致。

商业模式创新就是对企业的基本经营方法进行变革，一般而言，有四种方法：改变收入模式、改变企业模式、改变产业模式和改变技术模式。

（1）改变收入模式。改变收入模式（revenue model innovation）就是改变一个企业的用户价值定义和相应的利润方程或收入模型。这就需要企业从确定用户的新需求入手。这并非市场营销范畴中的寻找用户新需求，而是从更宏观的层面重新定义用户需求，即去深刻理解用户购买自己的产品需要完成的任务或要实现的目标是什么。其实，用户要完成一项任务需要的不仅是产品，而是一个解决方案。一旦确认了此解决方案，也就确定了新的用户价值定义，并可依次进行商业模式创新。

国际知名电钻企业喜利得公司（Hilti）就从此角度找到了用户新需求，并重新确认了用户价值定义。喜利得一直以向建筑行业提供各类高端工业电钻著称，但近年来，全球激烈竞争使电钻成为低利标准产品。于是，喜利得通过专注于用户所需要完成的工作，意识到他们真正需要的不是电钻，而是在正确的时间和地点获得处于最佳状态的电钻。然而，用户因缺乏对大量复杂电钻的综合管理能力，经常造成工期延误。因此，喜利得随即改动它的用户价值定义，不再出售而出租电钻，并向用户提供电钻的库存、维修和保养等综合管理服务。为提供此用户价值定义，喜利得公司变革其商业模式，从硬件制造商变为服务提供商，并把制造向第三方转移，同时改变盈利模式。戴尔、沃尔玛、道康宁（Dow Corning）、Zara、Netflix和Ryanair等都是如此进行商业模式创新的。

（2）改变企业模式。改变企业模式（enterprise model innovation）就是改变一个企业在产业链中的位置和充当的角色，也就是说，改变其价值定义中“造”和“买”的搭配，使价值一部分由自身创造，其他由合作者提供。一般而言，企业的这种变化通过垂直整合策略或出售及外包来实现。如谷歌在意识到大众对信息的获得已从桌面平台向移动平台转移，自身仅作为桌面平台搜索引擎会逐渐丧失竞争力，就实施垂直整合，大手笔收购摩托罗拉手机和安卓移动平台操作系统，进入移动平台领域，从而改变了自己在产业链中的位置及商业模式，由软变硬。IBM也是如此。它在20世纪90年代初期意识到个人计算机产业已无利可寻，即出售此业务，并进入IT服务和咨询业，同时扩展它的软件部门，一举改变了它在产业链中的位置和它原有的商业模式，由硬变软。甲骨文（Oracle）、礼来（Eli Lilly）、香港利丰和即将推出智能手机的Facebook等都是采取这种思路进行商业模式创新的。

（3）改变产业模式。改变产业模式（industry model innovation）是最激进的一种商业模式创新，它要求一个企业重新定义本产业，进入或创造一个新产业。如IBM通过推动智能星球计划和云计算，重新整合资源，进入新领域并创造新产业，如商业运营外包服务和综合商业变革服务等，力求成为企业总体商务运作的大管家。亚马逊也是如此。它正在进行的商业模式创新向产业链后方延伸，为各类商业用户提供如物流和信息技术管理等商务运作支持服务，向它们开放自身的20个全球货物配发中心，并大力进入云计算领域，成为提供相关平台、软件和服务的领袖。其他如高盛（Goldman Sachs）、富士（Fuji）和印度大企业集团Bharti Airtel等都在进行这类的商业模式创新。

（4）改变技术模式。第四种方法是改变技术模式（technology-driven innovation）。正如产品创新往往是商业模式创新的最主要驱动力，技术变革也是如此。企业可以通过引进激进型技术来进行自身的商业模式创新。如当年众多企业利用互联网进行商业模式创新。当今，最具潜力的技术是云计算，它能提供诸多崭新的用户价值，从而提供企业进行商业模式创新的契机。另一项重大的技术革新是3D打印技术。一旦成熟并能商业化，它将帮助诸多企业进行深度商业模式创新。如汽车企业可用此技术替代传统生产线来打印零件，甚至可采用戴尔的直销模式，让用户在网上订货，并在靠近用户的场所将所需汽车打印出来。

当然，无论采取何种方式，商业模式创新需要企业对自身的经营方式、用户需求、产业特征及宏观技术环境具有深刻的理解和洞察。这才是成功进行商业模式创新的前提条件，也是最困难之处。

案例

如家超越锦江的秘密

1996年5月，锦江国际集团旗下的锦江之星旅馆投资管理有限公司选址上海梅陇镇，建成了中国第一家经济型酒店。次年，梅陇店正式对外营业，仅仅3个月，入住率就达到了90%，锦江之星一举成名，由此成为中国经济型酒店的鼻祖，开始了中国经济型酒店的领跑之路。

5年之后，北京一家名不见经传的唐人酒店（后与首旅旗下建国客栈联合改名为“如家”）涉足经济型酒店领域，重点发展3星以下的宾馆作为连锁加盟店。仅用4年时间，在全国开业门店数量已达到123家，超越了锦江之星。2006年10月在纳斯达克成功上市，奠定了如家国内行业老大的地位，成为众多中国老百姓商旅的居家首选。

为什么后来者如家可以在短短的4年间超越锦江之星，成为中国经济型酒店的第一品牌呢？通过如家商业模式分析，不难破解如家后来居上的秘密。

第一，准确的顾客及其需求定位。近年来，国内普通商务人士和游客的流动规模大大增加，其居住方面的需求主要是快捷、标准化的服务和明确适中的价格。

第二，产品有所为，有所不为。床品和卫生间就是如家有所为的重点所在。一方面是卫生上达到甚至超越传统酒店的条件，在房间的颜色上增加温馨感。另一方面是提升客户在旅店中的服务质量，让如家的客户能享受到高的住宿质量、良好家具带来的舒适性、市中心区位带来的方便性，同时得到清洁和安全周到的服务。

第三，通过“幕后”运作创造独特价值。在投资运作方面，如家通过租赁和系统建设的方式，使新店的建设周期大大缩短。在人员管理方面，如家人力成本仅为同业的1/3甚至1/6。在后台运作方面，如家通过规模庞大的呼叫中心和高效的订房网站创造自身价值，降低了劳动成本，提高了服务效率。在服务运作方面，如家的标准化运作体系，确保了绝大多数顾客的满意度。

第四，通过房产租赁和特许加盟实现渠道的快速扩张。在市场扩张和渠道拓展运作方面，如家采用房产租赁和特许加盟的经营方式，实现高速扩张。

第五，以标准化建立竞争壁垒。高效的资金使用方式和精确到便笺纸页数的管理操作模板，帮助如家将分店迅速开遍全国。而这一切的保障，则是酒店管理层对计划规定"无情地推进和执行"。在宏观层面，着重提高特许加盟店的比例，降低资金占用率；在微观层面，扁平化的管理结构、统一的店长培训，确保运营手册上的每一页都能得到落实。

资料来源：栗学思．商业模式创新，如家后来居上的秘密．中国营销传播网，2010-07-19

课后实训提升

课堂设计：制作商业画布。你将如何运营经过市场调研后确定成立的企业？描述其商业模式，分析其商业模式中的九个因素并完成商业创业计划书2.0部分。

2.0 市场分析

2.1 市场定位与目标客户

市场定位	
目标客户	

2.2 市场预测（市场占有率）

2.3 竞争分析

2.4 项目SWOT分析

优势（Strengths）	
劣势（Weaknesses）	
机遇（Opportunities）	
威胁（Threats）	

项目五　创业资源

学习目标

1. 了解创业资源的内涵和本质
2. 了解创业资源的作用
3. 掌握创业资源的获取与利用方法
4. 掌握创业资源整合的原则和方法

引导案例

楚天舒：创业过程中的资源整合

资源整合是创业者最基础性的工作，是所有创业者必须具备的能力，也是创业成功与否的关键。做资源整合，首先要知道创业过程中有哪些关键性的资源，该怎样去进行这些资源的整合？它是有顺序的。

1. 创业项目及商业模式

我认为最重要的是创业项目的选择以及你的商业模式。不管你选择什么项目，一定要结合自己的经历、专业技术背景和资源优势。首先要判断社会经济发展的大势，要顺势而为，在前期要做详细的分析，既要瞻前，又要顾后，把它想清楚，形成完整的商业闭环。有一正一反的两句话要分享给大家。一句是我们常说的“男怕入错行，女怕嫁错郎”，作为一个创业者，如果选错了目标，就相当于入错了行。另一句是雷军校友说的：“站在风口，猪都能飞起来”，抓住社会的需求找项目，就能够把企业做大做强。

关于项目选择，我想举几个具体的例子。第一个例子是我们88级校友陈作涛的企业天壕环境。大家知道很多水泥厂、玻璃厂、钢铁厂在炼钢、烧水泥的过程中会有很多高温热气排放，排在空气中会造成温室效应。一次偶然的机会，陈作涛校友认识了山东一个研究团队，专门研究用这些热量二次发电，他觉得很有意思，所以就把这个团队和技术收购了开始创业。现在天壕环境涉及的行业包括清洁能源、水处理等，在全国有30多家余热发电厂，年收入10多个亿。

第二个例子就是广埠屯资讯广场。这个项目投资很大，2004年左右的时候投资1.5亿，但是土地是华中师范大学的，我们没有产权，很多人觉得有风险，因为没有产权就没有处置权。那为什么还要做呢？在做这个项目之前，我专门去了北京中关村、上海徐家汇、南京珠江路做了调研，当时这些地方都已经有很现代化的商场化电子市场，生意非常好，而武汉作为国内的二线城市，基本上全都是街边店，环境差，档次也不够。所以我判断，电子产品的商场化一定是大势所趋。我采取了一个最笨的办法，派了两三个人坐在华中师范大学的门口，从早晨六点到晚上十点数有多少人经过。他们告诉我，平日差不多6万多人，周末8万到9万人。基于这种情况，我认为在这里做一个没有产权的商业是可行的。事实证明这个选择是对的。广埠屯资讯广场2006年4月正式对外营业，半年后就成为华中地区最好的电子专业市场。

2. 融资安排

资源整合的第二个重要内容是融资安排。对于一个创业企业而言，资金就是血液。创业者第一个融资的渠道是自筹，包括自我的积累或者亲友的资助，平台的借贷等。第二个渠道是政府提供的创业扶持基金，包括免费的场地。第三个融资渠道是天使投资机构。它主要在项目的早期和创业者一起来承担投资的风险，共同分享项目的收入。第四个是股权投资机构，我们也简称叫PE，一般是私募股权投资基金。这种机构一般投偏中晚期的项目，这个时候企业已经有了营收规模，或者开始盈利了，有固定的用户群，只需要资金把它做得更大更强。

还有银行或非银行机构的助创贷款和商业贷款。商业贷款和助创贷款的主要区别是利率相对高一点，期限也可能长一点，需要提供相应的担保或者抵押。但是贷款的金额会高一点，助创贷款额度可能20万到30万元，商业贷款可能到200万元、300万元，甚至更高。

企业到了一定的规模，还可以申请发行企业债券，还有股权融资和IPO融资。IPO融资以后，还可以定向增发，或者发行可转债。

3. 执行团队的构建和完善

在具备前面两个条件的基础上，好的团队是创业成功的关键因素。团队的执行力、团队的互补性、团队成员创业理念的契合和包容度，这三个因素都非常重要。

我们的校友企业小米集团就是个典型的代表。2020年10月我们曾经到小米集团去参观，了解了雷军创业团队组建的经历。雷军自己也认为，当时找团队虽然花了很多的精力和时间，但非常值得，也非常重要。我们看中外的整个企业发展史，小米的成长非常快速，在中国绝无仅有，很大程度上得益于完善的团队。

4. 不可或缺的创业软资源

一个好的创业企业，如果想成功，除了一些看得见、摸得着的资源之外，还有不可或缺的软资源。

首先就是面对挫折的抗压能力。如果你的抗压能力不够，心理很脆弱，我建议你不要创业，因为创业是一件非常有挑战性的工作，在创业过程当中，一定会不断遇到来自各方面的压力。

第二是敏锐的市场应变能力，我们今天所处的这个时代，变化非常快，作为一个创业者，在把控企业的过程中，一定要有非常敏锐的应变能力，要及时做一些调整。

第三是持续的创新能力。面对市场各方面的竞争，面对不断变化的事实，要有迭代创新。同时还要有影响说服目标客户的推广能力。说通俗一点，就是你口才要强，要能够把自己的想法和思路、产品的优点说给客户，能够进行推广。

资料来源：节选自湖北精诚投资管理有限公司董事长，中珈资本董事、联合创始人楚天舒在武汉大学创业论坛第五期第10讲

资源与创业者的关系就如同颜料和画笔与艺术家的关系那样。获取不到创业所需的资源，创业机会对创业者而言则毫无意义。机会识别的实质是创业者判断是否能够获取足够的资源来支持可能的创业活动。创业机会的存在本质上是部分创业者能够发现特定资源的价值，而其他人不能做到这一点。就整个创业过程来说，创业机会的提出来自创业者依靠自身的资源财富对机会的价值确认。例如，同样的产品或者盈利模式，一些人会付诸行动去创收，其他人却往往放任机会流失。对于后者来说，往往是缺乏必要的创业资源，因此，从这一角度看待，创业就是把创业机会的识别与创业资源的获取结合起来。本项目将与你讨论什么是创业资源，创业所需的各种资源类型，分析现有的资源状况，明确资源缺口和关键资源，如何找到适当的途径和适当的时机获取适当的资源。

任务一　认知创业资源

一、创业资源的概念

常言道："巧妇难为无米之炊。"同样，没有资源，创业者也只能望（商）机兴叹。

资源就是任何一个主体，在向社会提供产品或服务的过程中，所拥有或者所能够支配的能够实现自己目标的各种要素以及要素组合。

创业资源是企业创立以及成长过程中所需要的各种生产要素和支撑条件。创业本身也是一种资源的重新整合。这就是说，"创业资源"就是创业者在创业过程中运用的所有资源的综合，包括人力资源、物质资源、社会化服务体系等有形和无形的资源。

二、创业资源的类型

分类的方法可以帮助我们进一步深入地认识创业资源。

（一）按照资源要素对企业战略规划过程的参与程度分类

按照资源要素对企业战略规划过程的参与程度，创业资源有间接资源和直接资源之分。财务资源、管理资源、市场资源、人才资源是直接参与企业战略规划的资源要素，可以把它们定义为直接资源；政策资源、信息资源、科技资源这三类资源要素对于创业成长的影响更多的是提供便利和支持，而非直接参与创业战略的制定和执行，因此，对于创业战略的规划是一种间接作用，可以把它们定义为间接资源。创业资源的概念模型如图5-1所示。

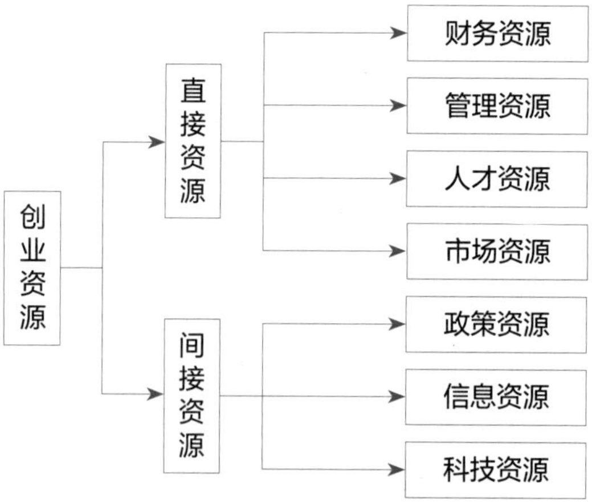

图5-1　创业资源细分概念模型图

财务资源：是否有足够的启动资金？是否有资金支持创业最初几个月的亏损？

管理资源：凭什么找到客户？凭什么应对变化？凭什么确保企业运营所需资源能够及时

足量地得到？凭什么让创业企业内部能有效地按照最初设想运转起来？

人才资源：是否有合适的专业人才来完成所有的任务？

市场资源：包括营销网络与客户资源、行业经验资源、人脉关系，凭什么进入这个行业？这个行业的特点是什么？盈利模式是什么？是否有起码的商业人脉？市场和客户在哪里？销售的途径有哪些？

政策资源：可不可以有一个“助推器”或“孵化器”推进我们的创业，比如某些准入政策、鼓励政策、扶持政策或者优惠等。

信息资源：依靠什么来进行决策？从哪里获得决策所需的信息？从哪里获得有关创业资源的信息？

科技资源：创业企业凭什么在市场上去竞争，为社会提供什么样的产品和服务？

（二）Barney分类法

从Barney的分类出发，创业时期的资源就其重要性来说，分别有以下的细分：组织资源、人力资源、物质资源。由于企业新创，组织资源无疑是三类中较为薄弱的部分；而人力资源为创业时期中最为关键的因素，创业者及其团队的洞察力、知识、能力、经验及社会关系影响到整个创业过程的开始与成功；同时，在企业新创时期，专门的知识技能往往掌握在创业者等少数人手中，因而此时的技术资源在事实上和人力资源紧密结合，并且上述两种资源可能成为企业竞争优势的重要来源。在物质资源中，创业时期的资源最初主要为财务资源和少量的厂房、设备等。从而，细分后的创业资源经过重新归纳，主要为以下几种：①人力和技术资源，包括创业者及其团队的能力、经验、社会关系及其掌握的关键技术等；②财务资源，即以货币形式存在的资源；③生产经营性资源，即在企业新创过程中所需的厂房、设施、原材料等（图5-2）。

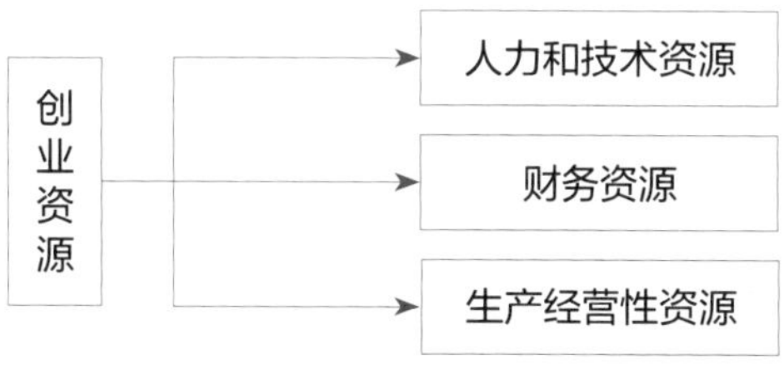

图5-2 Barney等人的创业资源细分概念模型图

（三）根据资源基础论分类

根据资源基础论，创业资源可分为核心资源与非核心资源。识别核心资源，立足核心资源，发挥非核心资源的辐射作用，实现创业资源的最优组合，这就是创业资源运用机制的基本思路。根据创业资源的分类，具体可作如下解释：

核心资源主要包括技术、管理和人力资源。这几类资源涉及创业企业有别于其他企业的核心竞争力，是创业机会识别、机会筛选和机会运用几大阶段的主线，必须以这几类要素资源为基点，扩展创业企业发展外延。人力资源对于企业来说，主要是一种知识财富，是企业创新的源泉。高素质人才的获取和开发是现代企业可持续发展的关键。管理资源又可理解为创业者资源。创业者自身素质对创业企业的成长有至关重要的作用。创业者的个性，对机遇的识别和把握，对其他资源的整合能力，都直接影响创业的成败。科技资源是一种积极的机会资源。对于新创企业来说，主动引进和寻找有商业价值的科技成果，是企业的立身之本和市场竞争之源。

非核心资源主要包括资金、场地和环境资源。如何有效地吸收资金资源并保持稳定的资金周转率，实现预期盈利目标，是创业成功与否的瓶颈课题。场地资源指的是高科技企业用于研发、生产、经营的场所。良好的场地资源能够为企业大幅度降低运营成本，提供便利的生产经营环境，短期内累积更多的顾客或质优价廉的供应商，而环境资源作为一种外围资源影响着创业企业发展。例如，信息资源可以提供给创业者优厚的场地资金、管理团队等关键资源，文化资源可以促进管理资源的持续发展，等等。

（四）按资源来源分类

自有资源是来自创业企业内部积累，创业者自身所拥有的可用于创业的资源，如创业者自身拥有的可用于创业的自有资金，自己拥有的技术，自己所获得的创业机会信息，自建的营销网络，控制的物质资源，或管理才能等，甚至在有的时候，创业者所发现的创业机会就是其所拥有的唯一创业资源。

外部资源可以包括例如朋友、亲戚、商务伙伴或其他投资者、投资人资金，或者包括借到的人、空间、设备或其他原材料（有时是由客户或供应商免费或廉价提供的），或通过提供未来服务、机会等换取到的，有些还可能是社会团体或政府资助的管理帮助计划。外部资源更多的来自于外部机会发现，而外部机会发现在创业初期起着决定性作用。创业者在开始创业时期面临的一个重要问题即资源不足和资源供给。一方面，企业的创新和成长必须消耗大量资源；另一方面，企业自身还很弱小，无法实现资源自我积累和增值。所以，企业只有识别机会，从外部获取到充足的创业资源，才能实现快速成长，这也是创业资源有别于一般企业资源的独特之处。对创业者来说，运用外部资源，是一种非常重要的方法，在企业的创立和早期成长阶段尤其如此，其中关键是具有资源的使用权并能控制或影响资源部署。

自有资源的拥有状况将在很大程度上影响甚至决定我们获取外部资源的结果。“打铁还要铁墩硬”，立志创业者首先致力于扩大、提升自有资源。自有资源的拥有状况（特别是技术和人力资源）可以帮助我们获得和运用外部资源。

（五）起码资源和差异性资源

还有两个概念可以帮助我们思考创业资源的准备问题，即起码资源和差异性资源。一般来说我们不可能拥有前述谈到的所有资源，但进入创业阶段也必须要符合两个条件：一是要有进入一个行业的起码资源，二是要具备差异性资源。如果任何条件均不具备，创业成功的可能性很小。对于准备创业的人来说，首先必须用书面的方式列出：进入这个行业的起码资源有哪些？我已经具备哪些？尚未具备的如何获取？进入这个行业的差异性资源是什么？我已经具备哪些？尚未具备的如何获取？

任务二 整合创业资源

创业者能否成功地开发出机会，进而推动创业活动向前发展，通常取决于他们掌握和能整合到的资源以及对资源的利用能力。许多创业者早期所能获取与利用的资源都相当匮乏，而优秀的创业者在创业过程中所体现出的卓越创业技能之一就是创造性地整合和运用资源，尤其是那种能够创造竞争优势并带来持续竞争优势的战略资源。

尽管与已存在的进入成熟发展期的大公司相比，创业型企业资源比较匮乏，但实际上创业者所拥有的创业精神、独特创意以及社会关系等资源，却同样具有战略性。因此，对创业者而言，一方面要借助自身的创造性，用有限的资源创造尽可能大的价值；另一方面更要设法获取和整合各类战略资源。

一、什么是创业资源整合

所谓创业资源整合，就是指寻找并有效利用各种创业资源的过程，并且这一过程应当具备两个基本特点：尽量多地发现有利的创业资源；以效率最高的方式来配置、开发和使用这些创业资源。

二、资源整合的原则

1. 渐进原则

对于任何一个创业企业或者创业团队来说，有利的创业资源都是难以完全发掘、配置和利用的。因此，就必须遵循渐进的原则，根据对资源的需求程度以及资源开发和利用的成本、收益和不确定性三者的综合考虑，逐步地寻找和利用各种创业资源。也就是说，对于每一种创业资源，都应当选择一个适当的整合时机，以降低资源的维护成本。

2. 双赢原则

基本上，我们所发掘和应用的每一种创业资源实际上也都是一个相对独立的利益体。因此在开发和使用这些资源的时候，就不能仅仅从创业企业的自身利益出发，而必须坚持双赢的原则。尤其是需要长期使用的创业资源，更要重视对方的既得利益。

3. 量力原则

不仅对于不同的资源需要渐进开发和使用，即使对于同一种创业资源，也存在着逐步开发的问题。尤其是对于创业团队和创业企业来说，资源开发的能力和经验都相对较弱，因此就更需要采取量力而行的原则，按部就班地对某一种创业资源进行开发和使用。比如一个创业者一开始就想充分发掘员工们的敬业精神，在采取了多种有效措施之后，他确实做到了。员工们每天都以饱满的热情努力工作，希望能够在不久的将来取得好的效益（包括一定的股份）。1年之后，就在大家感觉目标即将实现的时候，公司困遭遇了一次很大的挫折，员工们的士气一下子就低落下来。但他所能想到的激励员工的方法早已经让他用尽了，现在他才知道以前自己过早、过度地开发和利用了员工的敬业精神。

三、资源整合的类型

（一）内部资源整合

1. 内部资源清单

内部资源基本上可以概括为人、财、物和技术四个主要方面，除了人以外企业资源的作用都相对明确，只要配置合理就能发挥很好的作用，而且即使人的作用也比企业外部人的作用更加明确一些（表5-1）。

表 5-1　内部资源清单

资源名称	对资源的认知
创业者	素质与能力、社会关系网络、需求特征
创业企业员工	素质与能力、社会关系网络、需求特征
创业企业的固定资产	寿命周期、使用成本、有效配置
创业企业的流动资产	使用成本、有效配置
创业企业的资金	使用成本、有效配置
创业企业的技术资产	后继研发、拓展应用

2. 内部资源整合的目标和原则

与外部资源相比，内部资源具有很强的明确性，因此内部资源整合的最根本目标就是如何更有效地配置和使用这些资源，而不是像外部资源整合那样需要不断地发掘各种新的资源主体。因此我们可以把内部资源整合形象地比喻为“内部挖潜”。鉴于内部资源的特点，在内部资源整合的过程中应当注意如下一些基本原则。

一是公平原则。如前所述，创业资源的整合要体现双赢原则。因此，对于具有相对独立的利益主体特征的资源，在整合的过程中要体现不同资源主体之间的公平原则，尤其是对于内部的人的资源，由于创业者或者创业企业员工之间平时相互都有沟通，所以不公平的现象很容易就浮现出来，给整合带来负面影响。二是当前利益与长远利益相结合的原则。创业资源整合的根本目的就是实现创业企业利益的最大化，但这个利益还有当前和长远之分。因此，在内部资源整合的时候就要充分协调好当前利益与长远利益之间的冲突。就像前面我们所举的例子一样，任何基于当前利益而对创业资源的过度开发，都会给企业的长远发展带来隐患。三是缓冲原则。遇到困难和挫折是创业企业常有的事情，而应对这些困难和挫折可能更多的是依靠创业企业的自有资源，因为任何一个利益主体都不会愿意冒太大的风险去帮助一个新创建的企业。因此，在对内部资源整合的过程中一定要留有余地，以满足不时之需。比如在资金方面，适当地储备资金是有一定必要性的，因为创业企业在处于困境情况下的二次融资是非常困难的。

3. 内部资源整合的基本思路和方法

（1）对内部人的资源整合。在创业企业甚至创业团队当中，创业者和员工作为一个一个的利益主体能够集合在一起是因为大家具有一些共同的目标和需求。但不可忽视的是，每个人又有着一些自身的独特需求和目标。这种独特的需求和日标既为整合提供了可能，同时也对整合提出了挑战。基于人的趋利性，对人的整合就必须与激励机制结合起来，在适当成本的前提下使得所有内部人的利益（不一定是经济利益）总和最大化应当是对人的整合的根本目标。除了经济利益以外，企业及个人的发展前景和企业文化（或团队文化）的渲染也都是整合人的资源的有效措施。此外，给内部人以展示的机会和场合也是实现人的资源的有效整合的重要前提，因为只有这样才能了解每个人的素质和能力，才能更好地进行人员分工。

（2）对内部资产性资源的整合。资产性资源就是指创业企业内部的固定资产、流动资产和资金等。除了不具备利益主体的特性以外，资产性资源还具有很强的可度量性。因此，强化财务管理是实现对资产性资源有效整合的重要工具。具体来说，就是要建立起完善的财务管理和决策的相关体系及制度，对资产性资源的配置和使用进行财务核算，以经济效益作为选择整合手段和方法的重要标准。

（3）注重时间对资源整合的影响。实际上，时间也可以看作是创业企业的一种重要的内部资源。时间的效益主要是通过影响其他资源的配置来实现的。以机器设备为例，很多技术含量较高的生产设备，其报废可能不是因为物理磨损，而是技术磨损。也就是说，这些机器设备尽管还可以运转，但其技术水平已经落后了，已经被新的机器设备所取代了。这样，就可以通过这些机器设备的更多连续运转来尽量降低技术进步带来的风险，这也就体现了时间对资源整合的影响。

（二）外部资源整合

1. 外部资源的特点

与内部资源相比，外部资源就要复杂多了。首先，这些外部资源都是相对独立的利益主体；其次，这些外部资源与创业者或者创业企业的关系也更加复杂，创业者或者创业企业对这些资源的开发、配置和使用的难度更大；再次，很多外部资源不是直接摆在创业者和创业企业面前的，而是需要去寻找、发掘或选择，因此具有相当的不确定性（表5-2）。

表 5-2 外部资源清单

资源类别	具体资源	对资源的认知
相关政府机构	园区管理委员会、工商行政管理部门、税务管理部门……	相对规范的外部资源
商业化的服务组织	银行、技术市场、管理咨询公司、会计师事务所、律师事务所、投资机构、广告公司	实际上是把创业企业作为“买方”的各种营利机构
非营利性的服务组织	慈善基金会、公益组织	

续表

资源类别	具体资源	对资源的认知
产业链相关组织	原材料供应商、机器设备供应商、潜在顾客、批发商、零售商、代理商	
可能的合作伙伴	高校、科研院所等研究机构	
竞争者（竞合）	竞争者	
创业团队的个人社会网络	与创业者存在人际关联的个人	

2. 外部资源整合的目标和原则

由于创业者或者创业企业对外部资源缺乏控制权和支配权，所以外部创业资源整合无论在难度上还是在进展的缓慢程度上都高于对内部资源的整合。或者可以说，对内部资源进行整合的目的就是提高效率，不存在不可使用这些资源的问题。而在外部资源整合方面，基本的目标则是保证可以利用这些外部资源，然后才能谈到效率问题。在外部资源的整合上，应当遵循如下几个基本原则。

一是比选原则。由于外部资源的多样性，所以有助于某一创业任务的外部资源可能会有多个，使用每个外部资源都具有不同的收益、成本和不确定性。因此，创业者要根据创业项目发展的需要、自身的实力以及这些资源的特点，选择最适合的外部资源。二是信用原则。可以说，与外部创业资源打交道，实际上就是在与人打交道。因此，在外部资源的整合过程中，信用和信誉将是决定能否长期利用某些资源的关键因素。三是提前原则。由于外部资源整合的难度较大、进展相对也较慢，并且外部资源的发现也需要一定的过程，所以不能等到需要的时候再去考虑外部资源的整合，而是应当具有一定的超前眼光，适当提前开始某些外部资源的整合。

3. 外部资源整合的基本思路和方法

（1）重视信息的作用。很多外部创业资源首先要去找，找到之后才谈得上应用问题。因此，信息就成为外部创业资源整合的基本要素。要想获得很好的外部资源整合效果，就必须找到尽量多的能够满足某一具体创业目标的资源要素，然后去选择最适合的。

（2）适当地引入竞争。在某些情况下，有些外部资源可能会主动希望参与创业企业的资源整合。比如对于一个非常有前景的创业项目，可能会有很多机构愿意作为其产品的代理。此时，创业企业或创业者就可以通过引入竞争的方法，来获得对自己更为有利的代理条件。

（3）注重成本分析和不确定性分析。外部资源的整合不仅在效果上，甚至在成本上都存在着很强的不确定性。如何看待和处理这些不确定性将是影响外部资源整合的重要因素。曾经有一个坐落在华北地区的专门给大型企业加工零配件的小型创业企业。由于其产品质量好、成本低，得到了不少北方企业的应用。但出于风险的考虑，这些大型企业所需要的零配件一般只有50%左右从该创业企业采购，另一半则来自南方一个同类企业。为了扩大销量，他们必须再去发展新的客户，而且这些潜在客户都在南方。但考虑到运输成本，产品运到南方之后就不具备成本优势了。最后，他们选择了进一步开发现有客户资源的做法，成功地使北方企业对他们的采购量提高到了80%。

（三）创业负资源的整合

1. 负资源清单

对创业企业和创业者来说，负资源的产生主要有两种情况：一种是与创业企业或创业者存在直接利益竞争关系的“天然负资源”，这种情况相对较少；另一种则是那些具有双重属性的资源，利用好了就是正资源，利用不当则会转化为负资源。表5-3列出了两种负资源的常见情况。

表 5-3 两种负资源的常见情况

资源类别	具体资源	对资源的认知
天然负资源	同类技术的另一个发明者、同类产品或服务的提供者、潜在的进入者	偶尔也会存在竞争中的合作
双重属性负资源	创业伙伴或员工、原材料供应商、批发商、代理商	一般是由于受到更大利益的诱惑而转变

我们可以看出，很多内外部创业资源实际上都具有双重属性。所以，在对内外部创业资源进行整合的时候首先要考虑的就是防止它们向负资源方向转化。

2. 负资源整合的基本思路和方法

从基本思路来说，负资源的整合存在两个基本步骤：第一步就是要尽量避免负资源的出现，主要就是避免具有双重属性的资源转化为负资源，甚至是把负资源再转化为正资源；第二步就是要尽量降低已经产生作用的负资源的影响程度。在整合方法上，则需要注意如下几个方面。

（1）利益分析方法。可以说，利益是整合负资源的最有效工具。也就是说，要让那些潜在的负资源能够认识到：一旦他们转变成创业企业或者创业者的负资源，他们的收益就会减少，风险就会增加。只要能够做到这一点，就能够对负资源进行很好的整合。比如一个具有创业精神的员工，如果你能给他充分施展才能的空间以及相应的回报，以满足他对物质利益和精神利益的需求，他出来跟你竞争的可能性就会小很多。

（2）密切观察。一般来说，正资源转化为负资源，或者负资源产生作用，往往都存在一个过程，同时也会表现出某些特征或征兆。只要信息畅通、善于观察，就能够及早发现问题，防微杜渐。因此对创业者来说，经常关注自己的创业伙伴、优秀的员工、关键原材料的供应商、销售商等对创业企业发展至关重要的外部因素是十分必要的。

（3）分解创业风险。为了减少负资源对创业企业的不利影响，一个非常有效的方式就是降低这些潜在负资源对企业的制约。以关键原材料的供应商为例，你可以寻找两家供应商，分别从这两家采购，以分散风险。

四、资源整合的技巧

创业总是和创新、创造及创富联系在一起的。一位创业者结合自身创业经历提出了这样的观点：缺少资金、设备、雇员等资源，实际上是一个巨大的优势。因为这会迫使创业者把有限的资源集中于销售，进而为企业带来现金。为了确保公司持续发展，创业者在每个阶段都要问自己，怎样才能用有限的资源获得更多的价值创造？

1. 学会拼凑

很多创业者都是拼凑高手，通过加入一些新元素，与已有的元素重新组合，形成在资源利用方面的创新行为，进而可能带来意想不到的惊喜。创业者通常利用身边能够找到的一切资源进行创业活动，有些资源对他人来说也许是无用的、废弃的，但创业者可以通过自己的独有经验和技巧加以整合创造。例如：很多高新技术企业的创业者并不是专业科班出身，可能是出于兴趣或其他原因，对某个领域的技术略知一二，却凭借这个略知的“一二”敏锐地发现了机会，并迅速实现了相关资源的整合。

整合已有的资源、快速应对新情况是创业的利器之一。拼凑者善于用发现的眼光，洞悉身边各种资源的属性，将它们创造性地整合起来。这种整合很多时候甚至不是事前仔细计划好的，而往往是具体情况具体分析、“摸着石头过河”的产物，而这也正体现了创业的不确定性特性，并考验创业者的资源整合能力。

2. 步步为营

创业者分多个阶段投入资源并在每个阶段投入最有限的资源，这种做法被称为“步步为营”。步步为营的策略首先表现为节俭，设法降低资源的使用量，降低管理成本。但过分强调降低成本，会影响产品和服务质量，甚至会制约企业发展。比如：为了求生存和发展，有的创业者不注重环境保护，或者盗用别人的知识产权，甚至以次充好。这样的创业活动尽管短期可能赚取利润，但长期而言，发展潜力有限。所以，需要“有原则地保持节俭”。

步步为营策略表现为自力更生，减少对外部资源的依赖，目的是降低经营风险，加强对所创事业的控制。很多时候，步步为营不仅是一种做事最经济的方法，也是创业者在资源受限的情况下寻找实现企业理想目的和目标的途径，更是在有限资源的约束下获取满意收益的方法。习惯于步步为营的创业者会形成一种审慎控制和管理的价值理念，这对创业型企业的成长与向稳健成熟发展期的过渡尤其重要。

3. 发挥资源杠杆效应

尽管存在资源约束，但创业者并不会被当前控制或支配的资源所限制，成功的创业者善于利用关键资源的杠杆效应，利用他人或者别的企业的资源来完成自己创业的目的：用一种资源补足另一种资源，产生更高的复合价值；或者利用一种资源撬动和获得其他资源。其实，大公司也不只是一味地积累资源，他们更擅长于资源互换，进行资源结构的更新和调整，积累战略性资源，这是创业者需要学习的经验。

对创业者来说，容易产生杠杆效应的资源，主要包括人力资本和社会资本等非物质资源。创业者的人力资本由一般人力资本与特殊人力资本构成，一般人力资本包括受教育背景、以往的工作经验及个性品质特征等。特殊人力资本包括产业人力资本（与特定产业相关的知识、技能和经验）与创业人力资本（如先前的创业经验或创业背景）。调查显示，特殊人力资本会直接作用于资源获取，有产业相关经验和先前创业经验的创业者能够更快地整合资源，更快地实施市场交易行为。而一般人力资本使创业者具有知识、技能、资格认证、名誉等资源，也提供了同窗、校友、老师以及其他连带的社会资本。

相比之下，社会资本有别于物质资本、人力资本，是社会成员从各种不同的社会结构中获得的利益，是一种根植于社会关系网络的优势。在个体分析层面，社会资本是嵌入、来自并浮现在个体关系网络之中的真实或潜在资源的总和，它有助于个体开展目的性行动，并为个体带来行为优势。外部联系人之间社会交往频繁的创业者所获取的相关商业信息更加丰裕，从而有助于提升创业者对特定商业活动的深入认识和理解，使创业者更容易识别出常规商业活动中难以被其他人发现的顾客需求，进而更容易获得财务和物质资源——这正是其杠杆作用所在。

4. 设置合理利益机制

资源通常与利益相关，创业者之所以能够从家庭成员那里获得支持，就因为家庭成员之间不仅是利益相关者，更是利益整体。既然资源与利益相关，创业者在整合资源时，就一定要设计好有助于资源整合的利益机制，借助利益机制把包括潜在的和非直接的资源提供者整合起来，借力发展。因此，整合资源需要关注有利益关系的组织或个人，要尽可能多地找到利益相关者。同时，分析清楚这些组织或个体和自己以及自己想做的事情有利益关系，利益关系越强、越直接，整合到资源的可能性就越大，这是资源整合的基本前提。

利益关系者之间的利益关系有时是直接的，有时是间接的，有时是显性的，有时是隐性的，有时甚至还需要在没有的情况下创造出来。另外，有利益关系也并不意味着能够实现资源整合，还需要找到或发展共同的利益，或者说利益共同点。为此，识别到利益相关者后，逐一认真分析每一个利益相关者所关注的利益非常重要，多数情况下，将相对弱的利益关系变强，更有利于资源整合。

然而，有了共同的利益或利益共同点，并不意味着就可以顺利实现资源整合。资源整合是多方面的合作，切实的合作需要有各方面利益真正能够实现的预期加以保证，这就要求寻找和设计出多方共赢的机制。对于在长期合作中获益、彼此建立起信任关系的合作，双赢和共赢的机制已经形成，进一步的合作并不会很难。但对于首次合作，建立共赢机制尤其需要智慧，要让对方看到潜在的收益，为了获取收益而愿意投入资源。因此，创业者在设计共赢机制时，既要帮助对方扩大收益，也要帮助对方降低风险，降低风险本身也是扩大收益。在此基础上，还需要考虑如何建立稳定的信任关系，并加以维护。

课后实训提升

了解自己所处创业团队的资源现状，分析资源的优势和劣势，描述如何整合资源，发挥最大效用。

项目六　创业实施

学习目标

1. 了解创业融资概念，熟悉资金分类
2. 了解企业融资环境及其影响因素
3. 了解创业资金筹募渠道和风险以及融资所坚持的原则
4. 掌握创业融资的主要渠道及差异，了解创业融资的一般程序

引导案例

“中国女大学生创业第一人”的创业故事

李玲玲被称为“中国女大学生创业第一人”。她在17岁时就发明了“高杆喷雾器”，获得国家专利。1999年，还在华中科技大学新闻系上大三的李玲玲就已拥有7项专利，发明的防撬锁在第七届中国专利博览会上获金奖，拿到10万元创业风险基金，注册成立了天行健科技开发公司。李玲玲以专利入股，占公司四成股份。

对一个初出茅庐的女大学生来说，创业两个字本身就意味着艰辛。她回忆说：“白天学校的保安不让刷海报，我们总是在半夜12点以后，偷偷跑到学校里面去刷。”

事情并没有按既定轨道运行。不到一年时间，天行健公司就匆匆以倒闭收场。李玲玲回忆说：“最大的障碍还是在于人际关系处理不当，大学生创业都有一个与生俱来的缺陷，那就是办事无头绪，人脉资源匮乏，不会处理人际关系。”

从2004年开始，李玲玲把精力放在防盗门和装饰装潢上，重新注册海纳科技公司。在摸索期，她遇到了很多难题。“不是难，是非常难，比如说资金的压力、项目的改进、人员管理，包括社会关系这些都碰到过。”

经过几年的摸爬滚打，李玲玲的公司开始走上正轨。由于钢价不断上涨，防盗门成本增加。李玲玲顶住压力，既没有涨价，也没有减料，经久耐用的产品得到客户的认可，订单不断涌来。

公司目前拥有真空转印、防撬多扣边、隐形中控锁等6项专利，应用到生产中的有4个。专利对于公司的发展功不可没——这位靠专利起家的“金点子姑娘”，依旧有着难以割舍的专利情结。李玲玲解释说：“拥有自主知识产权，就拥有了竞争力。”

近年来，李玲玲并购了综合网站“汉人网”，经营的防盗门公司从开始的三个人发展到上千人，公司规模不断壮大。

资料来源：91创业网

任务一 了解大学生创业扶持政策

一、国家扶持的大学生五种创业形式

大学生自主创业可采用的市场主体类型主要有个体工商户、个人独资企业、合伙企业，农民专业合作社和有限责任公司。

创办不同类型的市场主体，需要准备的材料和办理流程也略有不同（请注意及时了解最新工商注册规定变化）。

（一）个体工商户

个体工商户是指有经营能力并依照《个体工商户条例》的规定经工商行政管理部门登记，从事工商业经营的公民。《个体工商户条例》第2条第1款规定：“有经营能力的公民，依照本条例规定经工商行政管理部门登记，从事工商业经营的，为个体工商户。”中国的个体户，超过半数为生存型创业，而不是机会型创业。也就是说，他们只能自我雇用、自己生存、自谋出路，不具有创造就业机会的能力，他们是自食其力的自由职业者。

依据国家统计局发布的《中国统计年鉴》，截至2019年年底，全国工商注册登记的个体户数为8261万户，个体就业人数17691.2万人，占2019年就业人员的22.84%，个体私营大大缓解了社会的就业压力。

按国家规定，凡是以自然人或以个人为单位，或以家庭为单位从事工商业经营的，均为个体工商户。根据法律有关政策，可以申请个体工商户经营的主要是城镇待业青年、社会闲散人员和农村村民。此外，国家机关干部、企事业单位职工不能申请从事个体工商业经营。

自然人从事个体工商业经营必须依法核准登记。个体工商户的登记机关是县以上工商行政管理机关。个体工商户经核准登记，取得营业执照后，才可以开始经营。个体工商户转业、合并、变更登记事项或歇业，也应办理登记手续。

个体工商户只能经营法律、政策允许个体经营的行业。在依法核准登记的范围内个体工商户的正当经营活动受法律保护，对其经营的资产和合法收益，个体工商户享有所有权。个体工商户可以在银行开设账户，向银行申请贷款，有权申请商标专用权，有权签订劳动合同及请帮工、带学徒，还享有起字号、刻印章的权利。

个体工商户从事生产经营活动必须遵守国家的法律，应照章纳税，服从工商行政管理。个体工商户从事违法经营的，必须承担民事责任和其他法律责任。《民法通则》第29条规定：

个体工商户的债务，个人经营的，以个人财产承担；家庭经营的，以家庭财产承担。即以个人名义申请登记的个体工商户，个人经营、收益也归个人者，对债务负个人责任；以家庭共同财产投资，或者收益的主要部分供家庭成员消费的，其债务由家庭共有财产清偿。

（二）个人独资企业

独资企业即为个人出资经营、归个人所有和控制、由个人承担经营风险和享有全部经营收益的企业。以独资经营方式经营的独资企业有无限的经济责任，破产时借方可以扣留业主的个人财产。

独资企业是最古老、最简单的一种企业组织形式，主要盛行于零售业、手工业、农业、林业、渔业、服务业和家庭作坊等。

独资企业的优点如下：

（1）企业资产所有权、控制权、经营权、收益权高度统一。这有利于保守与企业经营和发展有关的秘密，有利于业主个人创业精神的发扬。

（2）企业业主自负盈亏和对企业的债务负无限责任成了强硬的预算约束。企业经营好坏同业主个人的经济利益乃至身家性命紧密相连，因而，业主会尽心竭力地把企业经营好。

（3）企业的外部法律法规等对企业的经营管理、决策、进入与退出、设立与破产的制约较小。

个人独资企业的缺点如下：

（1）难以筹集大量资金。因为一个人的资金终归有限，以个人名义借贷款难度也较大。因此，独资企业限制了企业的发展和大规模经营。

（2）投资者风险巨大。企业业主对企业负无限责任，在硬化了企业预算约束的同时，也带来了业主承担风险过大的问题，从而限制了业主向风险较大的部门或领域进行投资的活动。这对新兴产业的形成和发展极为不利。

（3）企业连续性差。企业所有权和经营权高度统一的产权结构，虽然使企业拥有充分的自主权，但这也意味着企业是自然人的企业，业主的病、死，个人及家属知识和能力的缺乏都可能导致企业破产。

（4）企业内部的基本关系是雇佣劳动关系，劳资双方利益目标的差异，构成企业内部组织效率的潜在危险。

（三）合伙企业

合伙企业是指自然人、法人和其他组织依照《中华人民共和国合伙企业法》（以下简称《合伙企业法》）在中国境内设立的，由两个或两个以上的自然人通过订立合伙协议，共同出资经营、共负盈亏、共担风险的企业组织形式。

合伙企业一般无法人资格，不缴纳所得税，缴纳个人所得税。类型有普通合伙企业和有限合伙企业。

合伙企业可以由部分合伙人经营，其他合伙人仅出资并共负盈亏，也可以由所有合伙人共同经营。

普通合伙企业由两人以上普通合伙人（没有上限规定）组成。普通合伙企业中，合伙人对合伙企业债务承担无限连带责任。特殊的普通合伙企业中，一个合伙人或数个合伙人在执业活动中因故意或者重大过失造成合伙企业债务的，应当承担无限责任或者无限连带责任，其他合伙人则仅以其在合伙企业中的财产份额为限承担责任。

合伙企业比较容易设立和解散。合伙人签订了合伙协议，就宣告合伙企业的成立。新合伙人的加入，旧合伙人的退伙、死亡，以及自愿清算、破产清算等均可造成原合伙企业的解散以及新合伙企业的成立。

合伙组织作为一个整体对债权人承担无限责任。普通合伙人对合伙企业的债务承担无限连带责任。例如，甲、乙、丙三人成立的合伙企业破产时，当甲、乙已无个人资产抵偿企业所欠债务时，虽然丙已依约还清应分摊的债务，但仍有义务用其个人财产为甲、乙两人付清所欠的应分摊的合伙债务，当然此时丙对甲、乙拥有财产追索权。

有限责任合伙企业由一个或几个普通合伙人和一个或几个责任有限的合伙人组成，即合伙人中至少有一个人要对企业的经营活动负无限责任，而其他合伙人只能以其出资额为限对债务承担偿债责任，因而这类合伙人一般不直接参与企业的经营管理活动。

合伙企业的经营活动由合伙人共同决定，合伙人有执行和监督的权利。合伙人可以推举负责人。合伙负责人和其他人员的经营活动，由全体合伙人承担民事责任。换言之，每个合伙人代表合伙企业所发生的经济行为对所有合伙人均有约束力。因此，合伙人之间较易发生纠纷。

合伙人投入的财产，由合伙人统一管理和使用，不经其他合伙人同意，任何一位合伙人不得将合伙财产移为他用。只提供劳务、不提供资本的合伙人仅有权分享一部分利润，而无权分享合伙财产。

合伙企业在生产经营活动中所取得、积累的财产，归合伙人共有，如有亏损则亦由合伙人共同承担。损益分配的比例，应在合伙协议中明确规定；未经规定的可按合伙人出资比例分摊，或平均分摊。以劳务抵作资本的合伙人，除另有规定外，一般不分摊损失。

有限责任合伙，在《合伙企业法》里称为特殊的普通合伙企业。这是20世纪90年代以后出现的一种新的责任形式。它主要适用于专业服务机构，比较典型的就是注册会计师事务所、律师事务所等。

以专业知识和专门技能为客户提供有偿服务的专业服务机构，可以设立为特殊的普通合伙企业。有限责任合伙解决的一个主要问题就是在这些专业人员执业当中，如果某个或者几个合伙人，因为故意或重大过失给合伙企业造成债务时，这些责任人要承担无限连带责任，而其他没有责任的合伙人，仅以在合伙企业中的出资为限来承担责任。这样有助于这些采取合伙制的专业服务机构不断地扩大规模。

（四）农民专业合作社

农民专业合作社是以农村家庭承包经营为基础，通过提供农产品的销售、加工、运输、贮藏以及与农业生产经营有关的技术、信息等服务来实现成员互助目的的组织，从成立开始就具有经济互助性。农民专业合作社拥有一定的组织架构，成员享有一定权利，同时负有一定责任。

农民专业合作社以其成员为主要服务对象，提供农业生产资料的购买，农产品的销售、加工、运输、贮藏以及与农业生产经营有关的技术、信息直至网上交易等服务。

在组织构成上，合作社以农民作为经济主体，主要由进行同类农产品生产、销售等环节的公民、企业、事业单位联合而成，农民至少占成员总人数的80%，从而构建了新的组织形式。合作社在不改变家庭承包经营的基础上实现了劳动和资本的联合，从而形成了新的所有制结构。合作社对内部成员不以营利为目的，将利润返还给成员，从而形成了新的收益分配制度。合作社实行入社自愿、退社自由、民主选举、民主决策等原则，构建了新的经营管理体制。

合作社如果经营不善，可以申请破产。农民专业合作社破产，关系到成员和债权人的利益。为了保障成员和债权人的利益，法律规定只有人民法院有权宣告合作社破产，合作社不能自行宣告破产，债权人也无权宣告合作社破产。当然，债权人可以向人民法院申请宣告债务人破产还债。人民法院裁定宣告合作社破产后，由有管辖权的人民法院接管，并负责处理该合作社的破产事宜。

当合作社不能清偿到期债务时，为保护债权人的利益，依法定程序，将合作社的资产依法在全体债权人之间按比例公平分配，不足的部分不再清偿。

（五）有限责任公司

有限责任公司，简称有限公司（LLC.，全拼为Limited Liability Company），是指根据《中华人民共和国公司登记管理条例》规定登记注册，由50个以下的股东出资设立，每个股东以其所认缴的出资额对公司承担有限责任，公司以其全部资产对其债务承担责任的经济组织。

有限责任公司（有限公司）是我国企业实行公司制最重要的一种组织，也是大部分大学生创业的选择。

有限责任公司根据《中华人民共和国公司登记管理条例》规定登记注册，其优点是设立程序比较简单，不必发布公告，也不必公布账目，公司内部机构设置灵活；其缺点是由于不能公开发行股票，筹集资金范围和规模一般都比较小，难以适应大规模生产经营活动的需要。因此，有限责任公司这种形式一般适合于中小企业。

公司办理了工商注册后，公司名称就受法律保护，且在日常经营活动中应当使用工商行政管理部门核准的名称，不能改变、增减其中的任何一个字。

有限公司和个人独资企业的区别如下：

（1）投资主体不同：有限责任公司投资主体可以是自然人，也可以是法人；而个人独资企业的投资主体只有一个人，就是自然人。责任由自己独自承担。

（2）法律形式不同：有限责任公司属于法定民事主体，具有法人资格，个人独资企业不具有。

（3）税收缴纳规定不同：有限责任公司需要缴纳企业所得税，把所得利润发员工工资，员工还需要缴纳个人收入所得税。个人独资企业不需要纳税，只需要缴纳个人所得税。

（4）投资者承担责任不同：有限责任公司的股东以认缴的出资额为限承担“有限责任”，个人独资企业的投资人以其个人资产对公司承担无限责任。

（5）财务核算要求不同：有限公司应当在每年年度终了时编制财务会计报告，并由会计师事务所审计。个人独资企业则只需依法设置会计账簿来进行会计核算，无须经会计师事务所审计。

二、国家层面关于高校毕业生就业创业的政策

人社部印发《关于做好2021年全国高校毕业生就业创业工作的通知》，要求各地全面贯彻党的十九届五中全会精神和党中央、国务院决策部署，将高校毕业生就业作为就业工作重中之重，以实施高校毕业生就业创业促进计划为统领，以品质就业服务为支撑，精准施策，多方发力，确保高校毕业生就业局势总体稳定。通知提出八项措施：

（1）落实政策拓宽渠道，拓展企业就业主渠道，开拓重大战略就业岗位，鼓励支持基层就业，稳定事业单位招聘规模，促进毕业生市场化社会化就业。

（2）引导扶持创业创新，将创业培训向校园延伸，加大资金保障力度，倾斜创业服务资源，支持毕业生个体经营、非全日制就业和平台就业。支持留学回国人员创业创新。

（3）强化精准招聘服务，常态化开展线上招聘，开展高校毕业生就业云服务活动，增强线下服务品质，搭建便捷高效的求职招聘通道。

（4）加大职业技能培训，深入实施“百万青年技能培训行动”，扩大职业培训规模，拓展新职业培训，提供一批高质量培训项目。组建专业化高素质职业指导师队伍，开展职业指导师进校园进社区活动。

（5）加快跟进实名服务，对离校未就业毕业生登记到位、联系到位、帮扶到位，确保就业服务不断线。

（6）积极拓展就业见习，多渠道募集见习岗位，制定见习单位目录和岗位清单，推进见习规范管理，开展见习示范单位创建活动。

（7）扎实做好困难帮扶，对低收入家庭、零就业家庭、残疾等毕业生实施专项帮扶，对因疫情影响求职受阻的高校毕业生、海外留学回国毕业生，提供针对性就业帮扶和求职便利。

（8）加大就业权益保护，推动“政策找人”、打包快办，简化就业手续。加强用人单位和人力资源服务机构招聘行为监管，开展权益保护专题宣传，营造良好就业环境。

资料来源：人力资源和社会保障部政务微信（微信号：rsbzwwx）

三、江苏省促进高校毕业生自主创业政策

（1）税收优惠。对持《就业创业证》或《就业失业登记证》毕业年度高校毕业生从事个体经营的，在3年内按每户每年14400元为限额，依次扣减其当年实际应缴纳的增值税、城市维护建设税、教育费附加、地方教育附加和个人所得税；高校毕业生直接从事种植业、养殖业、林业、牧业、水产业生产的，其销售自产的初级农产品免征增值税；从事农、林、牧、渔业项目的所得税免征或减半征收企业所得税。

（2）信贷支持。创业的在校大学生和高校毕业生，可在创业地申请期限最长3年、最高

额度不低于30万元的创业担保贷款，合伙经营或创办企业还可适当提高贷款额度，在贷款基础利率上上浮3个百分点以内的，由财政据实全额贴息。开办“网店”的高校毕业生，可同等享受高校毕业生自主创业担保贷款和贴息政策。

（3）一次性创业补贴。对首次成功创业（在本省领取营业执照或其他法定注册登记手续）并带动其他劳动者就业，正常经营6个月以上，依法申报纳税的高校毕业生（在校及毕业2年内），给予一次性创业补贴。

（4）创业带动就业补贴。高校毕业生（在校及毕业2年内）初次创办经营主体吸纳其他劳动者就业并与之签订1年以上期限劳动合同，按规定缴纳社会保险费的，可按实际带动就业人数给予创业带动就业补贴，对吸纳符合条件人员就业的，按规定给予社会保险补贴。

（5）创业场地租金补贴。高校毕业生（在校及毕业2年内）初次创业租用各类创业孵化基地（含大学生创业园、农民工返乡创业园及众创空间等新型孵化机构），可享受不超过3年的创业场地租金补贴。

（6）创业基地运营补贴。大学生初次创业利用自有住房创业且生产或服务运营正常的，可给予用水、用电、宽带接入等创业基本运营补贴。

（7）创业项目补贴。毕业5年内的高校毕业生（含留学回国）或在校生在江苏省行政区域范围内已经实施的创业项目，可以参加省和地方每年举办的大学生优秀创业项目遴选，对入选为江苏省大学生优秀创业项目的，省给予10万元的一次性创业项目奖励。

（8）社保补贴。对在工商部门首次注册登记起3年内创业失败，企业注销后登记失业并以个人身份缴纳社会保险费6个月以上的（不含领取失业保险金时间），按其实际纳税总额的50%、最高不超过1万元的标准给予一次性补贴，用于个人缴纳的社会保险费。

（9）免费服务。有创业意愿的高校毕业生，可免费获得公共就业和人才服务机构提供的创业指导服务，包括政策咨询、信息服务、项目开发、风险评估、开业指导、融资服务、跟踪扶持等“一条龙”创业服务。允许包括专科生在内的高校毕业生在创业地办理落户手续。

资料来源：江苏省人力资源和社会保障厅，国家和省促进高校毕业生就业主要政策措施　2020年5月18日

任务二　筹集创业资金

一、创业融资概述

融资就是货币资金的融通，即通过各种方式在金融市场上筹集资金。企业融资是指以企业为主体融通资金，使企业及其内部各环节之间资金供求由不平衡到平衡的运动过程。创业融资就是创业企业筹集资金的行为与过程，是创业企业根据不同发展阶段的需要，经过科学预测和决策，采取一定的方式，通过某种渠道向企业的投资者或者债权人筹集资金的一种经

济活动。创业融资具有以下特征。

1. 融资的市场性

企业在创业初期，自我积累的资金有限，不可能满足创业企业技术创新的高投入需求，从外部市场取得外源融资成为必不可少的手段。

2. 融资的多元性

为了满足创业企业多方面的融资需求，创业企业需要借助多种渠道、以不同融资方式筹集资金。

3. 融资的组合性

首先，不同融资方式的融资风险大小不同；其次，创业企业在不同的发展阶段，面临的技术创新的风险不同，投资者的投资风险也有所区别。技术风险和投资风险的最大值分别出现在创新过程的初期和中前期，中后期风险逐步减小。根据技术创新风险收益的阶段性特征，创业企业在融资过程中应当实施融资组合化，合理、有效的融资组合不但能够分散、转移风险，而且能够降低企业的融资成本和债务负担。

4. 融资的社会性

创业企业的融资需要调用社会各方面的力量，特别需要政府的引导和扶持。创业企业不仅具有极高的成长性和效益性，而且对国家经济发展具有极为重要的战略意义。创业企业融资离不开国家、社会机构甚至个人的参与。一个国家的经济社会化程度越高，金融越发达，其企业融资的社会性就越强。

二、创业资金的测算

在创业融资之前，创业者需要对创业成本进行适当的估计，测算出创业所需的资金数额。创业所需资本的用途主要有两种：一是营运前支出或称投资成本，即企业开始营运之前，需要投入一定数量的资金，用于开办企业的相应支出，主要用于购买租用土地、建设厂房、装修厂房、购买机器、通水通电、登记注册费、前期广告宣传等各种支出；二是营运前期支出或称营运成本，即企业投入营运之后，在实现盈利之前，要维持企业正常运转还得投入的资金，主要用于员工薪酬、购置原材料、电话费、水电费等支出。

从资本的形式来看，可分为固定资本和流动资本。固定资本包括机器设备、购买厂房、车辆、办公设备等固定资产的资本，这些固定资本的使用寿命比较长，资本的周转速度比较慢，在短期内不一定能收回。而流动资本则包括用于购买原材料、燃料、支付工资及其他日常经营费用的资本，因这些资本具有很强的流动性，周转速度比较快，基本在一个营运周期内就可能收回。

三、启动资金的预算

在创业者对市场有了一定的分析和了解并确定产品的市场状况良好后，创业者下一步要做的一项非常重要的工作就是确定开办企业必须购买的物资和必要的开支并测算总费用，这些费用称为启动资金。

1. 启动资金的类型

启动资金分为固定资产投资和流动资金两部分，主要用来支付场地（土地和建筑）、办公家具和设备、机器、原材料和商品库存、营业执照和许可证、开业前广告和促销、工资，以及水电费和电话费等费用。

固定资产是指企业购买的价值较高、使用寿命较长的资产，如使用期限超过一年的房屋、建筑物、机器、机械、运输工具，以及其他与生产经营有关的设备、器具和工具等。不同的企业所需的固定资产不同，有的企业用很少的投资就能开办，而有的却需要大量的投资才能启动。在创办企业时应尽可能把必要的投资降到最低限度，让企业少承担一些风险。

流动资金是指项目投产后，为进行正常生产运营，用于购买原材料、燃料、支付工资及其他经营费用等必不可少的周转资金。

2. 启动资金的预测

创业者要认真而详细地对固定资产投资和流动资金进行预测，不同类型企业所需资金不同。

（1）固定资产投资预测。对于企业而言，最主要的固定资产投资就是企业用地和建筑投资及设备投资。

一是企业用地和建筑投资。办企业或开公司，都需要有适用的场地和建筑。也许是用来开工厂的整个建筑，也许只是一个小工作间，也许只需要租一个店面。如果你能在家开展工作，就能降低投资，节省费用。对于营业地点的选择，创业者可以根据自己的条件及工作性质，确定企业具体需要什么样的场地和建筑等。当你清楚了需要什么样的场地建筑时，就要做出以下选择：建造新的厂房建筑；买现成的建筑；租房；在家开业。

二是设备投资。设备是指你的企业所需要的所有的机器、工具、工作设施、车辆、办公家具等。对于制造商和一些服务行业，最大的需求往往是设备。一些企业需要在设备上大量投资，因此了解清楚需要什么设备，以及选择正确的设备类型就显得非常重要。即便是只需少量设备的企业，也要慎重考虑是否确实需要那些设备。

（2）流动资金预测。企业开张后要运转一段时间才能有销售收入。制造性企业在销售之前必须先把产品生产出来；服务性企业在开始提供服务之前要买材料和办公用品；零售商和批发商在卖货之前必须先买货。所有企业在揽来顾客之前都必须先花时间和费用进行营销。总之，你需要流动资金支付以下开销：购买并储存原材料和成品；营销费用；工资；租金；保险和其他费用。

一般而言，创业者必须准备足够的流动资金来维持企业的正常运转。不同类型的企业对流动资金规模要求不同，一些企业需要足够的流动资金来支付6个月的全部费用，还有一些企业只需要支付3个月的费用。创业者必须预测，在获得销售收入之前，新企业正常运营能够维持多久。

一是购买原材料和成品费用。制造性企业生产产品需要原材料；服务性企业的经营者也需要一些材料；零售商和批发商需要储存商品来出售。创业者预计的库存越多，需要用于采购的流动资金就越多。既然购买存货需要资金，创业者应该将库存降到最低限度。如果创办的是一个制造性企业，创业者必须预测生产需要多少原材料库存，这样可以计算出在获得销售收入之前需要多少流动资金。如果是一个服务性企业，创业者必须预测在顾客付款之前，提供服务需要多少材料库存。零售商和批发商必须在开始营业之前，预测需要多少商品存货。

二是促销费用。新企业开张后，由于消费者对自己生产的产品或提供的服务还不了解，为了让消费者购买自己的产品或服务，就需要对自己的产品或服务进行促销活动，而促销活动需要一些费用开支。

三是工资。如果新企业雇用员工，在起步阶段就得给员工付工资。创业者还要以工资方式支付自己家庭的生活费用。计算流动资金时，要计算用于发工资的资金，只要通过用每月工资总额乘以还没达到收支平衡的月数就可以计算出来。

四是租金。正常情况下，新企业一开始运转就要支付企业用地用房的租金。计算流动资金中用于房租的金额，用月租金额乘以还没达到收支平衡的月数就可以得出来。创业者还要考虑到租金可能一付就是3个月或6个月，如此会占用更多流动资金。

五是保险。同样，企业一开始运转，就必须投保并支付员工医疗保险、养老保险、工伤保险等相关保险费，这也需要流动资金。

六是其他费用。在企业起步阶段，还要支付一些其他费用，如电费、办公用品费、交通费等。

3. 企业的财务预算

为了使企业能正常地运转，企业必须有足够的资金予以保证，这就需要制订现金流量计划。现金就像是使企业这台发动机运转的燃料，有些企业由于缺乏管理现金流量的能力，可能会影响企业的正常经营。在大多数企业中，每天都要收取和支付现金，成功的创业者都要制订现金流量计划。现金流量计划显示每个月预计会有多少现金流入和流出企业。预测现金流量将帮助你的企业保持充足的动力，使你的企业不会出现现金短缺的威胁。当然，制订现金流量计划绝非易事，常常有下列因素影响其准确性。

（1）有些销售需要赊账，赊销通常在几个月后才能收回现金。创业者在制订市场营销计划时，已经决定了赊销政策，因此需要考虑到这个因素。

（2）有时企业采购会赊账，以后再付现金，这也会使现金流量计划的制订变得更加复杂，但赊购对于一个新企业而言不太可能，因而也就不太常见。

（3）新企业的某些费用是“非现金”的，如设备折旧等项目将不包括在现金流量计划里。但是，当设备折旧期一过，就可能丧失功能，必须购买新设备。若没有考虑到这个因素，现金准备不足，不能按时购进新设备，将会影响企业的正常运转。

通过制订现金流量计划，会使创业者明确流动资金需求量。现金流量计划有助于保证企业在任何时候都不会出现无现金经营的情况。为了保证新企业的正常运转，一旦发现现金短缺，企业应尽快考虑筹措资金的渠道和方式。

四、创业融资环境

融资环境是指在一定的国家相关法律规定内以及企业制度下，影响企业筹资活动的各种因素的集合。它一方面为企业的融资提供机会和条件；另一方面对企业的融资起着制约、干预甚至胁迫的消极作用。对企业融资活动产生影响的一切因素的总和称为融资环境，包括政治环境、经济环境、债务融资环境、资本市场环境、法律环境、信用担保体系、企业自身状况等因素。

（一）债务融资环境

目前，国家对中小企业的金融扶持政策的力度还不够，导致中小企业靠其自身所获得的贷款远不足以支撑它的自身发展。大型企业获得商业贷款相对容易，但是中小企业由于资本少，贷款不易。资本周转速度较为缓慢，这就给企业发展造成了阻碍。中小企业外源融资方式中的间接融资方式主要通过信贷市场。但是现在大多数大型商业银行的贷款审批权力都在总行或省级分行，各个银行的分支机构对中小企业进行贷款时，也都要求进行财产抵押或者担保，向企业直接提供信用贷款的比较少。同时我国大型商业银行主要是面向安全性较高，发展较好的行业和大型企业提供贷款。因此在我国金融体系中，中小金融机构主体缺失，完全独立的中小金融机构较缺乏。原先定位为主要为当地中小企业提供融资支持、提供专门金融服务的城市信用合作社，在最近几年也纷纷合并，组建成为合作银行或者是地方性商业银行。

但也有少部分中小企业能够提供抵押物，也顺利从银行获得了融资，但是所获融资方式十分单一。一般是贷款、承兑或者票据贴现。目前，我国的票据市场不完善，有些业务不能明确开展，因此中小企业一般不会通过票据贴现进行融资。因此不管是从提供服务的金融机构的健全性程度，还是从融资方式的丰富性角度分析，中小企业的融资渠道都是十分局限的。

（二）资本市场环境

与西方国家相比较，我国资本市场虽然已经经历了几十年的成长与发展，但是依然存在着发展缓慢的问题。成熟的资本市场结构通常呈现底层的板块挂牌的企业多，顶层板块挂牌的企业少的层级分布方式。虽然我国由主板、中小板、创业板、新三板、区域股权交易市场、券商柜台市场在内构成的多层次资本市场体系基本确立，但是我国的资本市场仍然呈现的是倒金字塔结构。

（三）企业自身因素

由于中小企业规模小，缺少主导产业，发展目标不太明确，竞争能力比较弱，这就造成了中小企业的内源融资规模有限，也因此造成中小企业缺乏能够用于抵押的优质资产，在政策紧缩的情况下，一般很难通过银行等金融机构获得必要的资金融通。并且中小企业的公司治理结构主要是所有权和决策权高度集中，这种经营模式在企业不断发展壮大的过程中限制了企业的管理水平，影响了企业的发展后劲。

在中小企业的用人机制上通常是其亲属和朋友占据重要岗位，极易造成业主把私人活动和企业经营活动相混淆。这不仅影响企业资产安全与完整，影响企业的投资决策和资金筹集，更重要的是由于缺乏有效的监督机制，很难保证企业财务信息的质量，从而造成信息失真，财务信息造假。这就产生了中小企业与银行之间的信息不对称，而银行要获得中小企业真实信息的成本非常高，因此银行不愿意向中小企业提供贷款，使中小企业自身所处的金融环境遭到破坏，导致中小企业获得银行债务融资十分困难，最终影响中小企业在资本市场上融资。

（四）经济环境

自2012年以来，我国经济出现增速放缓、结构开始优化、动力不断升级、方式逐渐转变的新常态，融资需求有所放缓，但风险有所提升，同时客观上需要经济适度增长。与此同时，2014年以来，受监管强化影响，表外业务明显收缩，带动全年社会融资规模较2013年减少1万亿元。类似融资规模收缩仅在2004年和2011年出现过。尽管当前规模基本反映了融资意愿和融资能力的现实，但一方面融资结构中，票据融资和信托贷款的大幅收缩，在一定程度上却加剧了融资难和融资贵，增加了经济困难；另一方面，保持经济平稳运行，离不开适度宽松的融资支撑。从这个意义上讲，2014年以来我国的社会融资环境有进一步放松的趋势。

当然，创业企业融资还受到政治、法律以及文化等方面因素的影响。

五、融资难的原因

近年来，我国政府和金融机构采取多种措施，不断加大对中小企业融资工作支持力度，取得了一定的效果，但仍然存在一些影响中小企业融资的突出矛盾，致使中小企业融资难问题久拖难决。

1. 企业自身问题

目前，中小企业大都还属于传统产业和劳动密集型产业，企业自身存在技术设备落后、员工素质不高、创新能力不强，经营成本高、产品附加值低、盈利水平低、自有资金不足、负债率偏高、抗风险能力弱等问题，致使被银行列入不支持或被限制之列；同时企业内部治理结构不合理，股权结构单一，家族化管理方式，导致银行不愿为其融资；内部管理不规范，规章制度严重缺失，或有章不循，或违规操作，或财务信息失真，致使融资困难；信用观念淡薄，逃废银行债务现象时有发生，企业信誉受到影响；即使申请贷款企业的项目较好，但由于不能提供银行认可的土地、设备等有效担保资产，银行也爱莫能助。

2. 金融市场不健全

一是金融体制改革不到位，我国还未成立服务中小企业的专业性银行或基金组织，本应面向中小企业贷款的农村信用社和地方商业银行，则片面求大求强，趋大避小，竞相支持大型企业，对中小企业资金需求置之不理。由于中小企业贷款成本高、工作量大、收益小，在国有银行贷款则更难。二是贷款权限过度集中，市县级银行机构对中小企业基本没有贷款权，严格的授权授信管理制度，客观上削弱了基层商业银行对中小企业信贷的支持能力。三是银行抵押担保贷款的要求不适应中小企业的资产条件和经营状况，中小企业尤其是新办中小企业有效资产少，可供抵押的设备、场房等资产往往不能被银行认可，许多中小企业的经营场地和设备依靠租赁获得，根本无法实现抵押。四是银行对中小企业贷款利率执行普遍较高，地方性金融机构利率上浮达到基准利率的2倍多，国有商业银行及政策性银行利率上浮幅度也在50%以上，加上普遍收取的咨询费（或信息费）等费用，其利率上浮幅度则更高。

3. 担保公司效用小

虽然政府出资设立担保公司，目的是解决中小企业银行融资担保难的问题。但是现实情况是，虽大多县区成立了由政府出资控股的担保公司，但担保公司业务开展不理想，企业银行融资担保难问题未得到明显缓解。

主要原因，一是银行、政府缺乏互信。贷款行要求担保公司资本金必须存入本行专户管理，否则免谈，这种画地为牢的做法限制了其他银行业务介入。另外合作行与担保公司就担保资金放大倍数、资金损失分担比例也难以达成一致，尤其是风险分担分歧较大。二是担保公司资本金规模较小。为中小企业服务的县区担保公司，资本金规模一般在3000万元以下，面对庞大的企业融资担保需求显得力不从心。三是担保公司担保条件较为苛刻。其对担保企业反担保条件比照银行贷款条件执行，符合担保公司担保条件的，也基本符合无担保公司担保的银行贷款条件，提供担保须向担保公司缴纳4%的担保费，还要缴纳反担保资产的评估费、登记费等，借贷成本较高，许多企业因此知难而退。四是担保公司政府导向性强，申请担保的企业只有符合政府意图才能取得公司担保，而要取得政府同意，企业还需要做许多工作。

六、解决途径

1. 加强企业自身建设

健全和完善中小企业治理结构，建立现代企业制度，对国有中小企业要实行积极的退出战略，走改制重组道路；对私营中小企业要引导资本社会化方向，改变家族化管理方式，吸收现代企业管理制度的要素；对集体中小企业要推动产权改革，明晰产权关系。要按照现代企业制度的要求，建立科学的管理体系，形成完备的内部监控体系，保证信息的准确性、真实性，树立良好信用形象。

企业要改变经营管理理念，摒弃原来所有权和决策权高度集中的管理经营理念。运用现代科学的企业经营管理理念，让所有权和经营权相分离。从根本上提高中小企业的素质，增强企业的竞争力。在中小企业信誉方面，目前绝大多数中小企业的财务信息的披露不规范，从而制约银行向中小企业发放贷款。这是由于中小企业的信息公开存在不真实的成分，造成了银企之间的信息不对称。

因此中小企业要从自身做起，规范企业自身的财务管理。在财务人员的聘用上要改变原来家族式的管理，任人唯亲的用人制度。聘用具备扎实财务知识和良好职业道德的专业从业人员，提高企业财务信息的可信度。

2. 深化金融体制改革

尽快建立为中小企业服务的依靠民间资本参股的小型商业银行，为中小企业提供方便快捷的融资服务。积极发展村镇银行等新型金融机构，聚集更多社会闲散资金支持中小企业发展。国有商业银行要积极拓展中小企业贷款业务，集中资金支持发展潜力较大的中小企业。

3. 推进社会信用体系建设

形成中小企业银行融资难的一个重要原因是银企信息不对称、企业诚信度不够。要通过开展社会信用体系建设，改善金融生态环境，建立健全失信惩戒、守信激励机制，提高企业、政府及公众的诚信意识，充分发挥信用在中小企业银行融资中的优势与约束作用。

4. 健全中小企业信用担保机制

我国担保体系目前主要有三种模式：①政策性担保机构。它是不以营利为目的的非银行金融机构。担保资金主要来源于地方政府预算拨款，主要是为了实现特定的政策目标，是目前担保体系中主要的组成部分。②互助担保机构。它是自我出资、自我服务、自担风险、不以营利为目的组织机构，主要为缓解中小企业自身融资困难而自发组建的担保机构。③商业担保机构。

地方政府应建立担保资金财政预算补充机制，每年从财政预算中拨出专款用于扩大担保资金规模、弥补资本金损失。要优化中小企业奖励办法，鼓励中小企业将奖励资金转为担保公司股金，动员中小企业参股担保公司。银行监管部门及政府相关职能部门对担保金损失分担应制定合适的比例，制定担保资本金放大倍数、资本金托管的可行性操作办法，理顺各方利益关系，充分发挥担保机构在中小企业中的“孵化器”功能。

5. 改善对中小企业直接财政补助

对于积极发挥中小企业财政政策的作用主要是要发挥政策的引导作用。即政策的制定者通过制定政策实现对社会资金的再分配，从而达到使社会资金流向需要的企业、需要的部门、需要的产业。政府扶持基金只能暂时缓解中小企业资金不足的情况。因此在政策制定方面，除了要适当增加预算额度外，更重要的是中央的财政资金要起到引导作用，要积极吸收社会资金对中小企业的捐赠。在资助模式上要无偿有偿相结合。另外，为了让政府的资金能够扶持到更多的中小企业，可以适当地降低资金的扶持申请条件。

在中小企业群体里占很大一部分的是没有进入这两个板块的微型企业。这部分企业融资最困难，获得的政府扶持是最少的。因此在资金扶持的政策制定上应该进一步根据中、小、微进行划分，并且划分标准也应该定性定量相结合，扶持政策应该覆盖三种企业。在对像处于中小板的中型企业的扶持要做到扶持面小、扶持力度大。因为这类企业的发展通常处于攻坚阶段，并且自身有能力在中小板资本市场获得股权融资。

七、创业融资渠道

案例

“三个爸爸”千万元融资神话背后的故事

2015年2月，“三个爸爸”空气净化器准备创业，3月融资1000万美元，再后来30天在京东众筹1100万元，创造了京东众筹的一个纪录。“三个爸爸”创业者是用什么办法快速拿到这么多资金的呢？创始人之一戴赛鹰讲了他们团队的融资故事。

我们是2月份想做这个事儿，然后3月份就拿到了1000万美元的投资：为什么能拿到呢？我去找高荣资本的张震的时候，正好那天北京的空气污染特别严重。我跟他讲，我们要做的是为孩子造一个空气净化器。张震说，你讲的技术方面的东西，我不太懂，也不关心。但是我被你打动了，你知道为什么吗？昨天我把我的老婆和孩子都打发到三亚去了，去躲空气污染。我觉得你这个爸爸想给孩子做净化器，这个点打动了我。我这么理性的人都被你打动了，我想你能打动天下的父亲。

戴赛鹰的团队在创业过程中，通过周围的朋友和几个母婴社区，调查了700多个父母，找客户痛点。他们与每个父母都进行了长时间的沟通，最后挖掘到的痛点有65个之多，从中找到12个重要的痛点，又将它们简化成4个一级痛点，开发产品，吸纳“粉丝”参与。他们甚至像小米一样，吸纳了100个梦想赞助商作为“铁杆粉丝”，而且命名为“偏执狂爸妈”。后来，他们在总结创业经验时，主要提出了痛点+尖叫点+爆点的结论。同时，在互联网经济下他们熟练地应用了“粉丝”经济、“病毒”营销等方法，这些都促成了他们的创业成功。

创业融资有多种渠道，创业者要尽力挖掘一切可能的融资渠道获取创业资金来源。

（一）私人资本融资

通常来说，创业启动资金的多少，应视创业项目大小和其所在的行业而定，一般情况下，有以下几种融资渠道。

1. 亲情融资

如果你的创业计划需要的资金量不是很大，而且你未来的事业也想从小到大慢慢做起，这时，亲戚朋友拿出多年的积蓄来帮助你开业，这种情况在一些传统的小项目融资中很常见。因为亲情的关系，大家彼此之间不需要更多的信誉担保，一旦创业失败，亲友的钱还可以慢慢还。但对于比较大的投资项目，一般用亲情融资的方法就不行了。

2. 打工积累

有很多成功的创业者是靠最初给别人打工来赚取第一桶金和宝贵的职业经验的。用自己打工积累的钱做资金创业，既有一种白手起家的荣耀感，同时，在打工的同时也是一个创业的实习过程。世界上白手起家的企业家比比皆是。

3. 个人信誉融资

信誉融资是指用你或者你亲属的以往信誉获得贷款人的信任，同意给你贷款或者允许先拿货，售出之后再付款。

4. 商业信誉融资

与个人信誉融资类似的还有一种方式，叫作商业信誉贷款，这种融资基于良好的个人信誉。比如说，一直有生意往来，但你从来没有过拖欠货款的事情发生过，维持并建立了相当好的信誉。那么当你在遇到暂时的危机时，跟你合作过的供货商看你以前的信誉不错，通常会允许你先拿货后付款，或者允许你代销，这样就相当于你获得了周转资金，而经销就需要占用你自己的资金。

5. 天使投资

天使投资是指富有的个人直接对有发展前途的创业初期小企业进行权益资本投入，在体验创业乐趣的同时获得投资增值。从时间上来看，“天使”特指企业创业过程中的第一批投资人，资金在创业企业产品或服务形成之前注入，此时企业处于很不成熟的种子期。

按照是否有丰富的管理经验或创业经历，投资天使可分为两类：第一类是曾经的创业者或者是在大公司任职的、享受丰厚薪酬的管理精英；第二类是从事律师、医生等职业的高收入人群，或者是继承大笔遗产的继承人。天使们的投资动机一般包括以下方面：体验冒险激情；体验成功后的社会荣誉感；期望获得高昂的投资回报。

天使投资有三方面的特征：一是天使投资的金额一般较小，而且是一次性投入，它对风险企业的审查也并不严格，是个体或小型的商业行为。二是天使投资人不但可以带来资金，同时也带来关系网络。天使投资人一般有两类人：一类是创业成功者，另一类是企业的高管或高校科研机构的专业人员。他们对天使投资感兴趣不仅限于能在自己熟悉或感兴趣的领域进行投资，获取资金的回报，还希望以自己的资金和经验帮助那些有创业精神和创业能力的志同道合者创业，以延续或完成他们的创业梦想。很多天使投资人本身就是企业家，了解创业者面对的难处，是起步公司的最佳融资对象。例如，惠普公司创业时，斯坦福大学的弗雷德里克·特曼教授不仅提供了538美元的天使投资帮助惠普公司生产振荡器，还帮助惠普公司从帕洛阿尔托银行贷款1000美元，并在业务技术上给予创业者很大的支持。三是投资程序简单，短时期资金就可以到位。

（二）机构融资

1. 商业银行贷款

银行贷款是我国企业最常见的一种融资方式，创业者也可以通过向银行贷款补充创业资金的不足。

目前我国商业银行发放的贷款形式及创新类贷款形式主要有：委托贷款、信用贷款、担保贷款、票据贴现、综合授信、贴息贷款、项目开发贷款等。创业者应密切关注银行贷款信息和政策的变化，以选择最适合自己的机构贷款。

由于创业企业的风险大、信用低，商业银行在贷款的时候，通常要求创业者提供担保，包括抵押、质押和保证贷款。尤其值得注意的是，保证贷款是指贷款人以第三人承诺在借款人不能偿还贷款本息时按规定承担连带责任而发放的贷款。保证人可以是自然人，也可以是专业担保公司。目前，我国有许多由政府或民间组织的专业担保公司，可以为包括创业企业在内的广大中小企业提供融资担保。

2. 创业板上市融资

创业板市场着眼于创业，是指主板市场之外为满足中小企业和新兴行业创业企业融资需求和创业投资退出需求的证券交易市场，如美国的纳斯达克市场，英国的AIM（Alternative Investment Market）市场等。

创业板市场具有资本市场的一般功能，能为处于创业时期饱受资金缺乏困扰的中小企业提供融资的渠道。创业板市场青睐成长性高、科技含量高，能够符合新经济、新服务、新农业、新材料、新能源和新商业模式特征的企业，适合处于成长期的中小高新技术企业。

3. 众筹平台融资

众筹（Crowdfunding）的兴起源于美国网站kick starter。该网站通过搭建网络平台面向公众筹资，让有创造力的人有机会获得他们所需要的资金，以便使他们的梦想有可能实现。这种模式的兴起打破了传统的融资模式，每个普通人都可以通过众筹模式获得从事某项创作或活动的资金，使得融资的来源不再局限于风投等机构，而可以来源于大众。

4. 风险投资

风险投资也叫创业投资（Venture Capital，VC），是指在创业企业发展初期，投入风险资本，待其发育相对成熟后，通过市场退出机制，将所投入的资本由股权形态转化为资金形态，以收回投资，取得高额风险收益的投资方式。

中国的风险投资从20世纪80年代起步，经历了90年代末的互联网热，及21世纪初的网络泡沫破灭，到2003年前后，随着新一波创业浪潮兴起，中国逐渐成为全球风险投资的热土。近年来，与以往扎堆投资互联网行业不同，新一轮VC投资热衷传统项目，如教育培训、餐饮连锁、清洁技术、汽车市场等。

风险投资是典型的股权融资形式，与其他股权融资方式不同，风险投资更看重企业发展的未来，因而对投资项目的考察是所有投资方式中最为客观和严格的。对于中小企业而言，风险投资为企业长远发展提供市场化的资金支持，降低了创业者所承担的风险程度。要获得风险资本的支持，创业者需要直接向风险投资机构申请，或通过从事此类业务的中介机构来获取，同时创业项目应当有良好的盈利预期和市场前景，包装好的商业计划书，培育优秀的创业团队。

八、融资准备

企业在创业阶段风险较大，融资相对较难，如果不认真做好准备工作，成功的希望非常渺茫。在创业者缺乏相关经验的情况下，即使意外成功，交易结构和投资条款也对企业很不利，为今后的发展埋下隐患。所以，要成功实现创业融资必须预先做好融资准备工作。

所谓“知己知彼，百战不殆”，融资准备工作也必须从“内外”两大因素入手：做好内部建设，对企业现状和发展前景有清晰的认识；同时逐步了解外部的融资环境，可以聘请专业融资顾问获得帮助，为成功融资创造条件。具体包括以下几项。

1. 制定科学的融资决策

融资的前提是融资后的经营或投资总收益必须大于融资所发生的融资费用、利息和不确定的风险成本，否则就应该放弃融资。

2. 正确预测资金需求量

企业组织生产经营和投资活动，必然需要一定数量的资金以及时、适度地满足生产经营或投资的需要。这里就有一个确定合理规模的问题，因为资金不足会影响生产经营和投资活动的正常进行，资金过剩则会影响资金的使用效果，增加融资成本，而且会增大财务风险。所以，必须根据企业生产经营和投资的需要，按照合理、必需的原则，确定筹集资金的总额，做到既保证生产经营和投资的顺利进行，又不造成资金的浪费。

3. 合理选择融资的渠道和方式以降低资金成本

公司筹集资金的渠道和方式是多种多样的，但是不管利用哪种渠道，以哪种方式去筹措，都要发生一定的融资成本。不同的资金来源形成不同的融资成本，即使是同一资金来源，因融资方式的不同，融资成本也有很大的差别，而融资成本又是影响企业融资效益的重要因素。因此，企业在融资前应认真地比较各种资金来源的融资成本，合理选择融资渠道和方式，力求以尽可能低的融资成本获得尽可能高的资金效益。

4. 树立良好的企业形象以创造良好的融资信誉

从一定意义上讲，市场经济也是一种信用经济。因此，无论是吸引投资者投资，还是向金融机构借款或者向社会融资，都必须以良好的企业形象和商业信誉为前提。首先，创业投资方向必须符合国民经济发展的趋势和社会发展的需要，并具有较高的社会效益和经济效益。其次，经营管理必须符合科学化、现代化的要求，并以良好的经营业绩树立良好的企业形象，求得较高的社会信誉。最后，创业者在经营活动中必须讲求信用，如果经常拖欠债务，就会丧失信用，势必给筹措资金带来困难。

5. 注意资金构成的比例关系以减少融资风险

融资风险主要来源于创业资金的性质、用途、期限和效益。因此，在融资过程中，必须研究创业资金需求情况，并根据项目生产经营的特点、市场供求状况的好坏、资金使用效率的高低、利息变动的程度等因素，合理确定自有资金与借入资金、流动资金与技改资金、长期资金与短期资金的比例，趋利避害，提高资金的增值能力，减少融资风险。

6. 寻求合适的融资机会以确保融资成功

创业者要经常分析宏观经济形势、货币及财政政策等，及时了解国内外利率、汇率等，预测影响融资的各种因素，以寻求合适的融资机会，做出正确的融资决策。

7. 关注媒体以了解最新的创业政策

由于劳动力供求过剩，大学生失业率有升无降，近年来全国各地政府相继出台了许多鼓励创业的政策。除了有与创业贷款和基金有关的政策外，还有与减税免税、减少申请流程和手续、减免手续费等有关的政策。利用政策降低成本，也是融资时必须考虑的问题。

任务三 编制创业计划书

一、创业计划的内涵

俗话说“做事不计划，盲人骑瞎马”，创业之前，做个创业计划，写一份创业计划书是很有必要的。创业计划是创业者叩响投资者大门的“敲门砖”，是创业者计划创立的业务的书面摘要，一份优秀的创业计划书往往会使创业者达到事半功倍的效果。

创业计划，也称商业计划，是全方位描述与创建新企业有关的条件和要素的书面文件，是创业的行动导向和路线图。它既为创业者的行动提供指导和规划，也为创业者与外界沟通提供基本依据。创业计划需要阐明新企业在未来要达成的目标以及如何达成这些目标。但是，创业计划不是一成不变的，它需要随着计划的执行情况而进行调整。

二、创业计划书的作用

1. 帮助创业者自我评价，理清思路

对创业者而言，一个创业项目在头脑中酝酿时，往往比较有把握，但从不同角度仔细推敲时，可能有不同的结果。通过编制创业计划书，创业者对创业活动可以有更清晰的认识，深入探讨项目的可行性。可以说，创业计划首先是把计划中的项目推销给创业者自己，使创业活动能有条不紊地进行。

2. 帮助创业者对外宣传，获得融资

创业计划书是筹措资金的重要工具。投资者不是慈善家，投资者投资的目的在于获取投资带来的收益。投资者对于投资项目的选择也是十分谨慎而苛刻的。由于投资者的时间精力有限，对于任何潜在投资项目他们不可能身体力行地去考察。具体说来，对于投资者而言，大学生创业者在撰写创业计划书时要明确企业经营的构想和策略、产品市场需求规模与成长潜力、财务计划、投资回收年限以及风险等要素的阐述与评估，让创业计划书成为创业者向投资者传递信息的关键媒介。

创业计划书帮助创业者把创办的企业推销给潜在的合伙人、银行家、供应商、销售商以及行业专家、政府行业管理部门、新闻媒体。从这种意义上说，创业计划书还担负潜在资源积聚与整合的功能。对于大学生创业而言，创业计划书还是争取各类政府优惠与扶持政策待遇必不可少的通行证。

3. 帮助创业者凝聚人心，有效管理

创业计划书可以为企业的发展提供指导作用。创业计划书的内容涉及创业的方方面面，可以使创业者对产品开发、市场开拓、投资回收等一些重大的战略决策进行全面的思考，并在此基础上制订翔实清楚的营运计划，周密安排创业活动，发挥指导作用，降低创业风险。

三、制订创业计划所需要的信息种类

创业计划的制订，需要以充分、有效的信息为依据，所需要的信息主要有以下三种类型。

1. 市场信息

搜集市场信息主要是为了细分市场和确定目标市场，以及确定目标市场的规模、增长速度、竞争状况、发展潜力等，从而为制订营销计划提供依据。

2. 生产信息

生产信息主要是有关生产经营场所、供应商、劳动力市场，以及有关技术和发展趋势方

面的信息，这些信息决定着生产能力、生产成本、产品质量、生产经营环境等。

3. 财务信息

财务信息包括融资的渠道和条件、销售前景和费用支出预算等，这些信息是为了确定新创企业的资金需求和投资回报的方式和潜力。以上信息的搜集，可以通过各种方式获得，如媒体、研讨会、展销会、研究报告等。其中，互联网是一种有效、便利和节约的信息搜集方式，它可以为行业分析、竞争者分析和市场分析提供大量必要的信息。但是，通过互联网找到的资料，往往是不完整的、十分零碎的，需要审查和重新组织内容。为了完成制订商业计划的任务，在这些有关的信息搜集之后，要以一种可被管理和有用的方式进行整理。一种有效的整理信息的方式就是将信息分类，如划分为关于目标市场、行业、竞争对手、财务等方面的信息，然后将这些信息进行整合，形成一个商业计划。

四、创业计划书的撰写原则

（1）目标性。创业的目的不仅是追求企业的发展，而且要有创造利润的可能，要突出经济效益。

（2）完整一致性。运营计划完整陈列，涵盖创业经营的各项功能要素，前后基本假设或预估相互呼应，逻辑合理。

（3）优势竞争性。呈现出资源、经验、产品、市场及经营管理能力的优势。

（4）团队和谐性。展现组建经营团队的思路、人员的互补作用。尽可能突出专家的作用、高管人员的优势、专业人才队伍的水平，明确领军人物。

（5）市场导向性。明确市场导向的观点，明确指出企业的市场机会与竞争威胁，把握并充分显示对于市场现状的掌握与未来发展预测的能力。

（6）客观实际性。一切数字尽量客观、实际，以具体资料为证，并尽量同时分析可能采用的解决方法。切勿凭主观意愿估计，高估市场潜量或报酬，低估经营成本。工作安排循序渐进，有条不紊，可操作性强。

五、创业计划书的编制内容

1. 计划摘要

计划摘要列在创业计划书的最前面，它是创业计划书的精华。计划摘要涵盖了计划的要点，以求一目了然，以便读者能在最短的时间内评审计划并做出判断。

计划摘要一般包括以下内容：公司介绍、主要产品和业务范围、市场概貌；营销策略、销售计划、生产管理计划、管理者及其组织、财务计划、资金需求状况等。

在介绍企业时，首先，要说明创办新企业的思路、新思想的形成过程，以及企业的目标和发展战略。其次，要交代企业的现状、企业的背景和企业的经营范围。在这一部分中，要对企业以往的情况作客观的评述，不回避失误。中肯的分析往往更能赢得信任，从而使人容易认同企业的创业计划书。最后，还要介绍一下创业者自己的背景、经历、经验和特长等。创业者的素质对企业的成功往往起关键性的作用。在这里，创业者应尽量突出自己的优点并表示自己强烈的进取精神，给投资者留下一个好印象。

在计划摘要中，企业还必须回答下列问题：企业所处的行业，企业经营的性质和范围；企业主要产品的内容；企业的市场在哪里，谁是企业的顾客，他们有哪些需求；企业的合伙人、投资人是谁；企业的竞争对手是谁，竞争对手对企业的发展有何影响。

2. 产品（服务）介绍

在进行投资项目评估时，投资人关心的问题之一就是风险企业的产品、技术或服务能否解决，以及在多大程度上解决现实生活中的问题，或者风险企业的产品（服务）能否帮助顾客节约开支，增加收入。因此，产品介绍是创业计划书中必不可少的一项内容。通常，产品介绍应包括以下内容：产品的概念、性能及特性；主要产品介绍；产品的市场竞争力；产品的研究和开发过程；发展新产品的计划和成本分析；产品的市场前景预测；产品的品牌和专利。

在产品（服务）介绍部分，创业者要对产品（服务）作出详细的说明。说明要准确，也要通俗易懂，使不是专业人员的投资者也能明白。产品介绍要附上产品原型、照片或其他介绍。产品介绍通常要回答以下问题：顾客希望企业的产品能解决什么问题，顾客能从企业的产品中获得什么好处；企业的产品与竞争对手的产品相比有哪些优缺点，顾客为什么会选择本企业的产品；企业为自己的产品采取了何种保护措施，企业拥有哪些专利、许可证，或与已申请专利的厂家达成了哪些协议；为什么企业的产品定价可以使企业产生足够的利润，为什么用户会大批量地购买企业的产品；企业采用何种方式去改进产品的质量、性能，企业对发展新产品有哪些计划等。产品（服务）介绍的内容比较具体，因而写起来相对容易。虽然夸赞自己的产品是推销所必需的，但应该注意，企业所做的每一项承诺都是“一笔债”，都要努力去兑现。要牢记，创业者和投资者所建立的是一种长期合作的伙伴关系，空口许诺，只能得意于一时。如果企业不能兑现承诺，不能偿还债务，企业的信誉必然要受到极大的损害。

3. 人员及组织结构

有了产品之后，创业者第二步要做的就是组成一支有战斗力的管理队伍。企业管理的好坏直接决定了企业经营风险的大小，而高素质的管理人员和良好的组织结构则是管理好企业的重要保证。因此，风险投资家会特别注重对管理队伍的评估。

企业的管理人员应该是互补型的，而且要具有团队合作精神。一个企业必须要具备负责产品设计与开发、市场营销、生产作业管理、企业理财等方面的专门人才。在创业计划书中，必须要对主要管理人员加以阐明，介绍他们所具有的能力。他们在本企业中的职务和责任、他们过去的详细经历及背景。此外，还应对公司结构作简要介绍，包括公司的组织结构图；各部门的功能与责任；各部门的负责人及主要成员；公司的报酬体系；公司的股东名单，包括认股权、比例和特权；公司的董事会成员；各位董事的背景资料。

4. 市场预测

当企业要开发一种新产品或向新的市场扩张时，首先就要进行市场预测。如果预测的结果并不乐观，或者预测的可信度让人怀疑，那么投资者就要承担更大的风险，这对多数风险投资家来说都是不可接受的。市场预测首先要对需求进行预测，比如，市场是否存在对这种产品的需求？需求程度是否可以给企业带来所期望的利益？新的市场规模有多大？需求发展的未来趋向及其状态如何？影响需求都有哪些因素？等等。其次，市场预测还要包括对市场竞争的情况——企业所面对的竞争格局进行分析，比如，市场中主要的竞争者有哪些？是否存在有利于本企业产品的市场空当？本企业预计的市场占有率是多少？本企业进入市场会引起竞争者怎样的反应，这些反应对企业会有什么影响？等等。

创业者应牢记的是，市场预测不是凭空想象出来的，对市场错误的认识是企业经营失败的主要原因之一。

5. 营销策略

营销是企业经营中最富挑战性的环节，影响营销策略的主要因素有：一是消费者的特点；二是产品的特性；三是企业自身的状况；四是市场环境方面的因素。最终影响营销策略的则是营销成本和营销效益因素。在创业计划书中，营销策略应包括以下内容：市场机构和营销渠道的选择、营销队伍和管理、促销计划和广告策略、价格决策。对创业企业来说，由于产品和企业的知名度低，很难进入其他企业已经稳定的销售渠道中去。因此，企业不得不暂时采取高成本低效益的营销战略，如上门推销、增强商业广告力度、向批发商和零售商让利，或交给任何愿意经销的企业销售。对发展企业来说，一方面可以利用原来的销售渠道；另一方面也可以开发新的销售渠道以适应企业的发展。

6. 制订计划

创业计划书中的生产制造计划应包括以下内容：产品制造和技术设备现状、新产品投产计划、技术提升和设备更新的要求、质量控制和质量改进计划。

在寻求资金的过程中，为了增大企业在投资前的评估价值，创业者应尽量使生产制造计划更加详细、可靠。一般地，生产制造计划应回答以下问题：企业生产制造所需的厂房、设备情况如何；怎样保证新产品在进入规模生产时的稳定性和可靠性；设备的引进和安装情况，谁是供应商；生产线的设计与产品组装是怎样的；供货者的前置期和资源的需求量；生产周期标准的制定以及生产作业计划的编制；物料需求计划及其保证措施；质量控制的方法是怎样的；等等。

7. 财务规划

财务规划需要花费较多的精力来作具体分析，其中就包括现金流量表、资产负债表和损益表的制定。流动资金是企业的生命线。因此，企业在初创或扩张时，对流动资金需要有周详的计划和进行过程中的严格控制；损益表反映的是企业的盈利状况，它是企业在一段时间运作后的经营结果；资产负债表则反映在某一时刻的企业状况，投资者可以用资产负债表中的数据得到的比率指标来衡量企业的经营状况和可能的投资回报率。

财务规划一般要包括以下内容：一是创业计划书的条件假设；二是预计的资产负债表、预计的损益表、现金收支分析、资金的来源和使用。

可以这样说，一份创业计划书概括地提出了在筹资过程中创业者需要做的事情，而财务规划则是对创业计划书的支持和说明。因此，一份好的财务规划对评估风险企业所需的资金的数量，并借此提高风险企业取得资金的可能性是十分关键的。如果财务规划准备得不好，会给投资者以企业管理人员缺乏经验的印象，降低风险企业的评估价值，同时也会增加企业的经营风险。那么如何制定好财务规划呢？这首先要取决于风险企业的愿景规划——是为一个新市场创造一个新产品，还是进入一个财务信息较多的已有市场？

着眼于一项新技术或创新产品的创业企业，不可能参考现有市场的数据、价格和营销方式。因此，它要自己预测所进入市场的成长速度和可能获得的纯利，并把它的设想、管理队伍和财务模型推销给投资者。而准备进入一个已有市场的风险企业，则可以很容易地说明整个市场的规模和改进方式。风险企业可以在获得目标市场信息的基础上，对企业头一年的销售规模进行规划。

企业的财务规划应保证和创业计划书的假设相一致。事实上，财务规划和企业的生产计划、人力资源计划、营销计划等都是密不可分的。要完成财务规划，必须要明确下列问题：产品在每一个会计期间的发出量有多大；什么时候开始产品线扩张；每件产品的生产费用是多少；每件产品的定价是多少；使用什么分销渠道，所预期的成本和利润是多少；需要雇用哪几种类型的人；雇佣何时开始，工资预算是多少；等等。

六、创业计划书的基本结构

一般来说，创业计划书分为三部分：首先是形式部分，包括创业计划书的封面、扉页、目录等，是创业计划书的外部包装；其次是主体部分，就是创业计划书的主要内容；最后是补充部分，比如专利证明、专业的执照或证书，或者是意向书、推荐函等。

（一）封面与扉页

封面可以根据相关行业、公司特性进行设计，封面应该包括创业计划书名称、单位名称、撰写人、撰写日期、执行日期、联系方式等内容，这些信息还应置于封面醒目位置。因为封面和创业计划可能分离，最明智的方法是同时在这两处都留下联系信息。如果计划是给投资商看，最好将住宅电话也列上，因为这些人往往工作时间很不规则。他或她可能是最先接触你的人，读过计划后安排会见之前他们很可能希望通过电话同你讨论一些相关的问题。封面底部可以放置警示读者保密的事项，当然也可以放在扉页。如果公司已经有独特的商标，那么应该把它放在靠近封面顶部中间的位置。

（二）目录

一份创业计划书最好要有目录，这样可方便检阅，目录的样式及页面的设计可根据计划书的主题进行设计。创业计划的每个主要部分应列入目录并标出所在页码。页码编排有两种方式：一种是直接顺序编排，如1、2、3、…、9、10。这种编码方式适用于篇幅长，涉及问题不复杂，寻求资金数量中等的比较简单的创业计划；第二种是按章编页码，即页码前加章号，这是最常见的编码方式。

（三）创业计划书正文内容

创业计划书正文包括创业计划的实施概要；企业、产品或服务介绍；市场预测；营销策略；生产（经营）计划；组织与管理；财务计划；风险评估；退出策略等方面。

（四）附件

创业计划书一般应该有附录，附录中包含了不必在正文中列明的补充资料。通常主要包括以下内容：主要人员简历、专利技术的证明证件、协议与合同、专业术语的阐释、相关资料的说明及来源、一些供应商的相关资源等。

附录包括与创业计划相关、但不宜放在扉页和主干正文的一些内容，如企业的营业执照等证件、企业的组织结构图、产品说明书或图片、创业（管理）团队成员简历、具体财务报表等。通常，附录对提高创业计划的质量有着重要的作用，对于创业获取外部资源的支持有着特殊的意义。

一般来说，附录的内容可分为附件、附表和附图三部分。当然一份创业计划书没有必要包括以下所有部分，只从其中选取一些对自己的创业计划具有佐证价值的材料收入附录即可。附件包括营业执照复印件、主要经营团队名单及简历、董事会名单及简历、公司章程、专利证书、注册商标、鉴定报告、企业形象设计、场地租用证明、产品说明书、市场调查资料、专业术语说明、简报及报道、宣传资料等。附表包括主要产品目录、主要客户名单、主要供货商及经销商名单、主要设备清单、市场调查表、预估分析表、市场调查表、现金流量预测表、资产负债预测表、损益预测表等。附图包括产品市场成长预测图、企业的组织结构图、工艺流程图、产品展示图、产品销售预测图、项目选址图等。

七、编制创业计划书的注意事项

通常，创业融资用的计划书“七分策划，三分包装”，是技术和艺术的统一体。

1. 尽量精练，突出重点

编制创业计划书的目的是让投资者了解商业计划，其内容必须紧紧围绕这一主题，开门见山，使投资者在最短的时间内了解更多的关于商业计划的内容。如，要第一时间让投资者知道公司的业务类型，避免在最后一页才提及经营性质；要明确阐明公司的目标及为达到目标所制定的策略与战术；陈述公司需要多少资金及时间和用途，并给出一个清晰和符合逻辑的让投资者出资的策略。

2. 换位思考

编制创业计划书的一个重要方法就是换位思考，即融资者要设身处地，假设自己是一位战略合伙人或风险投资人，自己所最关心的问题是什么，自己判断的标准是什么。就是说，要按照阅读创业计划书的投资者的思路去写作创业计划书，这样就会弄清哪些是重点，应该具体描述，哪些可以简单描述，哪些是不必要的信息，从而获得投资者青睐。

就此来说，编制创业计划书应忌讳用过于技术化的词语来形容产品或生产营运过程，而尽可能用通俗易懂的条款，使读者容易理解。

3. 以充分的调查、数据、信息为基础

市场销售是投资获利的基础，对此，创业者要充分考察市场的现实情况，广泛收集有关市场现有的产品、现有竞争者、潜在市场、潜在消费者等具体信息，使市场预测建立在扎实的调查数据之上，否则后面的生产、财务、投资回报预测就都成了空中楼阁。为此，创业计

划书中总用含糊不清或无事实根据的陈述或结算表。

同时，在收集资料时，一定要做到客观公正，避免只收集对自己有利的信息，而不去收集或者故意忽略对自己不利的信息。一般来说，战略投资者或风险投资家都是一些非常专业的人士，提出的问题会非常尖锐，如果只收集对自己有利的信息，在遇到质疑时就会显得欠考虑和准备不充分。

4．实事求是，适度包装

创业计划书的作用固然重要，但它仍然只是一块敲门砖。过度包装是无益的，企业应该在盈利模式打造、现场管理、企业市场开拓、技术研发等方面下硬功夫，否则，即使有了机会也把握不住。

5．不过分拘泥于格式

创业计划书固然有很多约定俗成的格式，但很多资金供给方在实际运作中只关注几个关键点，关注他们想要看到的东西。因此，创业者（企业）在组织、编制创业计划书的过程中，不要过分拘泥于固定的格式，把企业的优势、劣势都告诉别人就可能是最后的赢家。

八、创业计划书的评价

创业计划书完成以后，要先对创业计划书进行自我评价。创业计划书的评价一般由三方评价构成。第一方为创业者，主要判定创业计划是否具有吸引力或可操作性；第二方为资源提供方，如创业投资者、潜在创业合作伙伴；第三方为独立于计划制订及使用方的咨询机构或其他机构，受人委托对创业计划进行公正性评价。

在了解投资者的评价、行为模式的基础上，创业者应采取积极的应对措施。因此，在创业计划书写完之后，创业者需要对计划书进行自我评估、检查一遍，评估计划书是否能准确回答投资者的疑问，争取投资者对创业项目的信心是十分必要的。

（一）评价要素

一份成功的创业计划书，应该能够简洁清晰地展示市场前景，把握市场的需要，解释创业投资者为什么会投资这个创业项目，并要有一个投资退出策略。如果过分乐观，或拿出的数据与行业标准相去甚远，或忽视竞争风险，或进入了一个拥挤的市场，则是一份失败的创业计划书。投资者对创业计划书关注的内容有以下六点。

1．简明清晰的概要

执行概要将是创业者所写的最后一部分内容，但却是出资者首先要看的内容，它将从计划中摘录出与筹集资金最相关的细节，包括对公司内部的基本情况、公司的能力以及局限性、公司的竞争对手、营销和财务战略、公司的管理团队等情况的简明而生动的概括。它会使风险投资者有这样的印象：这个公司将会成为行业中的巨人，我已等不及要去读计划的其余部分了。

2．优越的产品（服务）

在创业计划书中，应提供所有与企业的产品或服务有关的细节，包括创业者实施的所有调查。把出资者拉到企业的产品或服务中来，这样出资者就会和风险企业家一样对产品有兴趣。编写创业计划书的目的不仅是要出资者相信企业的产品会在世界上产生革命性的影响，同时也要使他们相信企业有证明它的论据。

3. 有把握的市场机会

创业计划书要给投资者提供企业对目标市场的深入分析和理解，要细致分析经济、地理、职业、心理因素对消费者选择购买企业产品这一行为的影响，以及各个因素所起的作用。创业计划书中还包括一个主要的营销计划，计划中应列出企业打算开展广告、促销及公共关系活动的地区，明确每一项活动的预算和收益。

4. 领先的竞争优势

在创业计划书中，应细致分析竞争对手的产品与企业的产品比，有哪些相同点和不同点，竞争对手所采用的营销策略是什么。要明确每个竞争者的销售额、毛利润、收入以及市场份额，然后再讨论企业相对于竞争者所具有的竞争优势，要向投资者展示，顾客偏爱企业的原因是：企业的产品质量好，送货迅速，定位适中，价格合适等。在创业计划书中，创业者还应阐明竞争者给企业带来的风险以及企业所采取的对策，要使它的读者相信，企业不仅是行业中的有力竞争者，而且将来还会是确定行业标准的领先者。

5. 可行的战略计划

企业的行动计划应该是无懈可击的。创业计划书中应该明确如下问题：企业如何把产品推向市场？如何设计生产线，如何组装产品，企业生产需要哪些原料？企业拥有哪些生产资源，还需要什么生产资源？生产和设备的成本是多少？企业是买设备还是租设备？解释与产品组装、储存以及发送有关的固定成本和变动成本的情况。

6. 强有力的管理团队

把一个思想转化为一个成功的风险企业，其关键的因素就是要有一支强有力的管理团队。这支队伍的成员必须有较高的专业技术知识、管理才能和多年工作经验，管理者的职能就是计划、组织、控制和指导公司实现目标的行动。创业团队应该是互补型的，而且要具有团队精神。

（二）评价标准

创业计划的评价标准应该根据计划书的读者而设计，创业计划书编写的目的不同，评价的标准也不同，表6-1是从创业投资基金或投资者角度所设计的评价标准。

表6-1　《创业计划书》的评价标准参考表

评价要素	参考标准	权重	赋分
计划概要	清晰简洁、重点突出、具有吸引力	10分	
公司介绍及预计目标	企业的性质符合发展规模，具有创新和求实的创业理念及可行的战略目标	10分	
产品（服务）介绍	技术含量高或具备创新性，具有优异的性能、特征和商业价值，重视产权保护	15分	

续表

评价要素	参考标准	权重	赋分
市场机会分析	通过宏观、行业和竞争者的分析，运用专业的分析方法，得出了机会存在、机会的大小等结论	15分	
营销计划	市场定位明确，市场前景广阔，拥有优异的核心市场营销能力，能获取持续的竞争优势，并有可行的实施方案	10分	
财务计划	预估的经济效益好，财务报表清晰明了，各种数据具有较强证明力和说服力	10分	
管理能力	拥有一支有效的管理团队，或具有相关经验和背景，能够有效地发展企业	10分	
融资计划、投资回报与退出、投资风险	资金筹措方案可行、投资价值高、有效的规避风险措施、合理的投资退出方式	10分	
创业计划书的写作	报告完整全面、简洁清晰、逻辑明确	5分	
专家推荐	专家或权威机构的判断往往会影响对创业计划书的评价	5分	
合计		100分	

创业计划书的制定者也可以根据这个评价标准进行自我评价，尽早排除撰写中的错误。在检查整个创业计划书时，创业者应站在读者的角度判定新企业可行性等关键性问题是否已得到完全解答。

课后实训提升

了解自己创业团队所处城市关于大学生创业的最新扶持政策，预估团队创业初期所需要的资金情况，并详细列举资金来源途径。

项目七 新企业的成立

学习目标

1. 了解企业的组织形式
2. 了解开办新企业需要遵守的法律规定
3. 掌握成立新企业有哪些手续
4. 了解如何预测启动资金

引导案例

黄亮和李燕的创业故事

黄亮和李燕是一对夫妻，家住在甘肃省敦煌市附近，他们家附近100千米内，有6个景区，随着旅游热潮的兴起，夫妻俩起了创业的念头。

他们俩想开一家工艺品制作企业，初期员工、销售、管理都自己来。他们认为，自己的公司在创办初期应该面向本地旅游区的游客，向旅游景点的商店供应价格便宜、样式新颖、有地方文化特色的工艺品。如果企业发展顺利的话，今后还可以将销售重点转向公司客户，例如旅游纪念品公司、工艺品公司、贸易公司等。

夫妻俩筹集到了一笔启动资金，但是问题也接踵而来，到底选择什么样的公司形式呢？公司开办在哪里？有哪些法律文件需要注意？第一笔启动资金是否够用呢？

当创业者拥有创意，对创业机会作出评价和选择，并且已经做好了资本、人员等各方面的前期准备工作后，就进入了企业的创办阶段。要创办企业，创业者首先要确定适合自己创业的企业组织形式，按照有关法律和行政法规要求，到工商行政机关登记注册，取得营业执照并到税务部门等机关办理其他手续后，一个新的企业就宣告成立，便可以正式开展创业实践。在本项目中，我们将以一对夫妇黄亮和李燕为例，看看创办一家企业需要面对的问题。

任务一　开办新企业的法律政策与社会责任

一、企业组织形式

目前在中国，企业的组织形式有个人独资企业、个体工商户、合伙制企业、有限责任公司、股份有限公司等几种。合适的组织形式对企业今后的发展壮大以及管理都有着重要的影响。因此，创业者要根据企业现有的人力、财力资源，结合这几种组织形式的特点，选择合适的企业组织形式。下面是企业普遍采用的组织形式，其中创业企业普遍采用的主要是独资企业、个体工商户和合伙制企业。

1. 企业的组织形式

（1）个体工商户。个体工商户是从事工商业经营的自然人或家庭。自然人或以个人为单位，或以家庭为单位从事工商业经营，均为个体工商户。自然人从事个体工商业经营必须依法核准登记。个体工商户只能经营法律、政策允许个体经营的行业。

（2）个人独资企业。个人独资企业是最古老、最简单的一种企业组织形式。个人出资经营、归个人所有和控制、由个人承担经营风险和享有全部经营收益的企业，是自然人企业。主要盛行于零售业、手工业、农业、林业、渔业、服务业和家庭作坊等。在数量上，即使是以大公司为主的欧美国家，个人独资企业的数量也占了大多数，其对社会经济生活的影响力不容忽视。

（3）合伙制企业。合伙制企业是由两个或两个以上的自然人通过订立合伙协议，共同出资经营、共负盈亏、共担风险的企业组织形式。我国合伙组织形式仅属于私营企业。合伙制企业一般无法人资格，不缴纳所得税。合伙制企业可以由部分合伙人经营，其他合伙人仅出资并共负盈亏，也可以由所有合伙人共同经营。

（4）有限责任公司。有限责任公司是指股东以其出资额为限对公司承担责任，公司以其全部资产对公司的债务承担责任的法人企业。有限责任公司内部的法律关系界定得比较清楚，规范起来也相对容易。企业以注册资本对外承担责任，投资者不负连带责任。因此，有限责任公司是绝大多数创业者所乐于采用的组织形式。各类企业基本要求比较如表7-1所示。

表 7-1　各类企业基本要求比较表

项目	个体工商户	个人独资企业	合伙制企业	有限责任公司
法律依据	《中华人民共和国民法典》	《中华人民共和国个人独资企业法》	《中华人民共和国合伙企业法》	《中华人民共和国公司法》
业主数量	一个自然人或家庭	一个自然人	2人或2人以上	50人以下
注册资本	均无最低注册资本限额的限制			

续表

项目	个体工商户	个人独资企业	合伙制企业	有限责任公司
成立条件	1. 有相应的经营资金和经营场所即可 2. 可以起字号	1. 投资人是一个自然人 2. 有合法的企业名称 3. 有投资人申报的出资 4. 有固定的生产经营场所和必要的生产经营条件 5. 有必要的从业人员	1. 有两个及两个以上的合伙人，并且都依法承担无限责任 2. 有书面的合伙协议 3. 有合伙人的实际出资 4. 有合伙企业的名称 5. 有经营场所和从事合伙经营的必要条件	1. 股东符合法定人数 2. 股东共同制定章程 3. 有全体股东认缴的出资 4. 有公司的名称，建立符合有限责任公司要求的组织机构 5. 有固定的生产经营场所和必要的生产经营条件
经营特征	资产属私人所有，可以雇帮手或学徒，业主本人既是所有者又是劳动者和管理者	财产为投资者个人所有，业主既是投资者又是经营管理人	依照合伙协议共同出资、合伙经营，共享效益，共担风险	公司设立股东大会、董事会和监事会，并由董事会聘请职业经理人管理公司，经营业务
利润分配	利润归个人或家庭所有	利润归投资个人所有	合伙企业按合伙协议分配利润，但合伙协议不得约定将全部利润分配给部分合伙人或由部分合伙人承担全部损失	按股东出资比例分配利润
债务责任	若个人经营的，一个人财产承担无限清偿责任；若是家庭经营的，以家庭财产承担无限清偿责任	投资人以其个人资产对企业债务承担无限责任	合伙人对合伙企业的债务承担无限连带责任	股东以认缴的出资额承担责任

2. 选择法律形态的主要因素以及各种法律形态的利弊

选择一种法律形态时需要考虑的主要因素有：

（1）投资人的法律责任。

（2）设立费用。

（3）控制方式。

（4）筹资方式。

（5）税收负担。

四类组织形式的优劣比较如表7-2所示。

表 7-2　四类组织形式的优劣比较

组织形式	优势	劣势
个体工商户	设立手续简单，费用低，门槛低；所有者拥有控制权；业主交个人所得税，不交企业所得税	对创业的基本要求比较低，竞争能力不足，创业者对债务承担无限责任，企业稳定性和持久性较差，投资的流动性比较低
个人独资企业	设立手续简单，费用低，所有者拥有企业的控制权，可以对市场的变化迅速做出反应，只需要缴纳个人所得税、不交企业所得税，保密性较好	创业者需要承担无限责任；企业成功与否大多依赖于个人能力；筹资困难，企业稳定性和持久性较差，投资的流动性较低
合伙制企业	创办比较简单，费用低；经营相对灵活；企业拥有较多的人力资源；资金来源比较广，信用度较高	创业者对创业债务承担无限连带责任，企业绩效和合伙人的能力相关性较强；合伙人的作用不同，对企业影响大小不同，投资的流动性低，资金运作受限制
有限责任公司	股东对公司债务承担有限责任，风险较低；公司具有法人资格，寿命较长；可以吸纳更多的投资者，筹资较为容易；产权分离，多元化产权结构有利于决策科学化	创立的程序相对复杂，费用较高；企业交企业所得税，股东个人交个人所得税，税收负担较重；不能公开发行股票，筹集资金的规模受限；产权不能充分流动，资金运作受限

案例

组织形式的选择

黄亮和李燕夫妇开办企业的构思是以家庭经营为基础，所以决定选择个体工商户这种法律形态。他们做这个决定出于以下几个方面的考虑：

第一，法律对个体工商户没有最低资金额的限制，注册手续比较简单。他们想办的企业启动资金只需要几千元。

第二，从风险角度看，他们的资金、经验、技能、知识和精力足以开好一个家庭规模的小企业。他们做事谨慎，想一步一步地摸索，如果一开始还没把握就拉别的合伙人或股东的资金进来，会带来过重的心理负担。

第三，从决策角度看，开办企业千头万绪，必须有人说了算。夫妻俩自己好商量，决策快。如果有几个合伙人或股东在一起商量，人多嘴杂，不仅麻烦还容易得罪人。

第四，从纳税角度看，个体工商户的经营利润也就是业主的收入，企业不交所得税，由业主交个人所得税，并且对个体工商户的纳税所得额不到100万元的部分在现行优惠政策的基础上再减半征收。

第五，他们相信，有2年到3年的时间，他们就能积累足够的资金和管理经验来扩大企业。到那时可以雇能人参与管理或者拉能人入伙，但也还是以他们自己为主说了算。

二、开办新企业的法律规定

国家为了使所有的公民和企业在公平和谐的环境中竞争和发展，制定了各类法律法规。它们是规范公民和企业经济行为的准则，具有权威性、强制性、公平性。依法办事是公民和企业的责任。

了解与创业相关的法律对刚开始的创业者有百利而无一害，虽然不要你去了解有关法律的所有内容，但是你必须知道哪些法律和哪些关键内容与新办企业有关系。最重要的是你作为企业主，要知道法律不仅对企业有约束的一面，也给予你的企业以法律保护。遵纪守法的企业将赢得客户的信任、供应商的合作、职工的信赖、政府的支持，甚至赢得竞争对手的尊重，为自己营造一个良好的生存发展空间。

1. 专利法

专利法就是通过法律的形式来保护专利。专利包括发明专利、实用新型专利、外观设计专利。

发明是指对产品、方法或者其改进所提供的新的技术方案。

实用新型是指对产品的形状、构造或者其结合所提出的适于实用的新的技术方案。

外观设计是指对产品的形状、图案或者其结合以及色彩与形状、图案的结合所作出的富有美感并适用于工业应用的新设计。

专利权的获得需要申请人向国家专利局递交申请，专利局通过形式审查、公开申请文件、实质审查等一系列程序之后，对通过审核的申请人颁发专利证书授予专利权，专利权人在法律规定的期限内，对制造、使用、销售享有专有权。其他人必须经过专利人同意才能从事上述行为，否则即为侵权。发明专利权的期限为2年，实用新型专利权和外观设计专利权的期限为10年，均自申请日起计算。专利期限届满后，专利权即行消失。任何人皆可无偿地使用该项发明或设计。

2. 商标法

商标是商品或服务的标记，英文是Trade Mark（简写TM），是商品生产者或经营者用以表明自己所制造、加工、拣选或经销的商品与其他自然人、法人或者其他组织同一种商品相区别而置于商品表面或包装上的标志，或者是服务的提供者用以表明自己所提供的服务项目不同于其他的标记。商标是由文字、图形、字母、数字、三维标志和颜色组合构成的标志。

商标法规定，商标使用的文字、图形或者其组合，应当有显著特征，便于识别。

我国商标不得使用下列文字、图形：同中华人民共和国的国家名称、国旗、国徽、军旗、勋章相同或者近似的；同外国的国家名称、国旗、国徽、军旗相同或者近似的；同政府间国际组织的旗帜、徽记、名称相同或近似的；本商品的通用名称和图形；直接表示商品的质量、主要原料、功能、用途、重量、数量及其他特点的；带有民族歧视性的；夸大宣传并带有欺骗性的；有害于社会主义道德风尚或者有其他不良影响的；同“红十字”“红新月”的标志、名称相同或者近似的。至于县级以上行政区划的地名或者公众知晓的外国地名，不得作为商标，但是，地名具有其他含义的除外；已经注册的使用地名的商标继续有效；与其他词语组合也有效，如商标“郫县豆瓣”。商标不得侵犯他人姓名、肖像、著作权、外观设计等民事权利，但权利所有人同意的或已丧失权利的，不受此限；商标不得抄袭他人具有独创性的商标，或将他人具有一定知名度的商标申请注册。

我国商标法规定，商标必须经商标局核准注册方受法律保护，即注册的商标。注册商标包括商品商标、服务商标和集体商标、证明商标，有效期为10年，到期后可申请续展，每次续展注册的有效期也是10年。

3. 著作权法

著作权，也称版权，是指作者或其他著作权人对其创作的文学、艺术和科学作品依法享有的人身权利和财产权利的总称。

我国的《著作权法》保护“文学、艺术和科学领域内，具有独创性并能以某种有形形式复制的智力创造成果”。在我国，受著作权保护的作品主要有9类：文字作品，口述作品，音乐、戏剧、曲艺、舞蹈、杂技艺术作品，美术、建筑作品，摄影作品，电影作品和以类似摄制电影的方法创作的作品，工程设计图、产品设计图、地图、示意图等图形作品和模型作品，计算机软件，法律、行政法规规定的其他作品。

受著作权法保护的作品必须具有下列条件：

（1）原创性，即作品必须是作者独立完成的创造性劳动成果。

（2）感知性，即作品必须以法律允许的客观形式表现出来或固定下来，以便他人能接触到，仅仅是头脑中的构思不享有著作权。

（3）合法性，作品内容不得违反国家法律、政策和社会公共利益。

（4）可复制性，即把创业核心技术（服务）转载在有形物体上的可能性。

我国法律将著作权的内容分为人身权和财产权两个方面。著作人身权，是指作者对其创作的作品依法享有的以人身利益为内容的权利，包括发表权、署名权、修改权和保护作品完整权。著作财产权是基于作品的创作而产生的，主要包括：复制权、发行权、展览权、改编权和翻译权等。著作权受法律保护有一定期限，若期限届满，著作权即终止，该作品即成为公共财富，任何人都可免费使用。对于著作权保护期限，各国对此有不同规定。保护期限区别如表7-3所示。

表 7-3 著作权的内容与法律保护

分类	权利内容	保护期限
著作权（人身）	署名权、修改权、保护作品完整权和发表权	永久属于作者本人
著作权（财产）	获得报酬权、复制权、发行权、展览权、改编权和翻译权、信息网络传播权、许可使用权	作者终生及其死亡后50年，截止于作者死亡后第50年的12月31日，可继承
邻接权	演员、歌手、出版社等合法演示、传播别人作品所获得的权利	录制或表演人为50年，广播或出版社为20年，从当年年底开始算起

邻接权是指作品传播者对其在传播作品的过程中做出的创造性劳动成果所享有的权利，主要包括三类：表演人对其表演、录音制作者对其录音制品以及广播电视组织对其广播电视节目的邻接权。由于出版也是作品传播的方式之一，我国著作权法还将出版者权利纳入邻接权的范围。保护作品传播者的合法权利，能促进作品的传播和文艺的繁荣。

根据我国著作权法的规定，在特定的条件下，法律允许对著作权的合理使用，可不必征得著作权人的同意，也不必向著作权人支付报酬的制度。合理使用的目的仅限于个人学习、研究或欣赏，或者为了教学、科学研究、宗教或慈善事业以及公共文化利益的需要；使用他人作品时，不得侵犯著作权人的其他权利，并且必须注明作者姓名、作品名称。此外，根据著作权法的规定，使用者在利用他人已经发表的作品时，也可以不经著作权人的许可，但应向其支付报酬，并尊重著作权人的其他权利。

4. 商业秘密保护

为了防止因核心信息被泄密而被模仿导致创业夭折，创业者必须从一开始就注重对商业秘密的保护。

反不正当竞争法规定“商业秘密是指不为公众所知悉、能为权利人带来经济利益、具有实用性并经权利人采取保密措施的技术信息和经营信息”。也就是说商业秘密具有三个特性，即秘密性、价值性、保密性。所谓不为公众所知悉，是指该信息是不能从公开渠道直接获取的（即秘密性）。能为权利人带来经济利益、具有实用性，是指该信息具有确定的可应用性，能为权利人带来现实的或者潜在的经济利益或者竞争优势（即价值性）。权利人采取保密措施，包括订立保密协议、建立保密制度及采取其他合理的保密措施（即保密性）。根据以上定义，商业秘密保护是否有效，取决于企业是否采取了保密措施。保护秘密需要做两件事：用文件明确什么是你的商业秘密；采取有效的保密措施。

我国现有法律没有对商业秘密的具体保护手段做出单独规定，创业者应提高自我保护意识，有必要同接触商业秘密的所有人员签订《保密协议》，以此来维护自己的合法权益。

5. 合同法

合同是平等主体的双方或多方当事人关于建立、变更、终止民事法律关系的协议，而合同法即是有关合同法律规范的总称。我国《民法典·合同编》中对合同的订立、效力、履行、担保、终止等问题进行了细致的法律规定，并对诸如买卖合同、加工承揽合同、租赁合同等多种具体合同类别予以专门调整。可以说合同是日常经济活动的呈现载体，而合同法更是引导企业合法经营、保护企业正当权益的利器。

6. 反不正当竞争法

《中华人民共和国反不正当竞争法》是为保障社会主义市场经济健康发展，鼓励和保护公平竞争，制止不正当竞争行为，保护经营者和消费者的合法权益而制定的。

经营者在市场交易中，应当遵循自愿、平等、公平、诚实信用的原则，遵守公认的商业道德。该法所称的不正当竞争，是指经营者违反本法规定，损害其他经营者合法权益，扰乱社会经济秩序的行为。该法所称的经营者，是指从事商品经营或者营利性服务（以下所称商品包括服务）的法人、其他经济组织和个人。

不正当竞争主要包括：仿冒他人商品、滥用独占地位排挤竞争、商业贿赂、虚假宣传、侵犯商业秘密、压价销售、诋毁他人商誉等。

7. 劳动法

《中华人民共和国劳动法》是国家为了保护劳动者的合法权益，调整劳动关系，建立和维护适应社会主义市场经济的劳动制度，促进经济发展和社会进步，根据宪法而制定颁布的法律。

其内容主要包括：劳动者的主要权利和义务；劳动就业方针政策及录用职工的规定；劳动合同的订立、变更与解除程序的规定；集体合同的签订与执行办法；工作时间与休息时间制度；劳动报酬制度；劳动卫生和安全技术规程等。

三、新企业的伦理、社会责任与认同

如今创办企业不仅要强调创业，同样需要讲究伦理。企业在追求经济利益的同时，也要承担相应的社会责任，这就要求创业者开展伦理管理，以“双赢”策略处理与其利益相关者之间的关系：对内赢得员工的忠诚，建立良好的员工关系；对外赢得公众支持、顾客满意、投资者青睐和供应者信任。

1. 企业的伦理问题

首先，创业者要处理好与原雇主之间的关系：大部分创业者在创建新企业前面临向雇佣企业辞职的问题，在辞职进行创业后，一些创业者发现自己已置身于前雇主公司敌对的境地。因此创业者在辞职时应从态度和行为的角度考虑，让自己的辞职更加职业化。从态度上说，应对原雇主提供的工作机会给予感谢，用积极、建设性的视角去处理事务，而不是带着泄愤、不满的心态辞职。从行为上来说，创业者要尽力做到圆满交接，如提前足够时间向雇主说明辞职意图、对自己的工作负责到辞职那天、未辞职前不要占用工作时间处理创业事项等。特别要注意的是，创业者必须要学会尊重所有的雇佣协议，若雇佣协议涉及保密条款，创业者必须遵守该条款。

其次，创业者要处理好与创业团队成员之间的关系。鉴于独自创业的一些局限性，相当多的新企业由创业团队发起成立，和创业团队“合久必分，分久必合”的情况也是普遍困扰着新企业的创业者。基于亲友关系的创业团队模式可能在短期内获得利润，但长远来看不利于改善决策效率。这就要求新企业要更多地考虑企业管理和制度建设，通过加强组织规范性来加强个人与企业之间的联系。因此，创业团队的成员不仅要注意能力、经营、知识互补等结构层面的问题，更要处理好创业团队成员的相关利益关系。特别是在创业团队成员的职务安排、股权分配方案、股份回购方案等重大事项上要谨慎处理。

最后，创业者还要处理好与其他利益相关者之间的关系。管理学意义上的利益相关者是指组织外部环境中受组织决策和行为影响的任何相关者，可能是新企业的内部雇员，也可能是外部的供应商或债权人等。利益相关者对新企业起着很重要的作用，他们的意见也应作为决策时所需要考虑的因素。对内部雇员不符合伦理的行为范围较为广泛，包括从招聘面试中询问不恰当问题、不公平对待不同员工，其根源可能是因为他们在性别、道德背景、宗教等方面有所不同；对外部利益相关者不符合伦理的行为包括虚假宣传、以非正当理由向亲友提供商业机会等。这些问题能否得到公平、公正处理直接关系到企业形象和发展的稳定性。

2. 新企业的社会责任与认同

新企业从创立、运营开始，如果要不断地做大做强、持续不断地发展，在追求利润最大化的同时，不仅要遵纪守法、诚信经营，还要承担相应的社会责任，通过良好的行为表现得到社会的普遍认同。

企业社会责任是指企业的经营活动应该符合法律、法规和社会道德规范的要求。企业在创造利润的同时还要承担对国家、企业、员工、股东、消费者、供应商以及社区等诸多利益相关者的责任，将提供优质安全的产品、获取利润、保护环境和对社会的贡献融合在一起考虑，以获得可持续发展的能力。简而言之，企业不仅要为自身谋利益，还应为社会做贡献。虽然国际社会对企业社会责任还未有一个统一的定义，但各国都非常重视企业社会责任，很多国家的企业都成立了专门的委员会或类似机构来推进，公开发表社会责任报告书或可持续发展报告书，并将之视为提升企业形象的重要战略之一，积极参与企业社会责任活动。

近年来，随着全民创业热潮的兴起，在企业社会责任领域，公众和政府的注意力正逐渐由大中型企业向中小型企业，尤其是向新企业、小企业转移，人们发现社会责任不再只是大企业、成熟企业的事，即使是处于初创期的企业也很难置身于社会责任之外。利益相关者对企业的接受和认可、社会对企业的认同是新企业生存的基础，企业社会责任的履行给了新企业获得认同的一个机会——为了企业自身的发展，为了股东的利益，同时也为了社会创造价值。

一方面从外部来看，初创阶段的企业规模小，资金等关键性资源缺乏，市场占有率低，行使社会责任有助于树立良好的企业形象，扩大市场的影响力，赢得媒体的良好评价、政府的大力支持，提高品牌知名度，增强顾客忠诚度，改善与利益相关各方的关系，与政府和社区形成良性互动，给亟待成长的新企业带来了宝贵的资源，有效地提高了企业的合法性和利益相关者及整个社会公众对企业的肯定和认同；另一方面从内部来看，新企业可以通过将社会责任的实施与自身的经营管理活动紧密地结合在一起，获得战略性的竞争力和企业价值的提高，实现利润最大化。员工的安全、士气、忠诚度以及生产力都是企业获得成功，占有竞争优势的要素。对社会负责的商业活动和员工参与管理的治理模式为员工创造了更好的工作环境，提升了员工对工作的满意度，稳定了员工队伍，降低了离职率，为企业赢得了良好的声誉。同时通过环保型产品和服务等的开发，鼓励创新，节约开支，体现了企业的价值和责任感，提高了企业在公众心目中的地位。这样的新企业更容易为社会所接受和认可。

尽管企业社会责任的成本会影响到短期财务政绩，但从长期来看，追求企业价值最大化的经营目标与追求利润最大化的目标是一致的。企业社会责任活动能真正实现社会目标和经济目标的统一，存助于新企业的生存、成长、发展。

任务二　成立新企业

创业需要名正言顺，创业企业应具有合法的营业资格，办理相应的手续。新企业创建的必经流程是进行工商注册登记。不同类型的企业注册登记的流程不尽相同，一般注册登记流程如下：预先核准企业名称→提交资料（包括前置审批）→申领营业执照→备案刻章办理税务登记→开设企业基本账户。在前期“三证合一”的基础上，我国又出台了“五证合一”注册登记制度改革。这一政策最大的好处是降低创业准入制度成本，简化注册登记流程，缩短注册登记时间，是国家鼓励和支持大众创业的又一大举措，所以目前新企业注册登记既简单又省事。

一、新企业场地的选择

创业初期的公司一般都不会很大，这个时候也是经济比较紧张的时候，因此选择最合适的办公场地就是关乎公司良好运行的基础了。作为创业者，多多比较，选择最合适的。一般来说，创业场地要满足以下要求。

（1）创业场地要靠近你的目标客户群体。不同的行业需要不同的场地，在选择场地时，首先应该考虑是否和你的行业吻合。例如，要开一个办公服务配套型公司，就应该选择在办公楼宇聚集区；如果要开大型制造或者生产的工厂，就要选择在郊区比较空旷的场地；如果是开茶坊，就要在喧闹的市区；如果是开有情调的咖啡馆，就要在幽静的地方。总之，公司的氛围一定要与周围的环境协调一致，并且要靠近目标客户群体。

（2）租金的承受力。如果新创企业需要租房，就要考虑租金的承受力。你既要考虑启动资金够不够，还要考虑在生意只投入未产出利润期间你的储备金是否充足。同时还要对这个场地的销售额做出初步的预算，看你的盈利是否可以满足你租金和管理费用的支出。当然，租金也不是越便宜越好，因为租金越便宜，地段越不好，生意也越不旺。总之，应该寻找一个性价比较高的办公场所。

（3）创业场地要符合国家有关行业的规定。国家对各行各业都有一定的规定，如经营餐饮业的场地应该满足环保和卫生部门的要求；有噪声和污染的企业要远离居民区，同时还要达到国家环保部门的有关标准；经营一些特殊的行业，还应该获得有关部门的资质鉴定，如社会力量办学，需要教育部门审批，学校的场地也有相应的硬件规定等。总之，不论是哪个行业，都一定要先看好是否符合规定再开始，否则就会造成不必要的损失。

（4）选择创业地址还应考虑周边的邻居。创业者的企业在制定竞争战略时要与公司所处的环境联系起来，如果周边都是同业经营，那竞争形势会很严峻，价格和利润都会削减；如果周围是异业经营，也要看他们的顾客群体里有没有你的目标客户，例如，他人经营饭店你经营停车场，就是很好的异业联盟。

（5）交通和停车情况都要考虑，是否方便客户驻留。如果创业项目是传统经营类，需要开店，或者是经营餐厅类，有时很好的地段也会因为无法停车而阻碍顾客的光临。交通是否便捷，包括考虑是否利于远道或者步行顾客的光顾；门前有绿化带，也不方便顾客进店购买。如果创业项目是开公司，需要在楼宇办公，也要考虑停车位是否充足，地铁、公交是否便捷。创业的任何决策都是为了顾客的便捷，顾客至上永远是企业决策的依据。

二、新企业名称

根据国家工商行政管理总局发布的《企业名称登记管理规定》和《企业名称登记管理实施办法》，企业名称一般应当由以下部分依次组织：行政区划、字号（或者商号，下同）、行业或者经营特点、组织形式。例如：青岛海尔股份有限公司、忻州市精诚财税服务有限公司等。非公司制企业可以申请用“厂”“店”“部”“中心”“工作室”等作为企业名称的组织形式，如“忻州亿达彩钢厂”“山西嘉信司法鉴定中心”“忻州市忻府区达信会计事务工作室”等。

企业命名的规定：①企业只准使用一个名称，在登记主管机关辖区内不得与已登记注册的同行业企业名称相同或者近似。②企业名称应当使用符合国家规范的汉字，民族自治地方的企业名称可以同时使用本民族自治区地方用的民族文字。除国务院、国家工商局决定或规定设立的企业外，一般不得使用“中国”“中华”或者冠以“国际”字词。③企业可以选择字号，字号应当由两个以上的字组成。企业有正当理由可以使用本地或者异地地名作为字号，但不得使用县以上行政区划名称作为字号。私营企业可以使用投资人姓名作为字号。④企业应当根据其主营业务，依照国家行业分类标准划分的类别，在企业名称中标明所属行业或者经营特点。⑤企业应当根据其组织结构或者责任形式，在企业名称中标明组织形式，所标明的组织形式必须明确易懂。⑥企业名称不得含有下列内容和文字：有损于国家、社会公共利益的；可能对公众造成欺骗或者误解的；外国国家（地区）名称、国际组织名称；政党名称、党政军机关名称、群众组织名称、社会团体名称及部队番号；汉语拼音字母（外文名称中使用的除外）、数字；其他法律、行政法规规定禁止的。

在一定范围内，只有一个企业能使用特定的、经过注册登记的名称。禁止同类业务的公司使用相同或类似名称，在同一登记机关辖区内，同行业的企业不能有相同或类似的名称。企业名称是企业设立和注册登记的法定要件。根据我国企业登记管理条例的有关规定，法律、行政法规规定设立企业必须报经审批或者企业经营范围中有法律、行政法规规定必须报经审批的项目的，应当在报送审批前办理企业名称预先核准，并以企业登记机关核准的名称报送审批。

三、新企业工商注册流程

1. 预先核准企业名称（4~5个工作日）

（1）填写《企业名称核准登记表》。

（2）全体投资人签署的《商事主体名称预先核准申请书》。

（3）全体投资人签署的《指定代表或者共同委托代理人的证明》及指定代表或者共同委托代理人的身份证件复印件。

（4）应标明指定代表或者共同委托代理人的权限授权期限。

（5）投资者的资格证明或者自然人的身份证明。

（6）法律、法规、规章规定应当提交的其他有关文件。

（7）确定公司注册资本（认缴制，不需要验资），约定认缴期限30年。

（8）确立公司经营范围；查询经营范围入口。

（9）五个工作日市工商局终审领取《企业名称预先核准通知书》。

2. 提交资料，办理工商登记设立（6~8个工作日）

需要准备材料：

（1）公司法定代表人签署的《公司设立登记申请书》。

（2）董事会签署的《指定代表或者共同委托代理人的证明》。

（3）由发起人签署或由会议主持人和出席会议的董事签字的股东大会或者创立大会会议记录。

（4）全体发起人签署或者全体董事签字的公司章程。

（5）自然人身份证件复印件。

（6）董事、监事和经理的任职文件及身份证件复印件。

（7）法定代表人任职文件及身份证件复印件。

（8）住所使用证明。

（9）《企业名称预先核准通知书》。

3. 刻章（包括公章、财务专用章、发票专用章、合同专用章、法人章）

刻章需提交资料：

（1）刻章证明原件与复印件各一份。

（2）营业执照副本复印件两份。

（3）法人身份证原件与复印件各一份。以上资料上报后，一到两天内取得公章、财务专用章等。

4. 办理税务登记

按“五证合一”的要求，虽然不需要办理税务登记证了，但进行税务登记还是必需的。办理税务登记需提交资料：

（1）营业执照正副本原件及副本复印件。

（2）法人代表（或负责人）或业主、股东、财务负责人身份证原件与复印件。

（3）公章、法人章。

（4）章程复印件。

（5）银行开户许可证备案材料（开户后15天内向税务机关报备）。当天十几分钟便可报备完成。

5. 开设企业基本账户

基本账户是存款人办理日常转账结算和现金收付而开立的银行结算账户。开设企业基本账户需提交资料：

（1）营业执照正副本原件。

（2）法人代表（或负责人）或业主、经办人身份证原件。

（3）企业公章、财务章及法人代表名章。一周左右办妥，具体时间各银行有所不同。

企业注册流程如下所示：

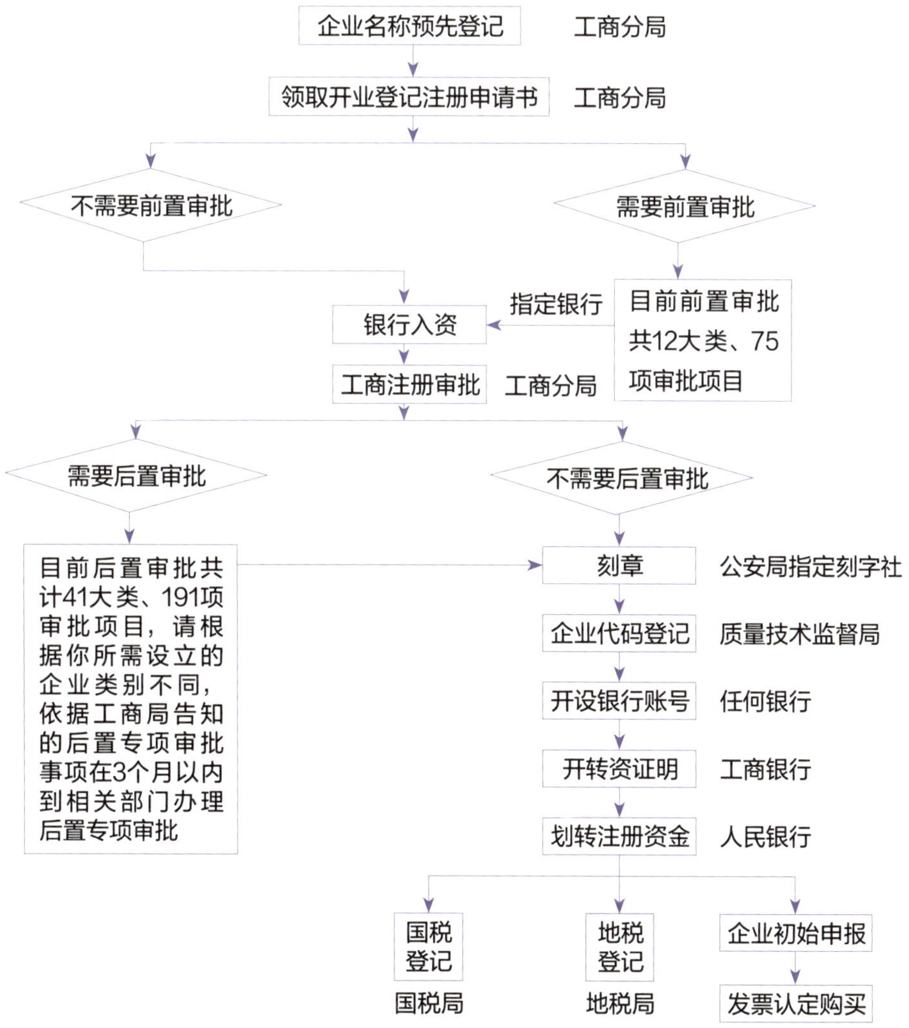

任务三　预测启动资金需求

创业者知道产品或服务有市场后，那么接下来就需要预测创办企业必须购买的物资和必要的其他开支，并测算其总费用，这些费用叫作启动资金。

一、启动资金的类型

启动资金是用来支付场地（土地和建筑），办公家具和设备，机器、原材料和商品库存，营业执照和许可证、开业前广告和促销，工资以及水电费和电话费等的费用。

启动资金可以分为以下三类。

1. 投资（固定资产）

投资（固定资产）是指为企业购买的价值较高，使用寿命长的物品，如房屋及建筑物、机器设备、运输设备等。有的企业用很少投资就能开办，而有的却需要大量的投资才能启动。明智的做法是把必要的投资降到最低限度，让企业少担风险，除了必不可少的东西非买不可外，尽量少“投资”以降低经营风险。当然固定资产可以折旧，即分期打入成本逐渐收回。

2. 流动资金

流动资金指企业日常运转所需要支出的资金，如工资、原材料、产品存储、现金、应收及预付款、促销费用、租金、保险费、电费、办公费、交通费等。流动资金最大的特点在于随时变化。企业最初收入取得之前必须要有可以支付各种费用的资金。

3. 开办费

开办费包括办证费、验资费、技术（专利）转让费、加盟费等。

案例：黄亮和李燕准备创办一家企业，他们觉得计算启动资金比较复杂，所以把这项工作分为两步，先将需要购买的东西分类和列表，下一步再具体算钱。

（1）投资（固定资产）：平整的场地，搭建公棚，两个工作台，桌椅板凳，晾晒架，灭火器，工具，开办费（开业前市场调查费、培训费、技术资料费、注册费、营业执照费）。

（2）流动资金：前3个月购买原材料和包装材料的钱（朱砂、羊毛、胶料、颜料、包装材料），工资，前3个月的保险费、水电费、交通费、电话费、办公用品、应酬费。

（3）不可预见费用。

二、投资（固定资产）的预测

投资需要资金，开办企业时创业者必须有这笔钱，而且说不定要等好几年后企业才能挣足钱收回这笔投资。因此在开办企业之前，有必要预算一下企业投资到底需要多少资金。

投资（固定资产）一般可分为两类。

1. 企业用地和建筑

办企业或开公司，都需要有适当的场地和建筑。也许是用来开工厂的整个建筑，也许只是一个小工作间，也许只需要租一个铺面。如果能在家开始工作，就能降低投资。在前面谈到营业地点问题时，已经决定在哪里设置你的企业。现在进一步看你的企业具体需要什么样的场地和建筑等，此时要做出以下选择：

（1）造房。如果你的企业对场地和建筑有特殊要求，最好造自己的房子，但这需要大量的资金和时间。

（2）买房。如果你能在优越的地点找到合适的建筑，则买现成建筑，既简单又快捷。但现成的房子往往需要经过改造才能适合企业的需要，而且需要大量的资金。

（3）租房。租房比造房和买房所需启动资金要少，这样做也更灵活。如果是租房，当你需要改变企业地点时，就会容易得多。不过租房不像自己有房那么安稳，而且你也得花些钱进行装修才能使用。

（4）在家开业。在家开业最便宜，但即使这样也少不了要做些调整。在你确定你的企业是否成功之前，在家开业是起步的好办法，待企业成功后再租房和买房也不晚。但在家工作，业务和生活难免互相干扰。

2. 设备

设备是指你的企业需要的所有机器、工具、工作设施、车辆、办公家具等。对于制造商和一些服务行业，最大的需要往往是设备。一些企业需要在设备上大量投资，因此了解清楚需要什么设备以及选择正确的设备类型就显得非常重要。即便是只需少量设备的企业，也要慎重考虑你确实需要哪些设备，并把它们写入创业计划书。

案例

启动资金预测

黄亮和李燕在自己家里开办一家企业，虽然省去了在外面租地租房的费用，但是他们也需要投入不少资金。具体需要多少，要仔细算一算，列表如下：

项目	费用 / 元	项目	费用 / 元
工棚设备： 平整场地	800	开办费： 登记注册和营业执照费 市场调查费，咨询费 培训费，技术资料费	 50 180 120

续表

项目	费用 / 元	项目	费用 / 元
桌椅板凳 电线，电灯 灭火器	480 100 20	投资总额	2150
生产工具设备： 工具 晾晒棚	 100 300		

根据上述计算，黄亮和李燕将需要启动投资共2150元。

三、流动资金预测

有的企业需要足够的流动资金来支付6个月的全部费用，也有的企业只需要支付3个月的费用，创业者必须预测，在获得销售收入之前，他的企业能够支撑多久。一般而言，刚开始的时候销售并不顺利，因此，流动资金要计划得富裕些。

这里你需要制订一个现金流量计划，它会帮助你更准确地预测你所需要的流动资金。等你做完这个计划之后，可能还得回头再更改启动资金里的流动资金数额。

1. 原材料和成品储存

制造商生产产品需要原材料；服务行业的经营者也需要一些材料；零售商和批发商需要储存商品来出售。预计的库存越多，需要用于采购的流动资金就越大。既然购买存货需要资金，你就应该将库存降到最低限度。

如果你是个制造商，你必须预测你的生产需要多少原材料库存，这样你可以计算出在获得销售收入之前你需要多少流动资金。如果你是一个服务商，你必须预测在顾客付款之前，你提供服务需要多少材料库存。零售商和批发商必须预测他们在开始营业之前，需要多少商品存货。

如果你的企业允许赊账，资金回收的时间就更长，你需要动用流动资金再次充实库存。

2. 促销

新企业开张，需要促销自己的商品或服务，而促销活动需要流动资金。

3. 工资

如果你雇用员工，在起步阶段你就得给他们付工资。你还要以工资方式支付自己家庭的生活费用。计算流动资金时，要计算用于发工资的钱，通过用每月工资总额乘以还没达到收支平衡的月数就可以计算出来。

4. 租金

正常情况下，企业一开始运转就要支付企业用地用房的租金。计算流动资金里用于房租的金额，用月租金额乘以还没达到收支平衡的月数就可以得出来。而且，还要考虑到租金可能一付就是3个月或6个月，会占用更多的流动资金。

5. 保险

同样，企业一开始运转，就必须投保并支付所有的保险费，这也需要流动资金。

6. 其他费用

在企业起步阶段，还要支付一些其他费用，如电费、文具用品费、交通费等。

案例

流动资金预测

黄亮和李燕估计，至少经营3个月后才能达到收支平衡。因此，他们必须准备出这3个月企业运转的资金，他们俩商量这个阶段自己不领工资，但把工资计入成本。前3个月生活费开支已事先留出，不计入企业成本。由于他们一开始对生产和销售都不十分熟悉，他们做了一个保守的生产和销售量预测。在前3个月里他们能够分别制作和出售工艺品300件、600件和800件。下面是他们为前3个月计算出来的流动资金需要：

项目	前 3 个月的成本 / 元	项目	前 3 个月的成本 / 元
原材料和包装	1740	维修费	90（每月30元）
黄亮和李燕的工资	0（每月600元）	电费，电话费	60（每月20元）
市场营销和促销	150（每月50元）	流动资金总额	2280
保险费	240（全年）		

算出来所需的流动资金总额是2280元，那么他们开办企业所需要的启动资金总额=启动资金+流动资金总额=2150+2280=4430（元），他们觉得这个数字不太对。流动资金的算法可能有问题。第一，前3个月的确不领每月工资600元；第二，这是假设前3个月没有任何销售收入的情况，只有出没有进，不能体现资金流动情况；第三，有些费用可能被遗漏。在以后做现金流量计划时，他们会尽量把它做得更加完整和准确，以便最终确定流动资金需要量和启动资金总额。

课后实训提升

实训7-1　商业创业计划书

对商业创业计划书中的公司注册摘要情况进行说明，明确创业公司的名称、类型、经营范围、产品服务概况；明确公司的法定代表人、董事、监事情况；明确公司股东出资情况。

1.0　执行摘要

1.1　公司概况

公司名称	________________________模拟公司
公司类型	□有限责任公司 □个体工商户 □个人独资企业□合伙制企业 □其他________（打√选择）
注册地址	
主要经营范围	
产品 / 服务概况	
法定代表人、董事、监事情况	

1.2　股东出资情况

股东名称或姓名	国别（地区）	证件类型	证件号码	认缴出资额	实缴出资额	出资（认缴）时间	出资方式	出资比例

项目八　新创企业生存与发展

学习目标

1. 了解新创企业管理的特殊性和成长的驱动因素
2. 了解新创企业可能遇到的风险类型及其应对策略
3. 掌握新创企业管理的独特性，了解新创企业的管理重点和行为策略

引导案例

创业者最大的担忧：快速成长，管理失控，生产危机

企业在创建以后，成长是一个必经的过程，然而过分追求成长的速度却无异于拔苗助长。董先生从来都没有想到，成长过快会是导致企业经营失败的根源。而当他遭遇失败之后，才真正体会到企业均衡发展的重要性，也充分理解了企业发展方向、速度以及时机是企业健康发展的三个要素，因此追求其动态的平衡便成为经营成长的动力。

在外企工作的董先生已经做到了公司中层，多年的职业经理生涯使董先生积累了一些管理经验并建立了人脉关系。在2000年的春天，他和朋友接手了一家公司，经营电脑配件。几个合伙人从柜台开始，抓到什么就卖什么，一段时间下来，虽然积累了一笔资金，但同时也丧失了一些扩展公司规模的机会。

有了一定的积累，野心也跟着来了，他们不再甘于满足现状，他们需要更大的市场份额，一心想把“蛋糕”做大。为实现这一目标，他们需要一个更加专业的团队来帮助他们。

通过对以往市场的分析，他们认为，以前丧失的最大机会是没有能够成功地成为一个大品牌机的代理商；同时他们也认为，计算机以后的应用趋势将是网络化，因此网络产品的需求将会有很大的空间。为此，他们决定将业务重点转移到网络产品上来，并要成为一个大品牌网络产品的经销商。他们还对以后可能遇到的风险做了分析。恰好当时联想网络产品和D-Link网络产品进行合并，这两个品牌是中低端产品中最大的品牌，这个合并打乱了原来这两个品牌的销售渠道体系，市场形成混乱局面，这为他们提供了切入的好机会。因此他们决定代理联想D-Link网络产品。

为了面对新的形势，董先生对公司进行了整改。按照准事业部的形式建立了

四个独立核算的部门，它们之间可以用长期赚取高额利润的关联业务来配合短期赚小钱的业务。在产品分销的部门后面还设置了网络培训部门以及系统集成部和当时很热的互联网业务部。

代理商的定位，决定了他们公司的业务是以销售为主。刚开始时，销售任务根本没法完成。对成本控制经验的不足，使得他们的产品总是比别人的要贵，而竞争对手在市场决策的质量和速度方面表现都非常出色。由于销量上不去，厂家对他们的支持也因此明显不足，而缺乏厂家的支持，销量就更上不去，由此导致了一个恶性循环。为了能够完成销售任务，摆脱这种局面，他们决定以低成本进行销售，希望提高销量。赊账在他们这一行是非常普遍的，一般下家拿货都不会先付款，直到卖出去后才付款，这就要求商家要严格控制赊账的额度和期限，不然会有很大的风险。可是当时，在一切以销售为中心的思想指导下，他们连赊账这种事情都疏于管理了。3个月以后销量虽然上去了，可利润率却远低于行业的平均水平。

他们被公司表面的繁荣场面和快速增长的销量所迷惑了，虽然心中知道公司存在软肋和潜在的风险，公司盈利能力和资金控制能力的不足是最需要进行改善的，但改变这些需要承担很大的风险，在主观上他们已经不愿正视了，他们似乎在尽力地忘掉这些问题，眼睁睁地看着失败的到来。其实他们可以有更合适的举措，比如可以加入能够提供更高利润率的产品，也可以修订付款流程，加快资金流动，但他们没有这样做，因为他们对股东承诺过每月要有高达2.5倍的销售成长率。

为了得到更好的销售成长率，他们选择招收更多的新员工，以增强促销力度，提高销量，并通过各种短期的手段刺激销量的增长。他们不断地通过制定低于成本的售价，放松赊账控制这些方法来促使销售量进一步增长。以增加员工数量为例，最多的时候一次招聘了20多名员工，但并没有为新员工进行必要的分工和培训。一直到了公司倒闭的时候，他们还不知道有些员工的名字。新员工的比例太大，对公司的文化、制度和监管等各个方面都构成了很大的挑战。另一方面，新员工的数量很大，直接进行管理已变得很困难。忙乱的业务使得他们对组织渐渐地开始疏于管理，这时公司已显露败迹。过了一段时间，公司的根本问题不但没有得到改善，反而更加难以解决。本来公司还准备了系统集成、技术培训这些能够赚取很高利润的业务方向，但由于这些业务方向的成长速度明显不如产品分销。在产品分销压力越来越大的情况下，他们对具有高利润的业务不再关注，这些业务也渐渐地萎缩了，这使得整个公司的发展缺少足够的利润支持，他们也渐渐放弃了对公司整体的思考和把握。

一年后，公司因为销量的高速增长，获得了产品厂商颁发的全国最佳成长大奖，但那一刻也成为一个转折点，公司经营由此加速失控。此后仅仅3个月的时间，公司就因为付不起货款而倒闭。公司由于追求过分的销售成长率而失败了。

最后这3个月中，董先生非常困惑自己到底为什么会将情况弄得这么糟，当时他始终觉得是选择错了投资方向、竞争对手太强以及整个商业模式的问题，他在公司倒闭后一年的时间里都无法走出失败的阴影。当一切冷静下来时，他的想法发生了很大的改变，并开始寻找自身的问题，而此前他总是将问题归咎于外。

失败的原因现在看来有很多，管理者人性的弱点成为这些原因的根源。追求局部的成长而丧失了对整体的控制，这是过于虚荣造成的。企业需要适当限制发展的速度，因为高速的增长在带来繁荣的同时，也带来了大量的管理问题。如果对这些问题的来临没有做好准备，那么高速的增长只能带来巨大的风险。要仔细分析商业机会，有些看起来很好的机会，如果管理者营运不当，实际上是企业未来的一场噩梦。

资料来源：http://www.tech-food.com/kndata/1005/0011441.htm

任务一 新创企业管理的特殊性与驱动因素

一、新企业管理的特殊性

新创企业如何顺利度过创业期是很重要的，但更重要的是如何管理好企业，以便能顺利度过生存危机。一些新创企业没有死在创业期，却在企业生存和发展中夭折。原因之一是创业团队在企业生存与发展的同时，企业家团队的能力，组织结构和企业的核心能力没有随之成长，表现在创业团队对新创企业的特殊性和可能遇到的困境认识不足，其核心能力与企业发展规模的增长不相匹配。企业可以成长，但更为重要的是其管理控制能力也要相应提高，否则会造成企业管理失控，使企业过早夭折。

创业者要充分了解新企业管理的特殊性，从而对新企业进行有效的管理。新企业管理的特殊性主要体现在六个方面。

（一）新企业管理以生存为主要目标

新企业的经营运作需要一个从无到有的过程，包括一切从零开始建立相应的内部流程并获得外界的认可。企业面临的首要任务是提高生存能力，在激烈的市场竞争中生存下来，让企业的利益相关者确信新企业是值得依赖的，使消费者认识和接受新企业的产品或服务，为了能挖到第一桶金，新企业包括创业者在内的多数人都要出去销售产品或服务，一切以结果为导向，开足马力推销产品。企业在这一阶段，生存是第一位的，一切都围绕生存运作，避免一切危及生存的做法发生。企业在保证生存的前提下，才能进入下一阶段的发展。

（二）新企业管理主要依靠自有资金创造自由现金流

新企业由于经营历史有限，信用记录不足，融资很困难，银行通常不会给其贷款，企业只能依靠自有资金运作来创造自由现金流，实现对企业的有效控制与发展，因而管理难度很大。新企业发展需要现金，现金不仅对企业当下的成长至关重要，还为企业未来的发展奠定基础。新企业通过提高现金流，能避免企业运营过程中的现金危机，避免受到债权人或投资者的支配。现金流一旦出现赤字，企业就会发生偿债危机，也可能导致破产。现金流是企业一定时期内现金流入和流出的数量，因此，创业者必须掌握现金流入和现金流出的真实情况，密切关注企业现金流状况，每天提醒自己手里还有多少现金、应收账款的状态及目前的收入和开销情况；同时，创业者还必须千方百计增收节支、加速资金周转、控制企业发展的节奏。在企业初创期，将现金流问题提高到怎样的高度都不为过，因为这是新企业生产经营活动的第一要素，是新企业生产真正的生命线。

（三）新企业管理是充分调动“所有的人做所有的事”的群体管理

新企业常会出现“所有的人做所有的事”的群体管理的局面，虽然企业内部管理流程与管理机制尚待建立，但企业的亲和力、凝聚力很强，员工之间职位的区别不明显，每个员工都清楚企业的发展目标和自己应当为企业目标实现而做的努力与贡献，没有员工计较个人得失，计较越级与越权。在这种环境氛围中，一旦企业哪里有需要做的事情，团队所有人就会一同完成，这种看上去的“混乱”实际上是一种高度“有序”的运行状态。新企业管理团队的每位员工其个人风格各异，尚未形成统一的风格，需要在管理过程中不断适应与磨合，从而形成高效团队的运作模式。因此，创业者应充分认识到员工之间在知识、信息、资源、技术和能力等方面互补性的重要，以补充自身所缺少知识、技术和能力的不足；同时，应充分发挥每位员工各方面的优势，强化员工之间的彼此合作。

（四）新企业管理是“创业者亲自深入运作细节”阶段

“创业者亲自深入运作细节”指的是创业者在新企业创立初期经营过程中，亲自与供应商谈判，亲自到车间里追踪客户急需的订单，亲自向消费者推销产品，亲自装车、卸货，亲自跑银行，亲自制订工资计划，亲自策划新产品方案；或创业者也会面对经销商的欺骗、消费者的当面训斥等问题。以上事件新企业的创业者都可能经历与体验，正是由于创业者对企业经营状态与经营全过程的了如指掌，才使新企业获得成长。但随着企业的不断发展，创业者不可能再深入到企业的各个角落，亲自参与企业运行的每个环节，授权和分权则成为必然。如果新企业缺乏相应的控制制度，集权不可避免地转向分权，这容易导致创业者对企业失去控制，从而重新走向集权之路。如此反复，创业者最终必然由直觉型的感性管理转变为职业化的专业管理，唯此，才能使新企业得到长远发展。

（五）新企业具有高成长性和高风险性

新企业区别于成熟企业的重要特点之一就在于：成熟企业已经进入常规发展阶段，不再具有高成长性；而新创企业则处于超常规发展阶段，极具成长潜力。新企业通常经营机制灵活，同时在产品、技术或业务的某些方面具有一定的独特性和领先性，对区域市场和细分行业的竞争能够保持良好的适应和应对，因而成长性较好。但与高成长性相对应的是，新企业的成长具有很大的不确定性和高风险性。由于技术环境的变化、商业模式的变革、竞争对手的打压、内部管理的瓶颈等，新企业的业绩波动也高于成熟企业，呈现出“易变”“不稳定”“高死亡率”“充满风险”等特点。即新企业的成长呈现出非线性的特征，可能爆发式增长，也可能突然衰退，甚至是彻底失败。

（六）新企业管理具有较强的灵活性和创新性

活力是创新之源，是企业快速发展的核心动力。与大企业相比，新企业的突出优势就在于高层管理者更贴近客户，更容易感受到市场发生的变化，能够比大企业做出更迅速的反应，能够用小企业的反应速度来抗击大企业的规模经济。如果新企业机制灵活，那么就会以目标为导向，淡化分工，强化协作，老板与员工形成一体，这时公司的反应速度很快，非常灵活，充满活力。与此同时，新企业管理通常也需要有较强的创新性。因为新企业会面临许多新问题，这些问题很多是管理者以前没有遇到过的，在书本和前人的经验中也找不到答案，只有敢于创新、善于创新，才能有效地解决这些问题。

二、新企业成长的驱动因素

当企业度过了以生存为主要特征的初创期后，就进入了以快速成长为主要特征的发展期，也称为成长期。对于进入发展期的企业，其成长性并不相同，有的企业成长较快，有的企业成长较慢，甚至不少企业遇挫夭折。但一般而言，随着产品或服务逐步被市场认可，销售收入不断增加，企业规模不断扩张，成功穿越初创期“死亡陷阱”的新企业会表现出强烈的成长冲动。归纳起来，新企业成长的主要驱动力量可以概括为企业家的成长欲望、市场扩张、组织资源的增加以及创新与变革四个方面。

（一）企业家的成长欲望

具有企业家精神的创业者，成长欲望强烈，工作充满热情，拥有勇于向环境挑战、识别并开发商业机会的能力。正是这些能力使得他能够把经济资源从生产率较低的领域转移到生产率较高的领域。企业家的成长欲望是新企业实现快速成长的关键因素。具有企业家精神的创业者，往往目光远大，在产品投入市场并赢得一定利润后，不会以达到个人满意的生活水平和享受利润所带来的好处为目标，而是利用利润进行再投资，期望将自己的企业塑造为一个可以向行业内的标杆看齐的高速成长企业，期望在市场上创造一个为消费者所认同的著名品牌。创业者的企业家精神和成长欲望，给新企业的成长注入最根本的驱动力，使其在实现企业目标时更加坚定、乐观并持之以恒，这不仅极大地激发了员工的工作热情，而且使其他企业认为不可能实现的事情在其企业里得以实现。

（二）市场扩张

如果新企业的产品或服务具有较好的市场竞争力，良好的市场反馈会使创业者确信自己所干的事业是有生命力的，会极大地强化创业者的企业家精神。在区域市场取得初步成功后，创业者有很大的动力去加快市场扩张，从而推动新企业的快速成长。这里指的市场扩张包括两个方面：一方面是指在现有的区域市场，由于更多的消费者接受新企业的产品或服务，导致本地市场的扩张；另一方面是指创业者采取批发、代理、特许经营、建立直营分支机构、直销、电子商务等，将新产品或服务分销到更广阔的市场区域，进行异地扩张。

（三）组织资源的增加

在一定程度上，企业成长欲望的实现取决于其所控制和能够利用的组织资源。这里，组织资源被广义地定义为人力资源、财务资源、无形资产、厂房设备、技术能力、销售网络、组织结构、管理能力等。度过初创期后，新企业拥有的组织资源不论在数量上，还是质量上都会有明显的增加，而且创业者对资源的获取、整合和利用能力也有明显的提升。这就为新企业下一步的成长奠定了必要的基础。例如：在财务资源方面，企业累计的利润和现金流，能够在一定程度上支持企业成长所需的资金；银行可能看好企业的发展前景，愿意提供一定额度的商业贷款；具有高成长欲望的创业者可能愿意通过出售部分股权的方式筹集更多的发展资金。又如，随着创业团队对企业的经营活动越来越熟悉，管理能力不断提高，其可以在不降低现有工作质量的前提下，节约出管理资源以支持企业成长。

（四）创新与变革

新企业的成长具有明显的创业特征，需要持之以恒的创新精神，创业者擅长识别和追求机会的能力使新企业具有创新的优势，创新使企业能够赢得快速成长的机会。与此同时，新企业在成长的过程中会面临各种挫折和挑战，具有企业家精神的创业者会不惧挑战，审时度势，大胆变革，并以此为契机将企业推向一个新的发展阶段。哈佛大学教授拉里·格雷纳认为，企业成长的每个阶段都由前期演进和后期的危机与变革部分组成，这些危机与变革加速了企业向下一个阶段跃进。企业成长的每一个阶段都有其独特的管理方式，推动现阶段成长的动力往往会成为下一阶段进一步成长的障碍，因此，能否通过变革与创新突破这种障碍是企业能否进入下一个成长阶段的关键。

案例

愿景和价值观

要想让正面信念能够更快地在员工中树立起来，除了反复灌输，你还要把握两个新企业成长的关键驱动因素——愿景和价值观。

如何让你的员工跟你走得更远？答案是两个字，愿景。如果企业没有愿景、没有未来，你的员工会说："老板，我没有办法跟着你干了，公司前途渺茫，搞得我每天晚上回去都睡不好觉……"所以，跟你走得最远的，不是最相信你的，不是待遇最好的，也不是职务最高的，而是最相信企业愿景的人。

所以，企业必须有一个非常清晰、独特、能够持久、不轻易改变的愿景，同时还要明确企业愿景与员工的关系。如果愿景跟员工没有关系，员工就会想，企业成为行业第一、中国500强、世界500强跟我有什么关系，我为什么要为此而卖力？因此你必须要告诉员工理由，他们为什么要努力实现企业愿景，企业实现了愿景他能得到什么。

创业过程中还有一个问题："谁最听你的话。"员工发自内心地听你的话，不是靠你给他的权势、地位和薪水，而是因为你们的价值观很吻合，你们有共同的取向。

树立一个企业的核心价值观有什么意义呢？意义在于核心价值观有一个最大的特点——用人文的价值来达到商业化的目的，不依赖权力和金钱而达到激励员工的目的。价值观是一个人对一个事物最重要部分的理解，他的观点和想法就是他个人的价值观。在生活当中，一个人会有两种价值观：追求的价值观和逃避的价值观。那么，企业的价值观是什么呢？如何发掘企业的价值观？首先，我们可以通过向员工提问的方式来发掘企业的价值观。通过不断地问问题，不断地去延伸、探讨、发现和提取全体员工真正共同追求的价值观时，你会发现聚集在你身边的这批人是那么有凝聚力、那么听话，从而产生巨大的团队力量。

显然，新创企业的价值观大多是创始人的价值观。一个企业的创办人或者领导人，在企业内部不断宣讲、不断推广、不断强调、不断重复自己的价值观，到一定程度之后就会形成一种文化、自然影响力，对员工的思想、行为、原则、品德形成一种无形的管控。

既然找出了对于企业来讲最重要的核心价值观，新创企业便可以开始在企业内部进行复制，让每一个员工都来分享这些价值观。通过不断地输入、传递这些价值观，就会慢慢地形成一个团队、一个企业的价值观。当这种价值观建立之后，创业者还要把这些价值观与员工的行为连接起来，不断地推广、不断地重复，让这些价值观深深地印在员工的脑海中。

资料来源：姜岚昕. 管控：企业快速发展中的刹车系统【M】. 北京：北京大学出版社. 2007

新创企业成长过程中最容易犯的错误是去寻找现有的市场，等找到了，却发现好不容易寻找到的市场瞬间又发生了变化。因此，新创企业不管用什么方式都必须走在市场的前面，永远让市场跟着创业者走，永远让市场被创业者影响。因为一旦落后于市场，新创企业就只有被市场淘汰的命运。

奖罚员工十次，不如改进生产流程一次；生产流程改进了1%，出错率就会减少很多。

新创企业成长的另一个重要驱动因素就是组织资源和流程。新创企业需要巧妙地整合资源和组织，使其结构化、标准化、流程化，从而提高效率。

三、新企业成长面临的挑战

新创企业的数量很多，但能够实现成长的企业并不多，其中实现快速成长的企业则更少，其原因在于新企业的成长会遇到各种限制和障碍，会面临各种发展陷阱和挑战。

（一）内部管理复杂性的增强

新企业的快速成长体现为市场的快速扩张、顾客数量的规模化增加、职工人数的大幅增长等，也会吸引各种组织（包括竞争对手、潜在投资人、管制机构、新闻媒体等）的注意力，同时也需要获取更多的资源以支撑其成长，这就使得企业内部的管理工作会在短时期内快速增加。尽管创业者开始在组织内部设立职能部门和管理组织，制定各种必要的规章制度和流程，试图强化职责分工和协调配合，逐步进行管理授权和分权，然而由于企业规模的急剧扩张、创业团队管理技能的不足、缺少有管理经验的员工、部门分工不够科学合理等原因，企业内部管理往往显得杂乱无序，问题常常容易演变为危机，创业者需要花费大量的时间用于“救火”。部门间的协调配合和“救火式”的管理方式融合在一起，增加了企业整体管理的复杂性。

（二）外部环境不稳定性的增加

企业的快速成长吸引了众多竞争对手的进入，改变了行业的竞争状况，让新企业的市场环境变得更加不确定。行业内的大企业开始注意新企业所在的细分市场，凭借资金、技术、品牌和成熟的销售网络等种种优势，向成长中的中小企业发起挑战或进行打压。行业内众多“跟风”创业的小企业则“搭便车”，对产品既不进行创新，也不进行广告投入，只是一味地模仿，利用低成本、低价格和地域性优势抢占市场。众多竞争对手的加入，使得消费者有了更多的选择，竞争变得越来越充分，一度的“蓝海”逐渐变为“红海”，产品价格可能迅速下降。这就迫使新企业不得不加大产品创新力度，调整市场战略，进行地域市场扩张，进入新的细分市场，或开始尝试多元化经营等，但这些情况无一例外地增加了企业活动所面临的不确定性，使其经营环境变得更加复杂。

（三）创业团队管理能力的不足

创业者和管理者的素质和能力是有差异的，而且思维方式也不同。创业者是机会导向的，对资源约束考虑较少，而管理者更多是资源驱动的，会基于所掌控的资源约束去追求机会；创业者的责任是创建企业，而管理者的责任是维持和壮大企业；创业者要引进新产品或服务，管理者要协调生产产品或服务。随着新企业的成长，创业者要从事的管理工作越来越多，其面临的管理压力也越来越大，这就要求其具备越来越高的管理技能，逐步从“创业者”向“创业管理者”转变，但并不是所有的创业者都能顺利地实现这种角色的转变。从企业成长和企业家成长之间的互动关系看，企业家管理是企业持续成长的必要条件，管理能力不足则是企业成长的最大障碍，这也称作“彭罗斯效应”。对于新企业而言，企业家管理一部分要用于现有业务的运作和优化，另一部分要用于扩张性活动，如开发新产品、开发新市场等。如果管理能力的增长跟不上企业规模扩张的步伐，就会出现管理危机。

（四）市场容量的限制

市场是企业得以生存和发展的土壤。一旦企业实现了初期的快速成长，很快就会有其他的企业跟进，竞争就会变得越来越激烈。而且先进入的企业成长速度越快，跟进的企业就越多，新企业就会在更短的时间内面临更激烈的竞争，信息发达和市场开放使这种规律更加明显。一方面，在市场容量有限的前提下，众多竞争对手的加入，会阻碍新创企业的成长；另一方面，新企业是在行业内的细分市场开始创业和经营，随着企业规模的成长，创业初期的区域市场容量将无法支撑企业快速发展的需要，创业者必须寻求扩张。扩张的路径主要有两条：地域扩张和产业延伸。但地域扩张往往受到各地文化、法律和市场环境的影响；产业延伸则会面临资源不足、管理分散等多元化经营的相关障碍。如果创业者不能很好地解决这些问题，市场容量的局限性就会变得明显，最终像一堵墙一样阻碍企业继续扩张和成长。

（五）人力资源和资金的约束

新企业的成长还面临极大的资源约束，尤其是人力资源和财务资源的缺口。伴随着业务快速发展，新企业迫切需要吸引大批人才的加入，虽然新创企业良好的创业氛围和广阔的发展前景也能打动一部分人，企业也有充分的用人自主权，但总体而言，由于新企业发展的不确定和高风险性、能够提供的薪酬难有竞争力、管理不够规范、办公环境较差、企业的社会声望不高等原因，多数新企业对优秀人才的吸引力不足，导致较大的人力资源缺口。同样，为了支撑企业的快速成长，新企业有了新的需要，如不断增加固定资产投资，招聘更多员工，加大研发投入，建立销售网络和强化营销推广等，这样就要有更多的资金投入，同时日常管理运营费用也大幅增加，但在创立初期和成长期，多数新企业的自由现金流入不足，而且不够稳定，无法满足企业快速成长的需要，导致较大的资金缺口。

（六）持续创新和战略规划能力的不足

富于创新是推动企业成长的主要动力。企业创立之后，创业者关注的核心问题是销售和生存，将大量的精力和资源都投入到市场拓展和外部融资上，新企业初期创新的推动力会随着创业者投入资源的减弱而减弱。与此同时，知识产权保护不力，竞争对手模仿行为的增多，也可能让新企业创新激励下降和减弱。因此，在缺乏资金、技术、人力资源和组织保证的情况下，如何保持新企业持续创新的动力、能力和活力至关重要。同样，由于创业的机会导向性和新企业的生存压力，多数创业者更加注重策略行为，而非战略思考，甚至许多人认为新企业和中小企业没有战略也不需要战略。但事实上，缺乏战略是制约企业成长的关键因素。战略的缺乏往往导致新创企业随波逐流，小富即安，对未来的发展方向茫然不知所措，核心竞争力无法有效塑造，甚至被大企业或同行挤在角落里苦苦挣扎，发展遇到了瓶颈却无法有效突破。因此，创业管理团队能否拥有出色的战略规划能力，直接决定了新企业能否快速成长以及能否持续成长。

四、新企业成长管理的技巧和策略

管理有方可以让新企业快速成长，控制合理才能让新企业健康发展、不入歧途、少走弯路。新企业的管理，主要是通过管控两类非常重要的关系来为企业的可持续发展保驾护航。这两类关系，一个是企业与员工；另一个是企业与客户。如果用四个字来描述这两类关系，那就是“对立统一”。企业与员工是对立的，这是因为企业总想让员工多付出、多创造价值，员工则希望企业多发薪水、多给他好处；企业与员工是统一的，当企业发展得越好，员工的待遇就会越好，员工付出越多、创造的价值越大，未来企业给他们的回报也就越大。企业与客户也是对立统一的关系，一个卖产品，一个要拿钱买产品；一个想高价卖，而另一个则想低价买。还有一种情况，对一个企业而言，它既希望客户发展顺利，这样客户购买的产品就会越多；有时候又希望客户发展得不好，这样自己就可以低成本买它的产品，或者提条件谋取其他好处，所以这也是对立统一的。大部分新企业的死亡，就是由于没有协调好企业与员工、企业与客户这两个关系。那么，新企业成长管理有哪些技巧和策略呢？

（一）权责要分明

管控任何一个事物、任何一个部门、任何一个企业的时候，首先你要明确一个问题：有哪些人对这件事、这个部门负责，负哪个方面的责，负多大的责？一个和尚挑水吃，两个和尚抬水吃，三个和尚没水吃。如何让三个和尚有水吃？首先要明确的便是谁来挑这个水，什么时间去挑水，指出这个执行人的权责。

（二）做事讲标准和规则

决定让一个人来管控这件事、这个部门、这个企业，依据是什么？而他在具体管控时，又是依据什么来做决定、做计划的？这些标准和规则是在管控之前就必须制定出来的。在起步阶段，企业的目的就是生存下来，不至于死掉。要生存，然后才能发展，由小到大、由弱到强，因此，企业的经营重点应该是以业务拓展和最终成果为导向。在这个阶段的发展过程当中，创业者是企业唯一的核心，实行的是一种“能人式”的管理，例如创业者亲自面试、招人、用人、育人、留人，而他的标准也就是企业用人的第一标准；没有企业文化，创业者个人的思想、观点、准则，对事情的认识、看法、思维方式将直接影响企业的全体员工。所以，在这个阶段，企业人力资源管理的重点，应该是放在对下属能力的培养上。在这个阶段中，要把握最重要的两个字——复制。一定要注意三个原则：第一个是标准化。企业所有员工的所有活动都要按照企业制定的标准去做，比如企业在招人、选人、用人、育人、留人方面都已经形成一定的标准化制度。标准就是发言权、风向标。第二个是简单化。标准越简单越容易复制，越简单越容易做大、做快。第三个是流程化。不管你制定了多少标准，标准有多么简单，如果缺少了流程，员工不知道第一步干什么、第二步干什么，就会分不清主次，抓不住重点。对流程的定义是将松散的步骤连接成一条线，操作者便可以顺势而为。因此，流程化可以减少偏差，让你的标准更加明细，能够让你更好地去复制。

（三）措施得当

如果已经确定了由谁来挑水、什么时间挑水，接下来就要确定用什么样的方式来挑水，需要哪些工具，在挑水过程中要注意哪些问题，什么才是关键。因此，措施是保证管控得以顺利执行的关键环节。没有措施这个巨大的后盾做依托，任何责权和依据都只会是一个外表包装精美的空心球而已。

（四）随时检查

检查非常重要，无论是谁都有惰性，如果没有检查的控制，员工的工作效率是不会取得快速提升的，所以，检查控制是重要的，检查的效果也一定是明显的。

案例

新创公司生存大挑战，蚂蚁撼动大象并非不可能

有所为，有所不为。在众多“大象”级企业的夹缝中寻求生存、发展空间的新创公司，不仅要找准方向，更要找准方法。只要恰当地运用巧劲，“蚂蚁”撼动“大象”并不是不可能的事情。问题是，这巧劲从何而来？

刚刚起步的新创企业，或心存大志，雄心勃勃地试图颠覆行业格局；或只是试图挖掘市场中的空白。但大多数情况下，与行业领先者相比，它们都相对弱小、资源有限、市场认知度不高，因此，它们的首要问题是该采取什么样的策略来防止自己被“大象”踩扁。

对于中小企业，有一个决定性因素需予以重视——它庞大的竞争对手是如何反应的？如果当你在弱小之时就让对手意识到威胁并采取压制行动，如果你的竞争地位轻易地就被大企业削弱，那么，你先前设计得再精妙的战略也将无济于事。

长江商学院战略教授曾鸣曾经从大企业的角度分析新创企业的理想发展历程。那些成功颠覆行业格局的新创企业，常常经历这样的几个阶段：刚起步时，看不见，不知道它们的存在；成长时，看不起，无视它们的潜力；成长起来后，看不懂，不解它们的创新；当它们强大后，看不会，难学它们的模式。比如说美国的西南航空，在它强大之后，“大陆航空、美联航等巨头花了很大的力气去琢磨、去模仿、去学习西南航空，但无论是用这种方法还是那种方法，反正学来学去都学不会”。

资料来源：http://finance.sina.com.cn

任务二 控制与化解新创企业的风险

新创企业必须重视防范和化解经营风险，这是新企业获得发展的前提条件。良好的风险防范有助于企业减少决策的失误，降低损失，其最终目标是风险发生前的防范，减少或避免风险发生的机会，以及努力把风险发生后的损失恢复到损失前的状态。

企业从其开始就将面对风险的考验，而且风险也将伴随着企业成长、成熟的每一个过程。而作为新企业，其本身的波动性大，受市场波动性的影响很敏感，尤其是新企业对战略发展方向、市场环境变化趋势的把握以及对现金流的管理，更是风险管理中的重中之重。因

此，如何有效地管理风险、对风险实施有效地控制，减少企业损失，提高企业竞争力，延长企业寿命，成为企业必须慎重考虑的问题。

一、成长阶段新创企业主要风险的来源

（一）管理风险

成长阶段创业企业面临的最大风险是管理风险。步入快速成长期后，企业市场迅速开拓，这个阶段的企业，技术风险逐步消除，市场风险也变得较小，许多风险投资机构也开始一改往日的态度，变得非常主动，竞相投资。但是该阶段由于人员在急剧增加，生产规模在不断加大，管理幅度在不断扩张，资金规模在不断提升，市场区域在不断拓展等，这些因素都大大增加了管理的难度。如何控制成本，如何保障质量，如何管理渠道，如何树立品牌，这一阶段企业会出现许多管理问题，管理的风险变得最大。如果不能及时解决这些问题，不仅会影响企业的成长，也会影响到企业的未来发展。

1. 管理失控

成长阶段的创业企业往往在管理上存在诸多问题：重研发、轻市场，市场抓不住，而研发方面一旦融资用完，危机就开始出现；帮派严重，团队不和，各自为政，排斥能人参与，开始争权夺利；目光短浅，排斥现代企业理念，看不到更为广阔的市场，甚至产生自卑心理，否定自身可以发展壮大，不敢找高手竞争。管理混乱导致机遇丧失，市场萎缩而逐渐失去竞争力。

2. 用人失察

创业初期，往往用人不多，但是这些为数不多的雇员对公司的意义却非同小可。例如，你选错了助手，或者任命了不称职的人担任了公司重要岗位的主管，那么就有可能使你的公司陷入困境；而一个不称职的销售主管可能会使一个销路很好的产品没有了销路，这对公司的发展是毁灭性的。

3. 资金链断裂

资金风险主要指因资金不能适时供应而导致创业失败的可能性。对于新创企业，资金风险是最普遍的问题，如果创业者不能及时解决，一旦资金链断裂，极易造成创业夭折。

造成资金风险的原因很多，内部因素大都与创业者经验不足、人脉缺乏、管理混乱有关。例如，决策失误、盲目投资；投资规模过大，超出自身实力；投资陌生行业，回报过低；财务漏洞，管理无序，投资成本上升等。至于创业者竭泽而渔、不择手段追求盈利而受到追究，承担相应违约、假冒伪劣、欺诈、偷税漏税等法律责任，则必然产生极为严重的资金风险或危机，甚至企业可能立马倒闭。

资金风险的外部因素主要与技术风险、市场风险和金融风险等密切相关。例如，依托高新技术创业的企业，需要的创业资金，一是规模较大，二是融资渠道少。若资金不能及时供应，导致高技术迟迟不能产业化，其技术价值会随着时间的推移不断贬值，甚至很快就被后来的竞争对手超出，则初始投入将付之东流。资金风险的另一个不可忽视的外部因素是通货膨胀引起的股市和汇率的波动。当发生通货膨胀时，政府一般会采取紧缩的金融政策，致使

利率上升，贷款成本随之增加，或难以得到贷款，导致“转化”资金紧张甚至中断。同时，通货膨胀会拉动“转化”过程中所使用的材料、设备等成本的上升，使资金入不敷出。

4. 市场反应迟钝

创业可能更多地依赖创业者对市场机会的把握、企业所从事的经营业务具有独创性或具有某种竞争优势。进入快速成长阶段，会有许多跟进者进入市场，创业的优势会逐渐减弱，竞争压力增大，业绩增长率会随之下降。此外，企业越是成功，创业者越是容易春风得意，往往面对市场反应迟钝，不能及时根据市场变化调整产品和服务，导致失去主力市场，结果被竞争对手所淘汰。

5. 新老员工冲突

不断引进新生力量有利于创业企业更好、更快地成长，但不可避免地出现新老员工的冲突与对立，包括职业经理人和创业元老、新员工和老员工之间的冲突，都会使创业企业陷入困境和内耗，甚至团队分裂、创业者被排挤而离开公司。

一方是在公司内任职多年、为创业立下汗马功劳但越来越不适应企业发展的老员工，另一方是朝气蓬勃、拥有新技能和新知识的刚入职的新员工。若继续倚重元老，企业难以蜕变求新；若用新人替换元老，会有“过河拆桥”的声誉受损风险，且当触及老员工利益时，老员工更容易抱团来解决问题，最终可能形成两败俱伤的局面；若完全寄希望于新进的职业经理人，则可能既有元老们抵抗或背叛的风险，也有职业经理人的委托代理风险。于是企业陷入进退两难的困境，处理不好，将会酿成巨大风险。

（二）战略失误

当创业企业初具规模，快速发展时，许多创业者容易被自己初步的成功冲昏头脑，有时甚至觉得无所不能，不顾实际扩大经营和盲目多元化发展，开拓超越实力的市场，摊子铺得太大和对新业务不甚了解，难免出现战略失误，从而导致破产。像这样在获得巨大成功后很快就遭遇失败的惨痛教训实在太多，这些企业的共性是：盲目扩张、发展速度过快，而人员、资金、管理三大要素相对滞后，企业发展根基脆弱。三大要素中的任何一个出现问题时，都会引发本不稳固的新创企业整体发生塌方。

（三）供应链风险

供应链系统是一个十分复杂的系统，其风险尚缺乏统一确切的界定。但基本共识是，风险来源于供应链上各种不确定性因素的存在。由于供应链网络上的企业之间是相互依赖的，任何一个企业出现问题都有可能波及和影响其他企业，影响整个供应链的正常运作，甚至导致供应链破裂和企业破产。

（四）贪图安逸

创业者小富即安，开始贪图安逸。具体表现为：一是贪图享受。开始经常出入豪华酒楼、宾馆之类的高消费娱乐场所，吃喝玩乐、一掷千金，有的甚至堕落到赌博。殊不知这方面是无底洞，更重要的是消磨了创业者的意志和精力，很可能导致新创事业中途夭折。二是讲究排场、挥霍浪费。购买豪华轿车、高档装饰，掷巨款购买和装修豪华住宅、办公楼等，大把花钱。“成由勤俭败由奢”，奢侈实在是败业败家的祸根。创业基本成功，企业在快速发展，创业者和员工的待遇、生活水平适当改善和提高，这是正常的。但要反对的是脱离企业实际发展水平的高消费，反对的是奢侈消费，但凡成功的企业家、成就大事业者绝不会挥霍浪费。

二、创业企业运营风险的基本类型

通常情况下，创业企业的运营风险一般分为以下六种类型。

1. 团队风险

团队成员在创业初期，大多能够齐心协力、精诚团结，为企业的发展贡献自己的力量，但随着企业的发展，团队成员的需求、动机、价值观、内心的疑虑发生了变化。各种矛盾、难题不断出现，即形成了团队风险。此时如果成员之间不能很好地沟通以形成统一的意见，那么事后难免会相互埋怨，团队风险会随着时间的增长越来越大，最后可能导致团队的分裂。

2. 技术风险

创业技术能否通过研发得以成熟和完善，实现应有的功能和效果，达到可商业化应用的程度，具有很大的不确定性。因此，技术风险是创业运营中最突出的一种风险。具体而言，技术风险一般包括以下几个方面：技术前景的不确定性、技术更新后风险、技术效果的风险、技术环境的风险、产品生产和售后服务的风险等。

3. 市场风险

新创企业提供的产品或服务无论是根本性的创新、改进性的创新还是模仿性的创新，对于消费者来说，都是陌生的和没有实际体验的。因此，经营业绩也会随着市场风险的变化而有较大的变化。市场风险的不确定性表现在：对市场的实际需求缺乏了解，夸大了商业价值，进入时机选择失误，市场拓展不明显等。

4. 管理风险

管理风险又称为经营风险，是指在创业运营过程中因管理问题而带来的风险。创业初期，创业者往往缺乏管理经验，导致职责分工不明确，没有形成科学合理的规章制度，往往会产生管理风险。

5. 财务风险

创业运营期，财务风险在很大程度上是由财务管理的随意性和盲目性导致的。例如，创业者更多地把会计作为一种信息披露的需要或者是记账的手段，而没有视之为管理工具，而且大多数的创业期企业为了节约人工成本，往往一个会计人员身兼数职，而这些职位之间原本是互斥的，这就增加了财务风险。此外，如果创业者不注意现金流的管理，致使资金链断裂，将可能直接导致创业活动的失败。

6. 产权风险

产权风险一般是由产权纠纷导致的，产权包括财产的所有权、占有权、支配权、使用权、收益权和处置权。在市场经济条件下，产权是以法权形式体现所有制关系的科学合理的产权制度，用来巩固和规范商品经济中的财产关系，约束人的经济行为，维护商品经济秩序，保证商品经济顺利运行的法权工具。创业初期，如果创业者没有将产权明晰，则很容易产生产权风险。此外，宏观政治、经济环境的变化也会给创业运营活动带来风险。

三、新企业成长阶段的风险控制和化解

（一）尝试授权，学会解脱

在创业快速成长期，两个主要因素会导致创业者考虑授权：一是管理问题越来越多、越来越复杂，创业者不堪重负；二是员工渴望分享权力，希望得到更多的空间与舞台来发挥自己的才华。创业早期，创业者通常是集权式管理，进入快速成长期后，创业者需要授权，但不要分权。所谓授权是指组织为了共享内部权力，激励员工努力工作，把某些权力或职权暂时授予下级，下级可在其所授予职权范围内自由决断，灵活处理问题，但同时也负有完成任务并向上级报告的责任，上级仍然保留对下级的指挥与监督权。分权则是指决策指挥权在组织层级系统中较低管理层次上的分散，组织高层将其一部分决策指挥权分配给下属，使其充分行使这些权力，并在职责范围内自主解决某些问题。

分权容易产生离心力，员工会自作主张，而企业此阶段所需要的是向心力，否则创业者就会失去对企业的控制。当然，从集权到授权，创业者往往还是会感到胆战心惊，害怕失去对企业的控制，所以，创业者授权实际上准确的含义是“只准你们做我自己才会做的那种决定”。

最有效的授权是由创业者拟定哪些问题由自己来决策，哪些工作可以授权给员工去完成，哪些工作需要员工定期汇报，哪些工作可以放手不管。一般而言，创业者需要审批招聘计划、销售计划、财务预算、投资计划、生产计划，至于销售人员的行为管理、客户拜访计划、促销活动、车间作业计划、生产排班、加班申请等就可授权给中层管理人员负责。当然，财务报账签字和人事安排等重要业务，创业者还是应该由自己来掌控，以控制成本以及人事矛盾的出现。创业者也可以向一些管理人员授予一定额度的签字权。通过把一些日常程序性的、非核心的工作授权给中层管理人员，创业者就可以把自己从繁重的事务工作中解脱出来，将更多的精力集中在企业战略性问题的思考上。

（二）密切监控资金风险

1. 预算管控

创业投资一个什么样的产业？投资一个什么样的企业？投资一个什么样的项目？如果仅凭几个人头脑发热便投入资金，将是一个很危险的事情。“一分钱难倒英雄汉”，许多创业者很容易记住这句话。有钱的时候，企业自然不会出现问题，而一旦缺钱或者没有钱的时候，再好的品牌、再好的员工、再好的顾客，也无法帮助新创企业活下来。所以，做任何创业投资之前，创业者首先要做好的便是财务预算——预而后立。

在预算管控当中，分为事先、事中、事后三个阶段。事先管控就是要做好预算计划。第一，预算投资的费用。每一次投入的资金是多少？如果招标，最多不能超过多少？第二，预估投资的周期。每一笔资金的投放时间？需要多久才能开始回收资金？要做好总体投资的计划表。如果预算计划就没做好，接下来的现金管控又出了问题，就极易导致企业陷入万劫不

复的深渊中。然后是事中管控，企业要做到实时监控。事先做好的预算计划可能会在事中执行时出现偏差，所以企业要分析差异的大小、出现的原因，接着列出调整的对策，进而形成一个完整的调整计划。最后，企业还要对预算进行事后管控，管控的重点就是考核与评估。考核与评估当初的预算计划做得是否科学、合理、准确，事中是不是严格按照预算计划规定的周期和投资执行的，找出不足并改进。

2. 现金控制

财务管控中重要的一项管控便是现金，因为现金是企业的生命线，相当于人体的血液。如果缺血，人会休克；如果没有钱，企业将会死亡。

现金流的管控分为三个阶段：事前制定措施，事中做偏差分析与改进，事后进行考核、评估、奖惩。

如何才能让企业的现金流越来越多呢？必须管控好至关重要的三个方面：首先是库存。库存是杀手。相比企业自身的库存，经销商的库存将更可怕，因为一旦这些经销商联合起来退货，企业轻则元气大伤，重则立即死亡，所以企业要尽量自己卖或者坚持不退货，同时严格控制自己和经销商的库存，以保证现金流的畅通。其次是应收款。应收款今天还是你的，明天一不小心就有可能跟别人跑了。一个企业，当它的应收账款越多，它的危机也就越大，就越逼近死亡。账款回收难，也成为目前很多企业普遍存在的问题和隐患。最后是应付款。应付款像美酒，喝的时候感觉“千杯少”，但是弄不好就会伤胃伤身。企业该付的钱一定要付，没有到期的可以先不付，不该付的绝对不要付。应付款一定要准时，要遵守承诺，该付不付，会导致别人对你的信任感降低，会给你的企业造成很坏的影响。但是你把钱付给了别人，你的现金就会变少，企业的现金流就可能会出现问题，这就要求企业的财务一定要制订好计划，比如在签合约时要约定好付款的周期、付款的方式等，只有财务对此做了一个好的统筹计划，才能保证企业的现金流实现最大化。

3. 成本管控

一个企业的成本越高，利润就越低；成本越低，利润就越高；成本和利润成反比。比如你卖凉鞋100元钱，成本就是90元，你只赚了10元；如果成本降低到70元，你顺应潮流赚了30元；成本降低20元，但利润却增加了一倍还多。由此可见，控制成本对于利润的高低有多大的影响。要想管控好成本，作为企业领导人，一定要以身作则，并带领全体员工养成一种节约的习惯。要知道，你省下的每一分钱都是你的纯利，都是你的现金。

4. 企业的内部审计

财务管控的最后一个关键是企业内部的审计。企业内部审计的好坏会直接影响到财务管控的未来发展。内部审计做得好，可以使企业的财务管控越来越完善；审计做得不好，便会在企业内部滋生惰性，甚至出现弄虚作假的情况。

（三）完善组织架构，规范管理

在创业过程中，创业者和企业只是对各种市场机会被动地做出反应，而不是有计划、有组织、定位明确地开发利用自己所创造的未来机会。相应地，企业的行为是被动的，而不是主动的、具有预见性的。因人设事，因人设岗，创业者常常会依习惯直接给下属安排工作，而不会依照工作流程行事。进入快速成长期，企业为了更好地发展，必须建立一整套完善的组织架构来有效地执行决策、规范决策。创业者不必奢求一步到位，也不要指望建立一套组织架构就可以一劳永逸。创业者应该尝试围绕工作本身来进行组织，打破围绕人来组织的习惯性思维，力图通过组织来实现企业的管理决策和管理理念。通常的做法是创业者或企业委托外部咨询公司，或者聘请具有丰富管理经验的职业经理人来帮助搭建组织架构。最稳妥的方式是先健全、完善辅助管理部门的组织设计与调整，然后是价值增值部门的组织调整，如生产部门和营销部门等，这样做能在最大程度上稳定企业的经营。设计企业组织架构时，创业者可以运用一些非常规的小技巧，例如，多设置几个管理岗位，但并不安排人员，这样，对员工是一种吸引力，会起到正面激励的作用；又如，把三级销售组织结构调整成五级，效果会非常明显。当然，创业者需要明白，在管理体系完善之后还应重视精简企业的管理层级，防止官僚化管理的出现。此外，不仅仅是简单地设计企业的组织架构，需要同步进行的工作是健全和完善企业的管理制度和规章。

（四）建立风险责任机制，趋利避害

风险责任机制是根据创业企业的风险控制规划和实施方案，确定相应的责任主体，做到风险管理工作责任落实，各行其职，各负其责。同时要建立和不断完善风险控制目标体系和风险报告制度，企业内部各风险管理责任主体必须严格按照既定目标和具体标准从事相应的监控和管理。

1. 要通过分析，主动预测风险可能会带来的负面影响

例如，投资一旦失误，可能造成多大损失；投资款万一到期无法挽回，可能造成多大经济损失；贷款一旦无法收回，会产生多少影响；资金周转出现不良，对正常经营会造成哪些影响。

2. 积极预防风险

例如，加强对投资方案的科学评估，对市场行情进行周密调查与跟踪，制定合理优化的资金使用策略，建立供应链伙伴的信息交流与共享等。一旦某个环节出了问题，要有采取补救措施的预案，尽可能减少负面影响。同时，通过加强管理，特别是合同管理、投资决策、财务管理、知识产权保护等，建立健全企业各项规章制度，在平时的业务交往中认真签订、审查各类合同，加强对决策过程和合同履行过程的监督。在经营活动中有所为、有所不为，经营什么产品，选择什么样的市场，都要仔细衡量，干应该干、可以干的，趋利避害，扬长避短，以变制胜。

3. 学会减少风险和转移风险

对无法回避的系统风险，应当设法分解和转移。例如，尽可能将风险大的项目外包。对于风险较大的投资或经营项目，可将其分解成多个小项目，再将其中风险较高但别人能接受的部分分包给别人去做，共享收益、共担风险；不拒绝必要的合作和规模化经营。如果所从事的领域需要较强的实力，请不要拒绝与他人合作，而应是积极主动地寻求合作帮助，往往在共同发展的背后是风险的共同承担；建立风险预警机制和风险控制体系，如及时与政府部门沟通获取政策信息；在开发新产品前，充分进行市场调研，决策多方案优选、相机替代

等；对于即将出现的而自己无论如何也难以承受的风险，为了求得长远发展，可以采取避让策略，果断退出、走为上策，通过放弃眼前局部利益保全全局；对于已经酿就的重大风险，往往需要牺牲某些甚至是重大利益，如申请破产保护以求得再生。

（五）完善激励机制，凝聚人才

创业进入快速发展期，创业者关注的是未来的更大发展，而员工往往更关注现在的利益。处理不当，创业者会受到指责——“同患难易，共富贵难”，承受巨大的情感压力。如果企业是合伙建立或几个人共同创立的，难免会因为利益分配而出现企业的裂变，给企业造成伤害，甚至一蹶不振。随着企业的扩大，新员工不断加入，他们更多的是一种职业选择，创业者必须考虑如何吸引和留住企业所需要的更多的优秀员工。

人才是企业发展的关键，人力资本是企业的核心资本。为了加快发展，快速成长阶段的企业会引进相当数量的新员工，这时的企业往往由于新老员工冲突而陷入秩序危机。此时，应该着手建立一整套有效的管理与激励机制，既能保障老员工或合伙人的既得利益，又能吸引新员工，真正凝聚更多的优秀人才，使企业得以稳步发展。解决方案的核心，一是建立有效的管理制度与激励机制；二是紧缺骨干人才队伍的开拓建设和培养。

1. 制度是建立组织并且保证组织顺利运转的有效基石

设计管理制度与激励机制时，创业者要与员工保持密切有效的沟通，尽量做到一视同仁，要让新老员工都能理解和接受。在共同的组织目标面前，开宗明义地说明公司的原则和底线，对于新老员工制度面前人人平等。因此在根源上就杜绝了“新人新办法、老人老办法”的制度不和谐性做法，当统一的制度规定了新老员工在工作和待遇上的方方面面，就可以很大程度上减少人为干预，继而减轻新老员工的不公平感觉。

新老员工主要的利益冲突点体现在薪酬和岗位晋升上，其中薪酬往往会成为不满意的直接来源，是对员工的工作成就感和工作能力的直接挑战。当新老员工因为薪资矛盾积累到一定程度后，即使一点小小的矛盾都会成为冲突的导火索。防范的方法在于建立规范的薪酬体系，对于薪级和调整薪酬的依据要有明确规定，薪酬倾斜的原则不应该因人而异，而是因岗和因能力而异，同时可以适当增加司龄工资和工龄工资，并保持相对固定的比例。这样，一方面体现公司对于员工忠诚度的鼓励，同时也对老员工的历史贡献予以肯定，通过司龄与工龄工资一定程度弥补了老员工，降低因新员工薪酬过高或者绩效突出带来老员工的失落感。

2. 岗位的晋升一定要有明确的依据

不排除新员工能力突出而突击升职领导老员工的情况，在这一点上，要事先和老员工做深入的沟通，引导老员工对于自我能力提升和自我发展空间的关注上，降低不公平感。在程序和机制上，通过考核和流程上的公正性，如绩效考评、公示、宣传等方式，帮助新员工适应升职后的岗位并获得老员工的认可。机制上有了保证，即使老员工对于新员工的晋升心生不满，出现正面冲突时，机制的保障作用会凸显，直接上级在调解相互关系时也能够有比较有利的说服证据。

3. 紧缺骨干人才队伍的开拓建设

贯彻“良将一名，胜似千军”的理念，通过用事业和重金双管齐下的方式，引进同行业相关企业骨干，充实到管理一线指挥作战，而培养主要是指通过提拔自身企业内部优秀员工，大胆使用，帮助和鼓励他们尽快成长。处于快速成长阶段的企业，不可避免地存在经验的欠缺甚至没有经验可言，因此在企业核心岗位人员配置时可尝试采用“AB岗”的方式。所谓“AB岗”是指类似“书记+厂长”和“政委+司令”的方式，这样既可以充分发挥“相互帮助、相互协谰、相互监督、责任共担”团结协作的长处，又可以增强核心岗位决策和执行的正确性，避免风险的发生。

4. 激励手段的多样化和丰富化

在设计与实施激励机制时，也要注重根据不同人员的特点，选择好激励手段，防止一刀切的现象，特别是在精神激励和非现金激励上，要体现新老员工的差异，这样能够有效满足不同层次人员的需要。针对新员工，非现金激励与精神激励更多地在于提供各种培训机会、鼓励创新、通报表扬、领导谈话等；针对老员工，则应当更多地体现在提供各种考察、休假机会、荣誉称号、公司高层嘉奖的方式等。

（六）发展核心竞争力，战略制胜

保持竞争优势是每个企业得以持续成长的关键。新创企业必须选择、培养和不断发展核心竞争力才能取得并保持竞争优势，这是企业生命力所在。根据普拉哈拉德和哈默的核心竞争力理论，对企业竞争优势起关键作用的知识和能力被称为核心竞争力。核心竞争力实质上是组织内部一系列互补的知识和技能的独特的组合体，当这些资源被组合到业务流程之中，组合的独特性往往能为顾客带来更多的价值，组合的复杂性又常常使得竞争对手难以模仿，因而能够使得企业确立竞争优势，顺利实现规模扩张。

培育和发展核心竞争力必须让企业寻找出属于其自身的核心专长，然后在这个核心专长上与他人竞争。所谓核心专长是指拥有别人所没有的优势资源，这类资源可以是人力、产品、品牌、技术、流程、营销能力、企业文化及价值等。

竞争优势可以为企业带来更多的利润，但是随着竞争对手的学习、模仿和攻击，竞争优势会随着时间流逝而逐渐丧失。此时如果不采取有效措施，企业就会逐渐衰退，陷入亏损甚至是破产的境地。而这个有效措施就是，处于快速发展阶段的新创企业必须研究并确立自己的发展战略。

企业战略体现在创业企业依据自身的特点选择一个较小的产品或服务领域，集中力量进入并成为当地市场第一，再从当地市场到全国甚至全球市场，同时建立各种进入壁垒，逐步形成稳定、持久的地位和竞争优势的全过程。只有确立和选择了正确战略，并在其指引下不断实施成功的战略行动，才能在竞争对手成功学习、模仿或者攻击之前，建立起企业新的竞争优势，这才是快速成长中企业永葆青春的秘诀所在。

任务三　创业初期的营销管理

新企业创建伊始，由于目标市场的潜在客户对企业不熟悉，无疑会对新企业的能力，产品的质量、交货期，经营者的信誉等问题产生疑虑。如何利用自身的优势，迅速地渗透市场，树立企业形象、打造企业品牌，获得市场或被同行业接受，如何在短时间内与目标客户建立关系，这直接关系到新企业的成长和发展，也关系到新企业是否能够很好地规避初创期的市场风险。新企业必须在短时间内探求适合的营销技巧，制定最有效的营销战略和策略，充分展示新企业及产品在市场上的独特性、差异性的特征，提高企业及产品在市场上的知名度。

一、新企业营销特征

（一）新企业营销的首要任务是快速进入市场

新企业往往没有市场基础，品牌缺乏知名度，渠道的配合与支持也相对较弱，同时也缺乏足够的现金流支撑其长线经营，这更加迫切地要求新企业在短时间内必须迅速打开市场，获得客户认同，摆脱企业初创期生存的压力。

（二）新企业营销的关键是品牌传播

大多数新企业都认识到企业要发展壮大，必须开展品牌建设。但是在创业初期，由于受制于资源约束或者缺乏长远的品牌战略目标，甚至有些创业者把品牌建设简单地理解为就是做广告和造影响，使得品牌建设缺少层次感甚至方向性。因此，新企业应该有全新的品牌诠释和系统的品牌内涵，由内而外、持续坚定地向消费者和社会公众传递品牌文化。

（三）新企业营销的目标具有阶段性

新企业营销的各个阶段，其目标和任务都不一样。成功的新企业营销可能需要历经凝聚创业团队的项目创意营销阶段，吸引投资者关注的商业计划营销阶段，寻求市场认同的产品/服务营销阶段，以及塑造品牌形象的企业营销阶段等。

（四）新企业营销策略灵活多变

新企业营销的实施环境更为动荡，具有很大的不确定性，这也使得创业者的营销策略必须更加灵活。一方面，其灵活多变的特征有助于创业者积极发挥优势，促进企业快速成长；另一方面，营销策略既需要高度灵活，又需要内在一致，自然也就加大了实施的难度。

二、4Ps营销理论

4Ps营销理论被归结为四个基本策略的组合，即产品（Product）、价格（Price）、渠道（Place）和促销（Promotion），再加上策略（Strategy），简称为“4Ps”。菲利普·科特勒在《营销管理：分析、规划与控制》中确认4Ps核心的营销组合方法为：产品（Product），注重开发的功能，要有独特的卖点；价格（Price），根据市场定位制定价格，定价依据是企业的品牌战略；分销（Place），注重经销商的培育和销售网络的建立；促销（Promotion），注重销售行为的改变以刺激消费者，吸引其他品牌的消费者或推动提前消费来促进销售增长。

作为新创企业，需要在营销观念、手段上不断创新和尝试，同时也要制定正确的企业营销组合。

1. 产品策略

新创企业与最终消费市场距离贴近，能够及时准确发掘目标市场的需求变化。特别是规模较小的企业，不需要也没有能力与成熟大企业在产品种类和数量上进行直接竞争，其可以反其道而行，开发大型企业不愿意或者没兴趣开发的市场，采取订单生产方式寻找顾客，也可以依托大品牌、大企业开发自己的特色相关产品。企业为了向目标市场提供各种适合消费者需求的有形和无形产品，可以对同产品有关的品种、规格、式样、质量、包装、特色、商标、品牌以及各种服务措施等可控因素进行调整和运用。在知识经济的时代背景下，新创企业要更加重视核心技术、核心产品的开发，既要尊重他人的知识产权，避免法律责任，也要维护自身权益，获得合法收益。

2. 定价策略

新创企业在定价策略选择上要更加慎重，但也要灵活多变。新创企业的市场份额低，知名度小，品牌价值不高，刺激顾客购买的重要因素就是较高的性价比。同时新创企业资金压力大，要求付款期限短，条件苛刻。这些都对企业定价策略提出了较高要求。企业需要按照市场规律制定价格和变动价格，综合基本价格、折扣价格、付款期限、商业信用以及各种定价方法和定价技巧等快速得到市场认可。

3. 分销策略

传统营销理论认为企业以选择分销渠道和组织商品实体流通的方式来实现其营销目标，包括对渠道覆盖面、商品流转环节、中间商、网点设置以及储存运输等可控因素的组合和运用，并且认为企业不需要直接面对顾客。这样的营销观点不完全正确，特别是针对新创企业而言，很多时候其是需要直接面对最终消费群体的，高效优质的分销策略同样需要企业关注。当下网络经济快速发展，手段更新迅速，新创企业对此要时刻关注。计算机、手机等众多互联网终端服务设施的建设，以及销售模式的运用必须引起企业的重视，互联网时代已经到来，企业唯有适应并对其加以应用才能获得成功。

4. 促销策略

促销主要是指企业利用各种信息传播手段，包括媒介广告、人员推销、营业推广、公共关系等方法刺激消费者的购买欲望，促进产品销售。新创企业品牌知名度较低，需要通过宣传增加企业的知名度，加快市场认可。但同时其也受到资源匮乏的制约，因此在宣传的范围、频率、方式上需要慎重选择。作为新创企业，需要关注公共关系营销策略，积极参与到社会活动中，体现企业社会价值，得到社会的认可和支持，这对于企业的发展意义重大。

三、新企业的营销策略

新企业的营销与成熟企业的营销不同，完全沿用成熟企业的营销模式对新企业不合适而且风险很大。成熟企业的营销策略是建立在有自己的品牌和形象、有雄厚的资金、有完善的销售渠道、有市场、有人才、有市场口碑、有自己特定的忠实顾客群这一基础之上的，而这一切正是新企业所缺乏的。新企业没有任何基础条件，要想走向成功，必须精心设计独特的营销策略。采取何种策略将技术或创意变为客户愿意购买的产品，如何将产品实现大规模生产和销售，是新企业面临的首要问题。

（一）产品差异化切入

市场定位是新企业营销管理的核心。如何扬己之长、避己之短是企业创业期制胜的关键。企业创立之初就要认真研究市场机会，拓展产品和市场的边界，从广阔的行业市场中寻找最适合的消费者群体。创新市场需求，从满足需求的角度去认识产品，创新产品价值，寻求自身特色和优势。新企业在制定产品策略的过程中必须要有清晰的产品上市思路，即企业先上什么产品，下一步再开发什么产品，产品结构升级的战略地图如何描绘。尤其是对于最初上市的产品，在产品决策之前必须有所了解：产品的哪些特质满足顾客的需求；哪些顾客接受本企业产品；产品在哪些方面优于市场竞争对手；产品制造的可行性、收益分析及市场前景如何。作为一个新企业，必须集中所有的优势和资源，力求在个别产品上打开市场缺口。这就要求新企业了解消费者的更深层次的需求，创造更优于竞争对手的产品。同时，在企业发展过程中，集中技术优势、资源优势、品牌优势对产品进行不断的修正和研发，以期从行业的开拓者或追随者成为行业领先者，并成为行业标准的标杆。

（二）制订市场覆盖计划

新企业一定要选择重点区域市场作为根据地进行大力开拓，不要试图一开始就建立全国性的营销网络。一般要优先选择若干价值高、有实力、成长性好、行业影响大、地理位置优，或者原有关系的客户。要根据客户特征对每一个客户制定专门的销售策略，要发挥集体的力量来制定策略，发挥企业员工的聪明才智，建立整个公司的营销理念和销售流程。在对客户的选择上，新企业也应该区分识别，建立客户信息处理机制，进行分类分级管理。有些客户是不能直接给新企业带来经济回报的，但却可以帮其打开行业的大门，积累行业经验和品牌；有些客户虽然利润不高，但采购需求真实，财务和市场状况良好，在经济萧条期仍然能支持新企业；有些客户虽然利润很高，但财务状况不良，风险较大。

（三）寻找有效的促销支点

促销是企业的营销人员通过各种有利于销售的沟通方式，如人员推销、广告推销、营业推广和公共关系等方式，针对目标顾客及其消费行为进行有效引导，促成购买的活动。一般有两种方式：一种是人员推销，即直接方式；另一种是非人员推销，即间接方式。新企业大部分面临的问题是产品及其品牌不为消费者所认知，更谈不上企业被社会认知。如何利用现有资源使有限的广告费用变得切实有效是企业经营者面临的共同问题。这就需要营销者在有效使用广告费用的同时，能灵活运用各种广告宣传工具进行企业宣传，如开展事件营销、选择有实效的赞助方式、撰写软文、选择合适的媒体投放、充分发挥关系网络和互联网等各种资源的作用等。一个有创意的促销策略，能够起到意想不到的作用。

新企业因其人力、财力等资源相对匮乏，应选择投入小、见效快的有创意的促销策略。

（四）注意把握渠道效率与风险的平衡

新企业要根据产品的特质选择不同的营销渠道模式。一般情况下，服务业因其服务的提供与消费之间不需要通过中间商而选择直接渠道。工业品销售也采用直接渠道，它可以根据用户的特殊需要进行加工、安装，同时便于用户掌握产品的特性、使用功能和方法，减少产品不必要的损耗，降低流通费用，能够掌握价格的主动权。而消费品的主要销售方式为间接营销，通过中间商进行销售，可以节约流通领域的人力、物力、财力和时间，降低销售费用和产品价格，同时可以集中精力积累生产技能，扩大流通范围和产品销售，对生产者和消费者均有利。如饮料制造商，它的产品主要通过超市、社区便利店、加油站、报刊亭、快餐店、娱乐场所等与消费者连接，很显然它的营销渠道属于宽渠道模式。劳力士手表属于奢侈品消费，一般通过专业珠宝店特许经销，属于窄渠道模式。窄渠道营销因生产者与消费者之间的中间环节少，产品可以迅速到达消费者手中，企业能及时地了解消费者需求，便于企业调整策略，较好地控制产品营销过程。如对售前及售后服务有特殊要求、技术性强、保险要求高的产品应选择较窄的渠道，而对于标准化程度较高且单价较低的产品则应选择宽渠道。

新企业应根据产品的属性如价格、技术性、内外部特性等，还有市场因素如包括潜在消费者在内的消费者的分布、数量、购买习惯及购买批量，企业的资金、销售能力以及竞争者状况等方面因素，综合分析选择适合自身产品的有效的、可控的营销渠道。

新企业渠道的功能诉求有别于相对成熟的企业，应更关注信息传递、收集信息、树立形象、客户服务的作用；渠道结构应尽可能扁平化，选择渠道成员也应慎重，注重商誉和营销能力，建立有效的考核体系和风险控制体系。

（五）打造精干高效的营销队伍

无论是营销任务的推进还是渠道的构建，新企业的营销能力都是影响和制约企业能否快速发展的重要因素。因此，必须有效开展全员营销计划，凝聚队伍，培养企业良好的形象，获得广泛的社会认同。既要吸引有行业经验的专业人士，也需要引进拥有良好社会关系的市场开拓人才，在搭建营销队伍时，要注重队伍的整体质量。

任务四　创业初期的财务管理

财务管理是以资金运动作为对象，利用价值形式对企业各种资源进行优化配置的综合性管理活动。对于新企业而言，能否充分利用企业有限的资金，使之进入良性循环，是决定该企业能否进一步稳定发展的一个非常重要的因素。在激烈的竞争中求得生存并持续地获利是新企业梦寐以求的理财结果。不断地提高企业利润，追求利润最大化，是新企业生存和发展的基本前提，也是保证其资本保值和增值的基础。

财务管理是在一定的整体目标下，对投资、筹资、营运资金和利润分配进行预算、控制和调配。它是管理企业的一个组成部分，是组织企业财务活动、处理财务关系的一项经济管理工作。财务管理是企业管理的核心，是企业进行生产经营活动的基本保障。通过科学系统的财务管理，能提高资金使用效率、降低成本，能有效指导企业的生产计划和决策，能调动各利益主体的积极性。

一、企业财务要素

（一）资产

资产是指企业过去的交易或者事项形成的、由企业拥有或者控制的、预期会给企业带来经济利益的资源。作为企业从事生产经营活动的物质基础，资产具有以下几方面特征：资产必须是现实的资产，而不能是预期的资产；资产必须由企业拥有或控制；资产必须具有交换价值和使用价值。

在我国，《企业会计准则》还进一步规定："符合资产定义和资产确认条件的项目，应当列入资产负债表；符合资产定义、但不符合资产确认条件的项目，不应列入资产负债表。"

（二）负债

负债是企业承担的、以货币计量的、在将来需要以资产或劳务偿还的债务。它代表着企业偿债责任和债权人对资产的求索权。

负债的一个基本特征是它是企业承担的现时义务。现时义务必须是企业在现行条件下已经承担的义务，现时义务可以是法定义务，也可以是推定义务。其中，法定义务具备法律强制执行性，如企业贷款或缴纳税费；推定义务是指根据企业多年来的习惯做法、公开的承诺或者公开宣布的政策而导致企业将承担的责任，如企业向消费者推出的因质量问题造成的包退包换承诺。

负债是过去时，只有过去的交易或者事项才形成负债。企业将在未来发生的承诺、签订的合同等交易或者事项，不形成负债。

（三）所有者权益

根据《企业会计制度》对所有者权益的定义，所有者权益是指企业投资人对企业净资产的所有权。所有者在以其出资额的比例分享企业利润的同时以其出资额承担企业的经营风险，所有者还具有法定的管理企业和委托他人管理企业的权利。

（四）收入

广义的收入是企业日常活动及其之外的活动形成的经济利益流入，狭义的收入则是限定在企业日常活动中所形成的经济利益总流入。我国现行制度采用的是狭义的收入概念。收入分为主营业务收入和其他业务收入：主营业务收入来自企业为完成其经营目标而从事的日常活动中的主要项目，如工商企业的销售商品、银行的贷款和办理结算等；其他业务收入来自主营业务以外的其他日常活动，如工业企业销售材料，提供非工业性劳务等。

收入具备以下特征：①收入源自企业的日常活动，而不从偶发的交易或事项中产生；

②收入是与所有者投入资本无关的经济利益总流入；③收入一定能增加企业所有者权益；④收入只包括本企业经济利益的流入，不包括为第三方或客户代收的款项。

（五）费用

费用是指企业在日常活动中发生的会导致所有者权益减少的、与向所有者分配利润无关的经济利益的总流出。我国《企业会计准则》中对费用的定义表述为：费用是企业生产经营过程中发生的各项耗费。

费用一般具有以下特征：①费用本质上是一种资源流出企业，其目的是为了取得收入，从而获得更多资产。②费用会最终减少消费者权益，但所有者权益的减少不一定都列入费用，如企业偿债性支出和向投资者分配利润就不能归入费用一类。③费用可能表现为资产的减少，或负债的增加，或者二者兼而有之。

（六）利润

利润指企业销售产品的收入扣除成本价格和税金以后的余额。我国2007年1月1日开始施行的《企业会计准则——一般准则》第37条规定："利润是指企业在一定会计期间的经营成果，利润包括收入减去费用后的净额、直接计入当期利润的利得和损失等。"第39条规定："利润金额取决于收入和费用、直接计入当期利润的利得和损失金额的计量。"

二、财务管理的基本原则

比较集中、被提及频率比较高的有以下几条。

（一）货币时间价值原则

货币具有时间价值是财务管理最基本的观念。货币时间价值是指货币经历一段时间的投资和再投资所增加的价值。经济学认为，一定数量的货币资金在不同时点有不同的价值，即使没有风险和通货膨胀。但并非所有的货币都有价值，货币只有被当作资本投入生产流通才会更有价值。在具体的财务管理中，应付账款管理、存货周期管理、应收账款周期管理等，都是货币时间价值在财务管理中的具体运用。

（二）风险收益均衡原则

对投资者来说，收益与风险总是如影随形的，收益高，相应要承受较大的风险。如何做到收益风险均衡则是财务管理要考虑的一个原则。具体来说，负债资本成本低，财务风险大，反之，财务风险小。因此，企业在进行投资决策时必须认真分析各种可能因素，对投资决策进行可行性分析，充分考虑到项目不同，风险与收益也不尽相同。

（三）资金合理配置原则

资金的合理配置是指企业在生产经营活动中资金能够得到充分合理、有效的使用，以取得经济效益的最大化。在实际操作中，流动资产投资和固定资产投资的构成比例、有形资产和无形资产的构成比例、货币资产和非货币资产的构成比例、债权投资和股权投资的构成比例、长期投资和短期投资的构成比例、各种资产内部的结构比例，这些资金构成比例的确定都应遵循资金合理配置原则。

（四）收支积极平衡原则

收支平衡是对企业财务管理的基本要求。资金过多或不足都会给企业带来不良影响：资金不足，企业的生产经营会出现中断；资金过多，会形成闲置和浪费。为了做到收支平衡，企业既要积极经营、扩大销路、确保资金链流畅，又要节约成本、避免不必要的开支。

（五）价值最大化原则

企业价值最大化是企业财务管理的最终目标。企业价值最大化是指通过财务上的合理经营，采取最优的财务政策，充分利用资金的时间价值和风险与报酬的关系，以保证将企业长期稳定发展摆在首位，不断增加企业财富。

（六）利益关系协调原则

企业是一个经济实体。在这个经济实体中，会涉及企业的所有者、经营者、债权人、债务人、国家税务机关、消费者、企业内部各部门和职工等之间的利益关系。只有将这些关系处理好，才会有一个和谐、稳定的发展环境，才能最终实现企业价值的最大化。

三、财务管理的基本内容

（一）投资管理

投资管理是企业财务管理的重要组成部分，其优劣程度直接影响企业的生存和发展。企业通过有效的投资管理，既能够扩大企业规模又能够有效利用资金使其充分运转。所谓投资管理是指企业为谋发展而增加资金总量、扩大经营规模的管理活动。

投资管理的基本要求是建立严密的管理秩序，力求做好预测和决策，以减少风险，提高效益。

（二）筹资管理

中小企业融资难已经是共识话题。融资问题几乎是所有初创期和成长期的企业核心的财务问题。尤其是初创企业，没有知名度、底子薄且前途未卜，既不能获取银行的信用又无法获得足够的股权资本，那么，如何在成长过程中尽可能筹措到资金避免资金短缺便是筹资管理的问题了。

1. 要正确预测资金需求，以确保生产经营需要

这里有一个基本原则，即筹资后的经营收益一定要大于筹资时所发生的费用和成本的综合。否则，筹资是没有意义的。为了确保筹资给企业带来收益，就必须对资金需求做出正确的预测。资金过少或过多都会产生一定的弊端，这时要综合考虑企业的生产经营规模、投资需求、发展目标等方面来确定筹措资金的总额，以保障生产经营和投资活动的顺利进行，同时又避免不必要的资源浪费。

2. 要合理选择筹资渠道和方式，以降低资本成本

资本成本是企业为筹集和使用资金而付出的代价。资本成本包括资金筹集费和资金占用费两部分。资金筹集费包括发行手续费、律师费、资信评估费、公证费、担保费、广告费等，资金占用费如股票的股息、银行借款和债券利息。相比较而言，资金占用费经常发生，

而资金筹集费通常在筹集资金时一次性发生，因此在计算资本成本时可作为筹资金额的一项扣除。

企业筹资，无论采取何种渠道和方式，都会发生一定的资本成本。如发行股票和债券，除了股票和债券的发行费用外，还须支付股利和债券利息。资金来源不同，资本成本不同，即便资金来源相同，因筹资方式不一样，资本成本也会不同。因此，企业有必要在筹资前比较各种资本成本，选择合理的筹资渠道和方式，尽可能地将筹资成本降到最低，以提高资金效益，减少企业负担。

此外，管理者还要经常分析宏观经济形势、货币政策和财政政策等相关情况，及时了解国内外利率、汇率等金融市场的信息，预测影响企业筹资的各种因素，把握合适的筹资机会，以做出正确的筹资决策。

（三）营运资金管理

营运资金是企业正常运转的基本保障，是企业财务管理的重要组成部分。所谓营运资金管理是对企业流动资产及流动负债的管理。

营运资金，从会计角度看，是指流动资产与流动负债的净额。如果流动资产等于流动负债，则占用在流动资产上的资金是流动负债融资；如果流动资产大于流动负债，则与此相对应的“净流动资产”要以长期负债或所有者权益的一定份额为其资金来源。从财务角度看，营运资金应该是流动资产与流动负债关系的总和，在这里“总和”不是数额的加总，而是关系的反映。

做好营运资金管理就是做好流动资产和流动负债的管理。流动资产管理就是加快现金、存货和应收账款的周转速度，以尽量减少资金的过分占用，最终降低资金占用成本；流动负债管理就是利用商业信用解决资金短期周转困难，同时适时向银行借款，利用财务杠杆，提高权益资本报酬率。

（四）利润分配管理

利润分配，是将企业实现的净利润，按照国家财务制度规定的分配形式和分配顺序，在国家、企业和投资者之间进行的分配。利润分配的过程与结果，是关系到所有者的合法权益能否得到保护，企业能否长期、稳定发展的重要问题，为此，企业必须加强利润分配的管理和核算。企业利润分配的主体一般有国家、投资者、企业和企业内部职工；利润分配的对象主要是企业实现的净利润；利润分配的时间即确认利润分配的时间，是利润分配义务发生的时间和企业做出决定向内向外分配利润的时间。

四、财务管理方法与策略

其实，在财务管理中存在着许多风险，如资金流动风险、货币风险、利率风险、信用风险、税务风险等，其中资金流动方面的风险最为重要。一个企业如果没有足够的资金，不但无法取得长足的发展，还可能由于无法偿还到期的债务而宣告破产。有统计资料表明，发达国家破产企业因现金流不足倒闭的占80%，我国也是如此。如何规避风险其实是财务管理之道。

随着经济的发展，越来越多的人认为财务会计不单纯是一种计量技术，更是一种企业管理方法。财务管理的确在企业的资金运用方面发挥着重要的作用，有人甚至认为它在企业管理中处于核心地位。这恰恰道出了财务管理在企业管理中不容忽视的一面。到底该如何做好企业管理呢？

（一）资金和核算并重

有人认为财务管理就是管钱，结果导致重资金、轻核算。其实不然，在具体的管理中，核算是无论如何不能忽视的。做好内部核算，能够真正节约开支。

（二）与其他部门紧密合作，建立高素质的财务队伍

还有一种误区，认为财务管理就是财务部门的事，与其他管理部门没有任何关联。其实各个管理部门之间是相通的，互相割裂只能形成经营和生产“两张皮”。所以，财务部门一定要与其他管理部门密切配合。此外，企业还要拥有一支高素质的财会队伍。财务人员专业素质要过硬，法制观念要强化，以确保所提供信息的合法、真实、准确与完整。

（三）构建适应企业发展的资金管理体制

总体来说，就是对于资金要统一管理，集中调度，有偿使用，降低筹资风险，保持良好融资信誉。具体而言，可以运用测算方法确定最佳购存点上的资金结构，加大对资金运筹的调控力度；还可以加强对外投资的管理。财务部门要主动研究市场，自觉参与企业投资项目的测算论证，树立投资汇报观念，考虑货币时间价值和风险价值，以避免盲目投资造成的资金浪费，追求投资效益最大化。

（四）加强成本费用管理，控制工作

企业成本决定是企业盈利和竞争能力的关键因素。企业财务部门要运用量本利分析法测定成本最低、利润最大的产销量，减少无效或低效劳动；各个管理部门之间要齐心协力，把技术进步、成本控制和经济效益有机地结合起来，以实现成本管理的超前控制。

任务五　创业初期的人力资源管理

对于新企业来说，资金和市场是创业者最大的担忧和最为关注的焦点，因而，许多新企业将大量的精力都投在了融资、市场开拓、控制成本等方面，而忽略了企业人力资源管理体系建设，相当一部分新企业主要靠同学圈、朋友圈、家族成员来构建创业团队或核心员工队伍，在管理中借助亲情、友情来维系。随着新企业的快速发展，越来越多的员工加盟企业，原有的粗放式的人力资源管理手段和方法的弊端会逐步显露出来。它不仅影响新企业的正常发展，还将严重威胁新企业的生存。

对新企业来说，如何把握和开发人力资源这种关键资源，对其人力资源的管理提出了更高的要求。新企业必须树立强烈的“人尽其才，人事相宜”的用人理念，重视人才的培养和开发，在人力资源的激烈竞争中，保持自身的竞争优势。

新企业人力资源管理包括选人、育人、用人及留人。

一、选人

招聘新员工一般要遵循如下程序：①进行工作分析与工作者分析；②确定录取分数或可能接受的最低能力水平；③招募应选者；④实施选人技术；⑤使选人程序有效化。

二、育人

育人主要通过员工培训的方式来实现，员工培训形式多样，内容丰富。按形式分类可分为公开课和企业内训。公开课是让员工到企业外面参与一些相关的培训师开办的公开培训课程；企业内训是企业邀请相关讲师到企业进行调研，有针对性地对企业员工进行培训。按内容可分为员工技能培训和员工素质培训，员工技能培训是企业针对岗位的需求，对员工进行的岗位能力培训；员工素质培训是企业对员工素质方面的要求，主要有心理素质、个人工作态度、工作习惯等的素质培训。

一般大企业为员工进行培训的机会较多，国内的一些知名企业如华为于2005年成立了华为大学，大学成立后就专门为华为员工及客户提供众多培训课程，包括新员工文化培训、上岗培训和针对客户的培训等。

三、用人

新企业招聘新员工后，关键是要如何用好人。用人应坚持如下几个原则：

①量才录用。小材大用和大材小用均对企业不利，前者造成损失，后者造成浪费。

②工作丰富化。任何枯燥、呆板的工作都会使员工感到工作乏味，应该充分考虑到员工的身心要求，重新设计工作，使工作尽可能丰富化。

③多劳多得。员工的报酬应该依据工作难度、工作数量、工作质量等有所不同，否则就会造成员工心理不平衡而导致工作效率难以提高。

四、留人

新企业经过选人、用人，对于公司的骨干员工如何将他们留住将考验创业者的智慧。除了依靠企业文化的影响留人外，还要有一些更具体的措施留住人，具体包括以下四个方面：

（1）薪酬计划。将企业的工资、奖金及其他奖励水平设定在企业可比群体的平均水平之上，这有利于企业吸引、留住和激励高水平的人才。

（2）额外福利。包括培训、年终奖金、交通补贴、免费工作餐、公费旅游和体检等。

（3）人际关系。企业应创建和谐、融洽的员工关系和上下级关系。

（4）工作条件。宽敞、舒适、安静的办公场所也是企业能否留住人才的一个重要因素。

课后实训提升

实训8-1
商业创业计划书

完成商业创业计划书中营销策略报告。

3.0 营销策略
3.1 产品特征

产品或服务种类	功能	特色
产品一		
产品二		
产品三		
产品四		

3.2 产品定价

产品或服务	单位	单位成本	同类产品市场零售单价	产品单价
产品一				
产品二				
产品三				
产品四				

注：产品单价一栏，如果一年当中产品售价有变化或者多种产品属于同类产品，可按照产品均价计算。

3.3　销售渠道

1. 经营地址	面积	费用或成本（元/月）	选择该地址的主要原因
2. 销售渠道	□面向最终消费者　□通过零售商　□通过批发商（打√选择）		
选择该销售方式的原因			
与主要批发/零售商的合作方式			

3.4　宣传推广

单位：元

推广方式	主要内容	推广费用
广告媒体		
会展推广		
公关活动		
网络推广		
促销活动		
数据库营销		
共计		

实训8-2
商业创业计划书

完成商业创业计划书中的岗位职责表格。

4.3 部门/岗位职责

部门 / 岗位	负责人	职责	组成人员
总经理			
总经理助理			
部			
部			
部			
部			
部			
部			

实训8-3
商业创业计划书

完成商业创业计划书中的财务分析报告。

5.0 财务分析报告
5.1 固定资产：生产经营所需设备、工具和办公家具

单位：元

项目	原值	月折旧率（%）	月折旧金额	备注
生产工具和设备				
办公家具				
电子设备				
交通工具				
店铺/厂房				
合计				
备注	折旧率标准参看根据2009-06-23颁布的《企业所得税法实施条例》； 月折旧率=1/折旧年数/12			

5.2　月原材料/商品采购成本

单位：元

名称	数量	单价	金额
一			
二			
三			
四			
合计			

5.3　月销售与管理费用预测

单位：元

类别	科目	金额
销售费用	宣传推广费用	
管理费用	场地租金	
	员工薪酬	
	办公用品及耗材	
	水、电、交通差旅费	
	其他	
财务费用	利息	

5.4　月利润预测

项目		本期金额
一、主营业务收入		
加：其他收入		
减：主营业务成本	生产/采购成本	
营业税金及附加（按5.5%计算）		
变动销售费用	销售提成	
边际贡献率（%）=（主营业务收入-主营业务成本-营业税金及附加-销售提成）/主营业务收入		
固定销售费用	宣传推广费	

续表

项目		本期金额
管理费用	场地租金	
	员工薪酬	
	办公用品及耗材	
	水、电、交通差旅费	
	固定资产折旧	
	其他管理费用	
财务费用	利息支出	
二、利润总额		
减：所得税费用（按25%计算）		
三、净利润		
备注：员工薪酬包括企业主薪酬和职工薪酬，本计划书所提到的员工薪酬都符合该条件		

项目九　网上创业启动与创业可持续发展要素

引导案例

2012年，小米公司无疑是手机、移动互联网领域最受关注的一颗新星。小米公司CEO雷军运用互联网思维，用一年的时间把产品从零卖到一百亿人民币的销售规模，小米的颠覆性创新给业界带来了很多新的东西，强力推动了整个手机行业的快速发展，拉动了中国智能手机的换机大潮，雷军也成为中国新一代网络创业偶像。2013年年底，雷军与格力电器董事长董明珠同获“2013中国经济年度人物”。在颁奖典礼上，雷军向董明珠发起赌约，“小米公司如果5年内营业额无法击败格力，自己输给董明珠一块钱。”董明珠也不甘示弱，表示“一块钱不要再提，要赌就赌10个亿。”这也让董明珠迅速成为网红企业家。由于董明珠之前对线下渠道过于自信，所以，在2014年才启动建设自身的电商平台，从其上市公司财报业绩中就可以看出这种格力“一半靠线下、一半靠电商”的转型。于是，从2015年开始，格力电器开始转而谋求与电子商务渠道的深度合作。2015年12月12日，格力电器与京东强强联合，深度合作推出促销返利活动，以优惠的价格、优质的精品和便利的服务为消费者带来福利，品牌影响力和销量都颇为可观。在“互联网+”浪潮的猛烈冲击下，董明珠毫不犹豫地转型网购平台了。

案例分析

雷军的二次创业特点明显，运用互联网思维、借用互联网渠道销售手机，成长速度之快，是任何手机厂商所不能比拟的，这表明了网络创业的无穷魅力。另一方面，董明珠在天价赌约的压力下，实现了从传统创业到网络创业的完美转身。她对渠道的态度从一开始只重线下、不信任线上，到后来在线下频繁打价格战，再到这两年与京东紧密合作，全力拥抱线上渠道，体现了传统厂商对网络渠道信任度、依赖度的转变，说明了网络创业浪潮的大势所趋是无法逆转的。

任务一　认识网上创业

网上创业具有门槛低、节约成本等优势，能降低年轻人的就业压力，开辟了一条相对公平、便捷的就业渠道。对于刚刚踏入社会的年轻人来说，网上创业已经成为一种重要的就业方式。但网上创业究竟是什么？有哪些途径和形式？网上创业有哪些风险？这些都是网上创业者首先需要了解的问题。

一、互联网发展对网上创业的影响

当今社会已经进入互联网的时代，网络对人们的生活和行为产生了重要的影响。同时，互联网发展的不同阶段，人们所能够选择进入的空间和范围是不同的，因此，互联网的发展对人们的网络创业可以选择的途径产生了重要影响。

互联网在诞生之初的封闭状态，能够进入和使用互联网的人数是有限的。随着信息化时代的到来，互联网技术高速发展，互联网封闭状态的打破，人们进入互联网的成本大大降低，网络改变了人们的生活方式，同时带来了许多商业机会，创业的内容和形式也突破了传统模式。

当前互联网的应用大致分为四种：一是基础类应用，包括即时通信、搜索引擎、网络新闻和远程办公；二是商务交易类应用，包括网络购物、网上外卖、网络支付、旅行预订；三是网络娱乐类应用，包括网络游戏、网络音乐、网络文学、网络视频、网络直播；四是公共服务类应用，包括网约车、在线教育、在线医疗等。无论哪一种应用，都蕴涵着商业机会。

网上创业就是在传统创业的基础上借助互联网技术发展起来的一种新型的创业模式。网络中巨大的用户数量就代表着各种盈利的可能，所以，基于互联网的网上创业已经成了目前流行的创业模式。

小资料

中国互联网络信息中心（CNNIC）在京发布第47次《中国互联网络发展状况统计报告》（以下简称《报告》）。《报告》显示，截至2020年12月，我国网民规模达9.89亿，较2020年3月增长8540万，互联网普及率达70.4%。2020年，我国互联网行业在抵御新冠肺炎疫情和疫情常态化防控等方面发挥了积极作用，为我国成为全球唯一实现经济正增长的主要经济体，国内生产总值（GDP）首度突破百万亿，圆满完成脱贫攻坚任务做出了重要贡献。

1.“健康码”助9亿人通畅出行，互联网为抗疫赋能赋智

2020年，面对突如其来的新冠肺炎疫情，互联网显示出强大力量，对打赢疫情防控阻击战起到关键作用。疫情期间，全国一体化政务服务平台推出“防疫健康码”，累计申领近9亿人，使用次数超过400亿人次，支撑全国绝大部分地区实现“一码通行”，大数据在疫情防控和复工复产中作用凸显。同时，各大在线教育平台面向学生群体推出各类免费直播课程，方便学生居家学习，用户规模迅速增长。受疫情影响，网民对在线医疗的需求量不断增长，进一步推动我国医疗行业的数字化转型。截至2020年12月，我国在线教育、在线医疗用户规模分别为3.42亿、2.15亿，占网民整体的34.6%、21.7%。未来，互联网将在促进经济复苏、保障社会运行、推动国际抗疫合作等方面进一步发挥重要作用。

2. 网民规模接近10亿，网络扶贫成效显著

截至2020年12月，我国网民规模为9.89亿，互联网普及率达70.4%，较2020年3月提升5.9个百分点。其中，农村网民规模为3.09亿，较2020年3月增长5471万；农村地区互联网普及率为55.9%，较2020年3月提升9.7个百分点。近年来，网络扶贫行动向纵深发展取得实质性进展，并带动边远贫困地区非网民加速转化。在网络覆盖方面，贫困地区通信“最后一公里”被打通，截至2020年11月，贫困村通光纤比例达98%。在农村电商方面，电子商务进农村实现对832个贫困县全覆盖，支持贫困地区发展“互联网+”新业态新模式，增强贫困地区的造血功能。在网络扶智方面，学校联网加快、在线教育加速推广，全国中小学（含教学点）互联网接入率达99.7%，持续激发贫困群众自我发展的内生动力。在信息服务方面，远程医疗实现国家级贫困县县级医院全覆盖，全国行政村基础金融服务覆盖率达99.2%，网络扶贫信息服务体系基本建立。

3. 网络零售连续八年全球第一，有力推动消费“双循环”

自2013年起，我国已连续八年成为全球最大的网络零售市场。2020年，我国网上零售额达11.76万亿元，较2019年增长10.9%。其中，实物商品网上零售额9.76万亿元，占社会消费品零售总额的24.9%。截至2020年12月，我国网络购物用户规模达7.82亿，较2020年3月增长7215万，占网民整体的79.1%。随着以国内大循环为主体、国内国际双循环的发展格局加快形成，网络零售不断培育消费市场新动能，通过助力消费“质”“量”双升级，推动消费“双循环”。在国内消费循环方面，

网络零售激活城乡消费循环；在国际国内双循环方面，跨境电商发挥稳外贸作用。此外，网络直播成为“线上引流+实体消费”的数字经济新模式，实现蓬勃发展。直播电商成为广受用户喜爱的购物方式，66.2%的直播电商用户购买过直播商品。

4．网络支付使用率近九成，数字货币试点进程全球领先

截至2020年12月，我国网络支付用户规模达8.54亿，较2020年3月增长8636万，占网民整体的86.4%。网络支付通过聚合供应链服务，辅助商户精准推送信息，助力我国中小企业数字化转型，推动数字经济发展；移动支付与普惠金融深度融合，通过普及化应用缩小我国东西部和城乡差距，促使数字红利普惠大众，提升金融服务可得性。2020年，央行数字货币已在深圳、苏州等多个试点城市开展数字人民币红包测试，取得阶段性成果。未来，数字货币将进一步优化功能，覆盖更多消费场景，为网民提供更多数字化生活便利。

5．短视频用户规模增长超1亿，节目质量飞跃提升

截至2020年12月，我国网络视频用户规模达9.27亿，较2020年3月增长7633万，占网民整体的93.7%，其中短视频用户规模为8.73亿，较2020年3月增长1.00亿，占网民整体的88.3%。近年来，匠心精制的制作理念逐渐得到了网络视频行业的认可和落实，节目质量大幅提升。在优质内容的支撑下，视频网站开始尝试优化商业模式，并通过各种方式鼓励产出优质短视频内容，提升短视频内容占比，增加用户黏性。短视频平台则通过推出与平台更为匹配的“微剧”“微综艺”来试水，再逐渐进入长视频领域。

6．高新技术不断突破，释放行业发展动能

2020年，我国在量子科技、区块链、人工智能等前沿技术领域不断取得突破，应用成果丰硕。在量子科技领域，习近平同志指出，“要充分认识推动量子科技发展的重要性和紧迫性，加强量子科技发展战略谋划和系统布局，把握大趋势，下好先手棋”。量子科技政策布局和配套扶持力度不断加强，技术标准化研究快速发展，研发与应用逐渐深入。在区块链领域，政策支撑不断强化，技术研发不断创新，产业规模与企业数量快速增长，实践应用取得实际进展。在人工智能领域，多样化应用推动技术层产业步入快速增长期，产业智能化升级带动应用层

产业发展势头强劲。

7. 上市企业市值再创新高，集群化发展态势明显

截至2020年12月，我国互联网上市企业在境内外的总市值达16.80万亿人民币，较2019年年底增长51.2%，再创历史新高。我国网信独角兽企业总数为207家，较2019年年底增加20家。互联网企业集群化发展态势初步形成。从企业市值集中度看，排名前十的互联网企业市值占总体比重为86.9%，较2019年年底增长2.3个百分点。从企业城市分布看，北京、上海、广东、浙江等地集中了约八成互联网上市企业和网信独角兽企业。当前，我国资本市场体系正在逐步完善，市场包容度和覆盖面不断增加，更多地方政府也正积极培育本地创新创业公司及独角兽企业，有望最终形成“4+N”的发展格局。

8. 数字政府建设扎实推进，在线服务水平全球领先

2020年，党中央、国务院大力推进数字政府建设，切实提升群众与企业的满意度、幸福感和获得感，为扎实做好“六稳”工作，全面落实“六保”任务提供服务支撑。截至2020年12月，我国互联网政务服务用户规模达8.43亿，较2020年3月增长1.50亿，占网民整体的85.3%。数据显示，我国电子政务发展指数为0.7948，排名从2018年的第65位提升至第45位，取得历史新高，达到全球电子政务发展“非常高”的水平，其中在线服务指数由全球第34位跃升至第9位，迈入全球领先行列。各类政府机构积极推进政务服务线上化，服务种类及人次均有显著提升；各地区各级政府“一网通办”“异地可办”“跨区通办”渐成趋势，“掌上办”“指尖办”逐步成为政务服务标配，营商环境不断优化。

资料来源：中国政府网

http://www.gov.cn/xinwen/2021-02/03/content_5584518.htm

二、网上创业的概念

网络的自由性和便利性让21世纪的经济越来越集中在线上，网上创业也逐渐成为广大创业者，特别是年轻创业者喜爱的创业方式。

网上创业，就是在互联网上进行创业，将创业项目转变成生产力的过程。通俗地讲，网上创业是指创业者在互联网环境中，整合各种资源，寻求机会，努力创新，不断创造价值的过程，网上创业就是通过互联网来创造商机。

网上创业一般和现实中实体公司一样，有独立的公司网址和经营项目，有员工，有特定

的工作（客服、网店进货、销售等）。网上创业可以分两个层次去理解：一是没有太多启动资金，与自我雇用、个体户层次相对应，以就业为起点的网上创业；二是启动资金较多，真正注册企业、雇用他人的网上创业。

网上创业不同于网络营销，但与网络营销又有密切的关系。因为网上创业本身具有营销的性质，所以很多时候网上创业的本质就是网络营销，这种形式以网店为主，网站经营也有部分网络营销的成分在内。

三、网上创业的特点

由于互联网独特的技术特点与互联网企业经营的模式，网上创业与传统创业相比有较大的差异。网上创业的特点主要表现在以下六个方面。

1. 创新性要求高

由于网上创业与最新的互联网科技联系紧密，所以，创业者只有通过树立创新意识，培养新的思维方式，生产出创新产品打动消费者，才能享受到高收益，才能在竞争激烈的市场中获取一席之地。通过互联网，创业者的奇思妙想可以和用户进行直接的接触，满足了用户体验。

2. 创业群体广

以互联网为基础的社会网络扁平化，导致知识和技术的传播更加迅速，创业者由最初的技术精英逐步拓展到“草根”大众，网络创业是一种时尚、轻便、无拘无束的生活方式和生活态度，无论是谁都可以称自己是网上创业一族。

3. 创业成本低

网上创业可能获得更多的资金和人才方面的帮助以及政策等方面的支持，从而降低成本。对网上创业者来说，如果不是开展很大的项目，创业初期所需要的资金并不是很多。因此，网络绝对是英雄用武最好的地方，只要有能力，就有成功的希望。

4. 商业模式多样性

网上创业可以选择多种商业模式，甚至可以直接与消费者进行接触，让消费者体验各种创意。

5. 产业衍生性强

网上创业的产业链长、衍生性强，不仅涉及各种新技术和新鲜领域，还拥有广阔的与传统产业合作的空间。不仅带动了网络营销、客服、美工等职业，新创了软件、物流、支付等网商服务业岗位，还带动了其他生产、加工、包装等行业快速发展。

6. 创业环境透明公平

网上创业以能力为导向，更加公平、公开，行业竞争更加良性，同时青年、妇女、残疾人等弱势群体皆可实现创业就业。

四、网上创业的优势

相对于传统创业，网上创业具有以下优势。

1. 风险系数低

虽然创业都有风险，但和传统创业相比，网上创业的风险小，即便创业失败，由于网上创业初期不需要投入庞大的资金、不必承担所谓的投资风险，更没有经营事业的诸多压力。因为，一根网线、一台电脑、一个人，就可以构成创业的基础。做出了产品，推广和营销的成本也几乎为零。这样，资本原始积累也就完成得相当快捷。这是任何一种传统企业模式所不可想象的。这虽然是网上创业的优势，但是风险小不等于完全没风险，创业都是有风险的。

2. 不受区域限制

对于网上创业来说，只要有宽带，就解决了营业场地的问题，不需要去租门面，也不需要在不同城市开连锁店，通过互联网就可以在全世界进行采购和销售。

3. 营业时间不受限制

网上创业店铺可以24小时营业，随时接受商业信息并实时处理，采购和销售也可以同时进行，只需每天查看客服聊天软件，认真处理商业信件和咨询，及时更新信息，就可以正常营业。

4. 人员组成和人际关系简单

网上创业初期很多创业者都是白手起家，甚至一个人就能完成所有工作，只有在项目成熟后才需要扩招成员，而且在网络中创业者通常是借助计算机和智能手机与消费者沟通，并没有太多的交际应酬。

任务二　选择网上创业模式

网上创业的创业者需要借鉴优秀的、创新的和成功的创业模式，将其用于规避大多数无谓的损失，提高创业成功的概率。

一、商品和服务的销售模式

商品和服务的销售模式是一种创业者利用网络销售商品和服务的网上创业模式。这种模式类似于普通的商品和服务营销，区别在于营销的路径从实体店转移到了网上。这种网上创业模式包含开设网上店铺和自建网上商城两种类型。

1. 开设网上店铺

开设网上店铺是通过互联网建立虚拟商店，并利用该商店出售商品或服务的一种网上销售方式。在网上店铺中，消费者无法直接接触商品，只能通过商家的图片、商品描述、买家评论等对商品进行了解。消费者确认购买后，商家再通过邮寄等方式将商品寄给消费者。

开设网上店铺又分为3种类型：第一种是借助电商平台，依附于平台开设店铺，及自助式开店；第二种是自己申请域名，即创建独立网站；第三种是创建独立网站和自助式开店相结合。

（1）自助式开店。自助式开店是指通过提供开设网上店铺服务的电商平台进行自主开店，这样的平台包括淘宝网、天猫商城、京东商城和当当网等网站。自助式开店类似于在商城中租用一个柜台出售商品，其方式比较简单，只需支付给平台相应的费用，即可简单快捷地建立自己的店铺。自助式开店的优势是可以借助这些电商平台的人气来带动自己店铺商品的销售，是一种非常主流的开店方式。

自助式开店是初入社会的年轻人和大学毕业生常选择的网上创业形式，通常具备以下3个主要特点：

①创业成本较低。根据数据统计，超过70%的自助式开店创业者的启动资金少于千元，最少的甚至只花费了一笔电商平台会员注册费用。

②商品营销注重促销。自助式开店的小微企业采用的营销方式通常都是降价促销，而大型商家或企业的营销方式则是广告营销。

③技术要求较低，盈利模式简单易操作。自助式开店的操作简单，电商平台会帮助创业者建立店铺，并提供足够的技术支持；而且自助式开店的盈利模式与普通实体店的盈利模式几乎完全相同，创业者上手更加容易。

（2）创建独立网站。创建独立网站是指网店经营者根据自己商品的经营情况，自行设计或委托专人制作网站。独立网站一般都有独立域名，不依附于其他的大型网络购物平台，而由经营者自主经营。建立独立网站需要完成域名注册、空间租用、网页设计、程序开发、网站推广、服务器维护等工作。由于是自主设计，所以可以体现出独特的设计风格，这一点与受限于平台模板的自助式开店不同。很多产品的官方网站都属于这种类型。

独立网站的经营推广比自助式开店更加困难，需要有运作团队来维护网站的运作。

（3）创建独立网站和自助式开店结合。创建独立网站和自助式开店结合就是既在大型平台开设店铺，又建立自己独立运营的网站运营。这种方式集合了两种优势，但投入较高，通常适用于新的品牌，既依靠大型平台的人气积累品牌知名度，又发展自己的独立网站。如小米和华为除创建了官方网站商城外，还在天猫商城和京东商城等电商平台建立了自己的官方旗舰店。

2. 自建网上商城

自建网上商城是指创业者自建网上商城，引导和吸收商家进驻，通过整合物流、信息流和资金流，向进驻商家收取平台使用费、广告费和佣金等以取得收益，这种模式对资金要求较高。

二、流量变现模式

关于流量，我们在日常生活中很容易理解其价值。比如，如果想开一家卖鞋的店铺，在租金合理的前提下，一般会选择热闹的商业街；想摆摊卖早点，一般会选择居民区的大门口、地铁站出口，或者写字楼密集的地区。因为这些地方有很多人经过，而这些人，很多是带着需求的，很可能会产生购买行为。

流量是产生消费的重要因素。一般来讲，流量越大，可能产生的消费越多。

网上创业的流量变现模式是指创业者利用营销与策划宣传等方式来提升自身站点的知名度，提高点击率和访问量，由此向其他商家收取广告服务费等各项费用的创业模式。

三、网络技术创业模式

网络技术创业模式是指创业者运用互联网技术专业知识，以编写程序和制作网站、网页等形式向客户收取服务费用的创业模式。这种模式需要创业者具备专业素养和较强的网络技术应用能力，并积累一定的创业资金。

网络技术创业模式主要包括以下形式：

（1）开发或销售专用软件。创业者为满足市场需求而开发和编辑某种专用软件，比如手机应用软件、游戏等，以各种营销手段进行推广，并通过销售该软件及其插件，或利用软件附带广告、软件内容商品收费等方式获取收益。

（2）设计制作网页网站。网页网站的设计制作通常需要编程、美工等专业技术知识，因此很多企业会委托其他专业人员来完成设计制作。这种方式的创业就是通过制作网页、大型网站等方式来满足委托方的制作需求，从而获取经济收益。

（3）优化网站。优化网站的目的是提升流量并转化为收益，其基本工作是依据几种主流搜索引擎的搜索排序标准对网站拟营销或推广的关键词进行整合优化，使网站尽可能在搜索结果中排序靠前。

四、网上创业常见的商业模式

互联网行业经历了这些年的尝试之后，已经摸索出了在互联网思维下的商业模式套路。在产品积累到足够多的用户后，这些现成的商业模式都可以拿来为我所用。目前，网络创业活动已经出现了5种商业模式。

1. 实物商品的商业模式

如果创业选择的产品是某种实物，受众可以直接持有和使用这个物品，也就是通常意义上的商品、货物，那么商业模式有以下4种。

①自己生产自己销售：创业者直接生产商品，直接销售给用户。

②自己生产外包销售：创业者直接生产商品，将商品交给分销商销售。

③外包生产自己销售：创业者把生产环节外包出去，自己负责直接销售给消费者。

④不生产只销售：创业者不生产商品，自己作为分销商或提供销售商品的交易市场，比如淘宝网和京东商城等电子商务平台。

2. 交易平台模式

交易平台也是一种常见的网上创业方式，商业模式有3种。

（1）实物交易平台。用户在平台上进行商品交易，通过平台支付，平台从中收取佣金。天猫就是最大的实物交易平台，佣金是天猫主要的收入来源。

（2）服务交易平台。这种平台盈利方式与上一种相同，用户在平台上提供和接受服务，通过平台支付，平台从交易中收取佣金，有所不同的是这种平台交易的是服务。

（3）沉淀资金模式。用户在平台上留存资金，平台用这些沉淀的资金赚取投资收益回报。这种模式风险较高，而且需要用户的授权。传统零售业用账期压供应商的货款，就是为了用沉淀资金赚钱。现在这个方法运用到互联网行业。很多互联网金融企业、O2O企业，也寄希望于这个模式赚取收益。

3. 广告模式

广告模式是网上创业模式中常见的盈利和变现方式，自从谷歌开始在搜索结果旁边放广告以来，广告已经成了互联网行业默认的首选变现方式。实际上，广告本来是平面媒体的主要商业模式，现在互联网行业已经彻底抢走了广告领域的风头。网上创业过程中利用广告获得经济效益的方式有以下6种：

（1）展示广告。展示广告是广告模式中最常见的方式，主要样式包括文字、横幅图片、通栏横幅、文本链接和弹窗等，创业者会根据广告展示位置和时间的不同进行付费，也就是常说的包月广告或包天、包周广告。

（2）电商广告。这些广告一般是按销售额提成付费。很多导购网站就是完全靠这种收入的，特别是海淘导购网站，会接入各个海外购物网站的广告，佣金还挺不错。

（3）广告联盟。广告联盟其实是互联网形式的广告代理商，广告主在广告联盟上发布广告，广告联盟再把广告推送到各个网站或手机APP里。广告联盟一般是按广告的单击次数收费。百度联盟、搜狗联盟就是比较常见的两个广告联盟。通常在网站流量没到一定程度时都会选择跟广告联盟合作，只有做到一定流量后，才会跟确定的广告主直接建立合作关系。

（4）软文。软文是指把广告内容融入文章内容并完美地结合在一起，让用户在阅读文章时，既得到了需要的内容，也了解了广告的内容。很多媒体网站或者微博、微信大号，都是靠软文赚钱的。

（5）虚拟产品换广告效果。这种模式是为用户提供虚拟产品，但是要求用户必须接受一定的广告，比如看完一段广告、注册成为某个网站的用户、下载某个手机APP等。

（6）用户行为数据。通过分析用户在网站或手机APP上的操作方式，分析出用户的消费习惯和心理，从而有利于在产品设计和商业规划上做出正确的决策。很多企业都需要这样的用户使用习惯的数据并愿意为此付费。淘宝数据魔法就提供这样的服务。

4. 付费模式

除了广告，另外一大类商业模式就是直接向用户收费。如果前期就提出收费，很可能会吓跑用户。所以，需要借助一些巧妙的做法，其常见的收费方式有以下几种：

（1）定期付费模式。这是付费模式中最主要的一种，商业模式类似于手机话费的月套餐，定期付钱获得一定期限内的服务。该模式由于单笔付费金额比较小，所以门槛相对较低。比如QQ会员，视频网站的会员等。

（2）按需付费。按需付费是在用户实际购买服务时才需要支付相应的费用。例如，在爱奇艺里找到想看的某一部电影，花5元人民币，只看这一部，这就是按需付费。如果买了爱奇艺的VIP用户，在一段时间内所有会员免费的电影都可以看，这就是定期付费模式。

（3）打印机模式。这种模式首先将基础产品以很低的价格销售给消费者，消费者要想使用这个设备，就必须以相对较高的价格继续购买其他配件，如耗材等。日本打印机公司爱普生首先采用这种商业模式，所以就叫打印机模式。

5. 免费增值模式

这种模式就是让一部分用户免费使用产品，而另外一部分用户购买增值服务，通过付费增值服务赚回成本和利润。不过一般采取免费增值模式的产品，可能只有0.5%～1%的免费用户会转化为付费用户。

免费增值模式将商品划分为两类：一类是消费者可以免费使用的，另一类则需消费者另外购买。免费增值模式的主要收益来自后一类商品。现在很多网络视频APP都采用这种商业模式，消费者可以免费看一部分，但若要观看更多的视频，则需要付费购买，另外跳过广告也需要付费。常见的免费增值模式有以下6种类型：

（1）限制免费使用的次数。这种模式会直接限定免费使用的次数，超出这个次数则需要付费。比如某些应用软件，超过免费使用次数后会要求消费者注册并购买，付费后才能正常使用。

（2）限制人数免费使用。这种模式是指用户数量在一定人数之内是免费的，超过限定人数就会收取费用。比如很多企业邮箱服务，如果注册邮箱个数超过限定数量，超出部分就需要付费。

（3）限制免费使用的功能。免费用户只能使用少数几种功能，如果想使用所有的功能，就得付费。比如很多计算机安全防护软件通常有免费的计算机故障处理功能，用户一旦遇到免费功能无法处理的故障，还可以向专家求助，此时就需要收取费用了。

（4）限制免费使用的时间。用户在最初一定的期限内可以免费使用，超过限定日期就会收取费用。比如常见的Office办公软件，消费者通常只有1个月的免费试用期，到期后需要购买激活码。

（5）应用内购买。这种模式是指应用的下载和安装使用是免费的，但是在使用过程中，需要为特定的功能付费。最常见的就是网络游戏，购买虚拟装备或者道具等。

（6）组织线下活动。这种模式首先通过免费服务吸引流量，提升知名度，然后组织各种线下活动，这些活动可以获得广告或赞助，或者在活动中销售商品或服务。比如，很多网络媒体，通过组织线下行业峰会获得广告或赞助。还有的地方社区会组织线下展销会、推荐会，比如装修展销会、婚纱摄影秀等，销售商品或服务。

任务三 网上创业风险分析

案例

绝不能相信的互联网创业故事

互联网创业故事你入戏有多深？或许在很多老一辈的观念里，骨子里的官本位思想就是想让子女们能够捧着国企、事业单位这样稳定的饭碗安安稳稳地一辈子生活下去，最好当个官让家族面上有光，而很多屈服于现实以及心有余而力不足的年轻人们在各种因素的影响下只能将光宗耀祖的使命寄托在创业当老板上，毕竟“铁饭碗”不是人人都能够得着、捧得住的，而创业当老板却有着无限的可能性，尤其对于穷人而言低成本的互联网创业方式更是将普通人的命运都放进了大转盘里，多种正面因素都可能让普通人的命运得到翻盘，实现逆袭。

于是就有了一大波的人在众里寻“互联网创业故事”千百度，大家都渴望在互联网时代用最低的成本实现年赚几十万、百万，甚至是千万，为什么大家如此执着、痴迷呢？归根结底我们每个人的骨子里都是想要做一个风云人物的，不想枉费此生，总想有所建树，既然当不了官那也得当个厉害的老板，所以大家都在寻觅发家致富的门路、方法，而趁机顺势发展起来的还有那些“诈骗”团队，他们依靠杜撰互联网创业故事收割那些互联网“无知小白”，下面我们就一起来看一下互联网创业的道路上如何防骗。

1. 一机在手，“躺赚”百万

可能对于资深的互联网网民来说，这种夸张的互联网创业故事是一眼就能看穿的，只需要一部手机在家就能躺赚百万，即使内容你再描述的天花乱坠也是忽悠不了他们的。那么为什么“躺赚”的虚假广告依然在各种隐秘的网络角落里面出现呢?因为市场需求很大，总有那么一群人幻想不劳而获，渴望天上掉馅饼，而事实上这一类躺赚的互联网创业故事多数是吸引你的杀猪盘，他们会用精彩的故事吸引你加微信然后慢慢套路你，“小白”是最容易上当的。

2. 有“高人”指点，一夜暴富

某天一篇广告推文跳到我的视线范围以内，“一农村小伙投资一万元年赚

百万，他的赚钱方法很罕见”。客观来说对于有想从事互联网创业的群体来说，毫不犹豫地就会点进去，大致看了一下，农村小伙的赚钱方法就是因为有“高人”指点，指点他找到了一个互联网创业项目、指导他如何开网店。乍一看没什么问题，但只要你开始深入了解就会发现这要么是一篇产品推销文，要么就是一个创业培训软文，所谓的指点你是要钱的，不管是方法还是罕见的暴利产品其实很大程度上都是骗你钱的载体，看穿了才能明白赚钱不是那么简单的事情。

3. 因“贵人”相助，成功创业

现实生活中我们常常会谈到“贵人”，贵人是个很神奇的身份，他真的可能改变我们的命运，所以我们是很渴望找到自己的贵人的。把这一条思路延伸到互联网创业上，我们会发现很多故事中都描述自己如何创业成功是因为有贵人相助，帮其解答疑惑，找到方法、路子赚到了钱，成功创业，而其实真正的贵人和你在网上相遇的概率是很低的，贵人是厉害的人，没空在互联网上撒网捕鱼，他们忙着赚钱，所以此处的贵人99.9%的概率都是骗子，一定要了解。

资料来源：转载《大学生就业创业服务网》

http://www.dxs361.com/Chuangye/detail/id/4152.html

案例总结

互联网鱼龙混杂，互联网创业故事更是真假难辨，在这种情况下我们唯有多看、多了解、多验证才能辨别真假。普通人往往因为出身的原因，见识没有有钱人广博，所以在互联网创业的道路上多半都是以寻找免费的方法来实现自己的创业梦，但正是因为这些客观条件束缚着我们，有时候稍不留意就会中了骗子的圈套。提醒大家：不要随便相信陌生人的创业故事，对面极大概率是非常邪恶的掠夺者，一定要谨慎。

在当今就业形势严峻的情况下，更多的年轻人尤其是刚毕业的大学生选择在网上自主创业。一些业内人士曾经打趣说，网络经营是一个“谁都可以做，但又不是谁都能做好的”技术活。大学生在准备网上创业之前，一定要做好环境分析和风险分析，借鉴成功的经验。网上创业风险分析包括以下内容。

1. 项目选择风险

大学生创业时如果缺乏前期市场调研和论证，只是凭自己的兴趣和想象来决定投资方向，甚至仅凭一时心血来潮做决定，通常会导致创业失败。

2. 竞争风险

由于网上创业资金门槛低，进入容易，大量的创业者已经进入了这个领域，一些传统企业也纷纷上网，将市场扩展到网络中。这使新进入者面临巨大的竞争压力。在书籍、饰品、电子产品、食品等产品的网上零售领域，竞争异常激烈。

3. 物流成本过高的风险

物流是电子商务的组成部分，也是电子商务实现的保证。电子商务中，资金流和信息流都可以在网络中完成，物流则必须在现实物理空间中完成。物流配送效率低而且不规范会导致企业在开展电子商务活动中物流成本过高，发生物流延迟甚至无法将商品送达客户手中，造成客户投诉。

4. 电子商务系统安全风险

电子商务是在开放的网络上进行的，支付信息、订货信息、销售信息、谈判信息、机密的商务往来文件等大量商务信息在计算机系统中存放、传输和处理。黑客攻击、计算机病毒等会造成商务信息被窃、篡改和破坏。机器失效、程序错误、错误操作、错误传输都会造成信息失误或失效，给创业者带来不可挽回的损失。

5. 法律风险

我国网上经营的相关法律制度正在积极地建设健全中，2018年8月31日，十三届全国人大常委会第五次会议表决通过《中华人民共和国电子商务法》，自2019年1月1日起施行。电商法的出台意味着我国电子商务的经营模式进入了法律监管范围，填补了电子商务行业的法律空白，明确了电商平台的义务，规范了电商行为。但是互联网创业是相对较新的商业模式，在发展的过程中会出现新问题，还没有做到全面的法律保护，例如个人隐私权保护、欺诈等问题。同时大学生在创业组织模式、股权比例、知识产权、产品设计缺陷、营销模式、企业运营中均有可能面临法律风险。

任务四 维持创业可持续发展

一、创业伦理

在西方早期，对“伦理”与“道德”的理解是不区分的，常常把二者当作同义词使用。

中国古代对伦理与道德却早就有了细致的区分：“伦”是指辈分、等次、顺序、秩序等，如人伦、伦常、纲常；“理”则有条理、理则、道理、整理、调理、料理之意，义、天理、仁义等都是它的近义词。

伦理是人与人、人与世界关系规律的事实，又是从这关系规律中引申出的法则、法理、道理及其“应当”如何的行为规范。

1. 创业伦理的概念

创业伦理是创业行动中的行为准则和规范，是创业健康发展和成功的精神动力。创业者的任务是创富。"君子爱财，取之以道"，创业者在创业过程中一定要遵循伦理道德，这是创业能够成功并持续发展的关键。

管理学意义上的伦理一般也称之为商业伦理，按照美籍学者的定义，商业伦理"是任何商业团体或生产机构，以合法手段从事盈利时，所应遵守的伦理准则"，是指组织处理与外界的关系，处理成员内部之间权利与义务的规则，以及在决策过程中所体现的人与人之间的关系和所应用的价值观念。

2. 创业伦理存在的必要性

创业者在道德问题识别、道德判断、道德认知发展水平和道德行为方面存在一些特殊性。新创企业需要依赖与利益相关方的不断合作才能克服资源紧缺、不被外界接受认可等问题。这种相互依赖的关系是建立在信任、信心基础上的，这也说明了创业过程中伦理的特殊性和重要性。将伦理学的基本原理应用于创业研究和新创企业管理实践中，形成了商业经营管理的新视角，这无疑将对社会的可持续发展产生巨大影响。

20世纪70年代中期在美国部分企业和经理人员中兴起了"道德生成运动"，倡导将伦理因素和利润因素融为一体的企业活动模式，强调企业的社会责任，寻求旨在促进企业和企业中个人的道德行为的具体办法，建立企业与企业之间、企业与雇员、消费者之间相互信赖的关系。80年代以来，一些大公司纷纷设立伦理委员会和负责处理企业内部伦理问题的专门项目官员，一些企业还聘请了伦理学家作为企业的伦理决策顾问。90年代以来，全球企业对伦理导向的追求与伦理经营的重视都超越了历史上任何一个时期。所有这些，都显示企业经营实践中，对道德问题越来越重视。

我国的企业近年来也开始重视企业经营管理的伦理方面。中国从传统社会走向现代社会的过程中，既面临复杂的社会转型的任务，同时又要完成由计划经济体制向市场经济体制转轨的使命。当前比较突出的就是商业伦理问题。一些不道德的商家的行为扰乱了市场秩序，主要表现在：①对消费者的欺瞒、欺诈。一般情况下，有偷工减料、缺斤少两行为，情节严重的使用有害食品添加物质、造假贩假等。②对合作者不诚实、不守信。拖欠货款的现象非常严重，有的还赖账出逃。③对环境肆意破坏。如任意开采，排放有毒污染物等。④拖欠工资，对工人缺乏关怀。此外，还有假冒伪劣、货不对板、过度投机、短期行为、行贿受贿、偷税漏税、使用盗版等。

创业本质就是创新，只有实现了创新，才是真正发挥了创业精神和企业家精神。要商业创新就要关注并关心他人的需要。只有真正关心他人需要的人才能提供有价值的产品或服务。相反，如果创业者只关心企业利益、个人利益，不顾伦理道德，一切手段都可以为盈利服务，就会给社会主义市场经济体系造成严重破坏。中国经济的繁荣取决于一套能够支持市场有效运作的价值观念和规范。

3. 创业中的伦理

创业伦理不仅是创业者自律的表现，更是一个社会伦理原则的反映。创业伦理主要包括创业精神、创业品质、创业人格和创业价值观四方面内容。

（1）创业精神。常见的创业精神包含创新、合作、冒险、敬业等，在新时代，又被加进了时代精神、社会责任感、奉献、诚信、开放、宽容等。可见，创业精神同风险、创新、进取和机会等行为特征联系在一起，指善于捕捉利用机会，敢于承担相关风险，努力发挥创造力，实现创新价值的一种勇往直前的文化心态和思想理念。

创业精神蕴含强大的伦理动力，能够唤起创业者的历史责任感，激发其艰苦奋斗、开拓创新的内在冲动，使之在创业实践中坚定信念、目标明确、磨炼意志、走向成功。创业精神把创业主体、创业活动、创业行为与高尚的思想理念和文化心态相联系，使创业实践健康有序进行。

（2）创业品质。正如前面所述，创业者的道德品质是创业过程中必不可少的，同时创业品质也是创业伦理的基础，是道德原则和规范的具体表现，是创业者在道德行为整体中表现出来的比较稳定的行为和倾向。

伦理的“善”是人与人的和谐相处、共同繁荣，人自身各种潜质潜能的全面发展，包含善待自我的品德和善待他人的品德。前者如智慧、坚毅、节制、自尊、谨慎等，后者如诚实、公正、平等、责任、良心等。对于创业实践而言，诚信与责任是最重要的品质要素。诚信指诚实无欺，恪守信用，是最基本的伦理底线，是市场经济最可靠和最坚实的基础和准则。创业者应遵循诚信准则，保持高尚人格，成功创业和实现自我价值。责任指创业者对利益相关者所承担的相应的责任，自主经营、自主决策，承担风险，回报社会和投资者。

（3）创业人格。创业者作为具有活力与创造力的主体，不仅要提高个人的知识水平和业务能力，还要注重提升自我的道德伦理素养和水准。创业者健康高尚的道德品质和行为习惯的形成，既是自身健康成长的需求，更是社会的希望和要求。尤其大学生创业者应该与时俱进，把握时代脉搏，倡导时代精神，形成独特的创业人格。

（4）创业价值观。个人与社会的价值体系影响创业价值观，它要求创业者以社会和消费者的利益为核心，重视自然环境，形成自然环境与社会环境的和谐，使创业实践实现经济效益、社会效益和生态效益的协同统一。

因此，创业精神是核心，创业品质是基础，创业价值观是根本，创业人格是道德人格在创业者身上的体现，四者相互作用，相互渗透，共同构成创业伦理有机联系的统一整体。

二、创业中的社会责任

案例

青年人在创业中可践行更多的社会责任

“我们创行的使命是鼓励青年在校大学生以企业家的思维和行动去创造一份美好的社区生活，创行的运营模式是在高校给大学生组建社团，在学校行政部门和老师的指导之下，由学生自发地去帮助解决需要帮助的社区问题，在这一过程中创行也会为学生团队提供来自企业伙伴，包括资金项目的支持以及经验的支持。”Enactus（创行）中国区企业发展经理张盛说。

据了解，创行是由36个国家的1700所高校的在校大学生、学术界人士和企业家组成的国际性组织。这些来自不同领域的人士共同拥有一个美好的愿景，即运用积极的商业力量，践行企业家精神，共创更美好、可持续发展的世界。

创行每年得到了数以百计的公司的大力支持。这一网络汇集了教育工作者和商界领袖们的知识和专业技能，每年为全世界超过7万名大学生提供实践和支持的机会。创行为大学生提供了一个发展个人专业技能的良好环境，通过参与和运作创行的项目，学生不仅培养了良好的商业技能和领导能力，同时也培养了自身服务社区和周边人群的意识以及社会责任感。在这一过程中，他们逐渐成长为一群懂得利用商业机会来创造积极的经济和社会价值的精英。这也正是世界众多顶尖公司把创行视为重要商业人才资源库的原因。

“自2002年起，创行开始在中国运营项目。创行项目目前已经覆盖了全国的260余所高校，直接参与项目的大学生有1.6万人。”创行项目被许多在校大学生视为个人成长和提升实践能力的重要之选，多所高校也通过为创行设立学分、拨付专项基金和委派资深指导老师的形式给予积极支持。张盛介绍说，这些大学生在60家企业支持下，由企业代表担任社区实践项目的商业顾问，在他们的帮助下，已经做了954个社会公益项目。

“在实施这些社会公益项目的过程当中，通过大学生的参与和执行，这些大学生当中会被培养出来一些青年企业家。”张盛表示，大学生在参与创行项目的过程当中，往往会认识到自己未来是不是适合创业，或者说在未来创业过程当中还要做一些怎样的储备工作。

“我们还会提供一些社会创投机构来合作，帮助大学生去在公益创业或商业创业中获得能力建设和资金辅助，在大学生创业这条路上为他们带来新的帮助，减少一些未来可能的风险。”张盛还认为，青年人在未来的创业项目当中应该去践行更多的社会责任和可持续发展理念。

资料来源：人民政协报

1. 企业社会责任的概念

社会责任是指一个组织对社会应负的责任。一个组织应以一种有利于社会的方式进行经营和管理。社会责任通常是指组织承担的高于组织自己目标的社会义务。它超越了法律与经济对组织所要求的义务，社会责任是组织管理道德的要求，完全是组织出于义务的自愿行为。

如果一个企业不仅承担了法律上和经济上的义务，还承担了“追求对社会有利的长期目标”的义务，我们就说该企业是有社会责任的。

企业社会责任是1923年英国学者欧利文·谢尔顿（Oliver Sheldon）到美国考察企业时明确提出的。他将企业社会责任与公司经营者满足产业内、外各种人类需要的责任联系起来，指出企业社会责任包含道德因素。从黎友焕，文志芳译著的《国际标准ISO 26000解读》可知，2010年11月1日，瑞士日内瓦国际会议中心为全世界人民带来了福音，主题为“共担责任，实现可持续发展”的ISO 26000《社会责任指南标准》的正式发布解开了学术界、企业界、政界乃至全球各个领域在社会责任方面的困惑。

2. 企业社会责任的内容

美国佐治亚大学教授阿奇·卡罗尔（Archie B. Carroll）关于企业社会责任的内容的论述最具代表性。卡罗尔认为，企业社会责任是指特定的社会对企业所寄托的经济、法律、伦理和自由决定（慈善）的期望，是社会寄希望于企业履行的义务，社会不仅要求企业实现其经济上的使命，而且期望其能够遵守法律，重视伦理，履行公益，因此，完整的企业社会责任应为企业的经济责任、法律责任、伦理责任和自由决定（慈善）责任之和。

人们普遍认为社会责任就是通俗意义上的承担责任，企业应该承担经济责任、法律责任、道德责任等，但这些责任只是ISO 26000中所述责任的一部分。

（1）经济责任。指公司生产、盈利、满足消费需求的责任，其核心是公司创造利润、实现价值的能力，是企业生存和发展的根本，是履行其他三个责任的基础，经济责任的满意程度是所有公司必须履行的责任。公司的经济责任表现可以通过财务、产品服务、治理结构三个方面进行考察。

（2）持续发展责任。指保证企业与社会持续发展的责任。该项责任可以通过环保责任和创新责任两方面进行考察。

（3）法律责任。法律责任指企业应遵守法律，“遵守游戏规则”，是所有企业寻求对社会负责必须履行的责任。该项责任可以通过税收责任和雇主责任两个方面进行考察。

（4）道德责任。道德责任要求企业无论是否有法律的强制，都应做正当的、公正的、正义的事情，并且避免或尽量减少对利益相关者的伤害。该项责任可以通过内部道德责任和外部道德责任两个方面考察。

3. 创业中的社会责任

在现代商业中，企业的最终目的是为了盈利。但是，金钱不能成为企业唯一的衡量标准和价值诉求，如何平衡企业盈利和回报社会之间的关系是企业必须正视的问题。

对于初始创业而言，也可以把盈利和社会责任有机地统一起来，这就是其提供的产品和服务在盈利的同时可以试图解决一个急需的社会问题。创业者需要具有强烈的社会责任感，一定要意识到自己肩上的责任是什么，创业不仅仅是自己圆梦的过程，我们更多的是为社会服务，或者是我们的产品能够为人们提供方便，能够为别人提供就业机会以解决就业问题，能够保证社会的可持续发展，只有这样才能更好地体现我们自身的价值。

只有具备较强社会责任感的创业团队，才会关心国家、社会和集体的前途，关心环境，关爱他人。创业团队的成员才能把创业的目光从一份工作和赚钱的层面扩展到社会层面，才会促使他们积极主动地获取、了解和关注各种社会问题的信息，然后想办法去解决这些问题。这样的创业才更容易获得持久性成功。对外塑造创业团队的良好形象，也正是创业团队走上良性循环发展道路的基础。

三、将绿色理念融入创业过程

联合国教科文组织在20世纪末就提出“全球问题千头万绪，人类面临的最大问题是怎样开发人的创造能力、人的潜能、提高人类解决复杂问题的能力，以消除人类对付全球性问题方面的差距”。全球环境的变化使得发展绿色经济成为各国的共识。从政府到相关组织，再到教育机构都愈加重视绿色经济、绿色工作、绿色技能的发展和研究。

1. 将绿色理念融入创业过程，是顺应绿色社会绿色经济发展的需要

改善地球环境、社会可持续发展是全国乃至全球共同追求的目标。社会的进步离不开绿色环境，政府也在大力号召发展绿色经济。创业者和创业团队要深入了解社会经济发展的需求，承担起社会责任。绿色理念融入创业过程，将绿色创业创新作为创业目标之一，可以促进社会的可持续发展。

2. 能为创新创业寻找到新的突破口

创业需要具有创新思维和创业能力的综合性人才，创业构思和实施过程中都要积极跟上社会对创新创业需求的变化。绿色发展本身就是创新的突破口和创业的商机。

课后实训提升

实训9-1

大家认为在创新创业过程中，应该具备哪些绿色理念和绿色技能？它们对创新创业有什么作用？（结合自己的专业进行思考，尤其是绿色技能方面）

实训9-2

请结合自己家乡或者熟悉的贫困地区情况，以贫困地区为对象，试用设计“农旅结合”的角度为贫困地区的电商扶贫写一个简要的创业策划方案。

参考文献

[1] 汪戎. 创业基础：大学生创业理论与实务 [M]. 北京：高等教育出版社，2014.

[2] 颜海. 创业全程攻略 [M]. 武汉：武汉大学出版社，2013.

[3] 李爱华. 杨淑琴大学生创新创业教育 [M]. 上海：上海交通大学出版社，2018.

[4] 奚国泉. 创业基础 [M]. 北京：清华大学出版社，2013.

[5] 王艳茹，王兵. 创业资源 [M]. 北京：清华大学出版社，2014.

[6] 陆少萍. 创业巧融资：中小企业成为“超级银行”的掘金技巧与案例解析 [M]. 北京：中国经济出版社，2012.

[7] 陆根书. 大学生创新创业基础 [M]. 2版. 北京：北京理工大学出版社，2017.

[8] 刘帆. 大学生KAB创业精讲 [M]. 北京：北京知识产权出版社，2013.

[9] 徐俊祥. 大学生创业基础 [M]. 北京：北京现代教育出版社，2014.

[10] 彭四平，伍嘉华. 创新创业基础 [M]. 北京：人民邮电出版社，2018.

[11] 周旺东，李树生. 大学生创业问题研究 [M]. 北京：北京理工大学出版社，2014.

[12] 李成钢，马琳，邵争艳，刘娜. 创新创业基础. [M]. 北京：中国纺织出版社，2019.

[13] 赵公民. 创业基础：理论与实务 [M]. 北京：人民邮电出版社，2017.

[14] 丁能安，翁土增，李晓英. 大学生创业实践 [M]. 杭州：浙江大学出版社，2011.

[15] 张玉华，王周伟创业基础 [M]. 北京：清华大学出版社，2014.

[16] 李肖鸣，朱建新. 大学生创业基础 [M]. 北京：清华大学出版社，2013.

[17] 吴晓义. 创业基础理论、案例与实训 [M]. 北京：中国人民大学出版社，2013.

[18] 李家华. 创业基础 [M]. 北京：北京师范大学出版社，2013.

[19] 蒋键. 创业管理与实务 [M]. 上海：上海交通大学出版社，2016.